Elogios para YO ME AMO MÁS

"¡El amor propio te convierte en una revolución de una sola mujer! El libro de Jenna es poderoso, generoso y resuena con el lector. Jenna nos ahorra la palabrería y nos ofrece algo mucho más valioso: una verdad útil y un plan para encontrar el amor propio del que eres digna".

—Judi Holler, autora superventas de *Fear Is My Homeboy* y oradora inspiradora

"YO ME AMO MÁS" es un relato auténtico e inspirador sobre cómo convertir las heridas en sabiduría. Las experiencias de Jenna son comprensibles a muchos niveles y están equilibradas con muchos conceptos psicológicos importantes. Si buscas un libro bellamente simplificado, no dudes en leerlo. Es una hoja de ruta para volver a ti misma".

—Nadine Macaluso, LMFT, PhD, ex esposa del Wolf of Wall Street

"¡Jenna tiene una forma maravillosa de mostrarnos cómo querernos a nosotras mismas desde todos los ángulos!"

—Corinne Hodges,
Directora general de la asociación de centros empresariales de mujeres

"A través de historias con las que todas podemos identificarnos y pasos prácticos y realizables, Jenna te muestra cómo desenredar la vergüenza para potenciar el amor propio y el coraje. YO ME AMO MÁS es como un gran abrazo de tu mejor amiga, fuerte, sabia y solidaria: ¡alimenta el alma y te da fuerzas!"

—Shonda Moralis, MSW, LCSW, autora de *Breathe, Empower, Achieve* and *Breathe, Mama, Breathe*

"Estoy muy agradecida por las lecciones que he aprendido leyendo YO ME AMO MÁS. ¡Me ha dado mucho poder! Literalmente, ahora sé que puedo decir no a cualquier situación y protegerme sin miedo. Leer este libro te ayudará a darte cuenta de que tienes derecho a quererte más".

—Audrey Rose, presentadora del podcast *Ready to Rise*

"Jenna nos muestra con palabras tan hermosas y poderosas lo que es realmente el amor propio, disipando los mitos comunes que nos impiden practicarlo. El amor es tu superpoder. Deja que este libro te guíe para aprovecharlo y despertar tu mejor versión".

—D Grant Smith, entrenador de relaciones y autor de
Be Solid: How to Go through Hell and Come Out Whole

Yo Me Amo Más

Yo Me Amo Más

CÓMO ENCONTRAR LA FELICIDAD Y
EL ÉXITO A TRAVÉS DEL AMOR PROPIO

JENNA BANKS

Copyright© 2025 por Jenna Banks

Publicado anteriormente en 2022 por BrainTrust Ink. Todos los derechos reservados.

Gracias por adquirir una edición autorizada de este libro y por cumplir la ley de derechos de autor. Ninguna parte de este libro puede ser reproducida, almacenada en un sistema de recuperación o transmitida por ningún medio, ya sea electrónico, mecánico, fotocopia, grabación o cualquier otro, sin el permiso escrito del titular de los derechos de autor.

Para información sobre pedidos o descuentos especiales por compras al por mayor, ponte en contacto con JMB Brands, Inc. 245 N. Highland Ave. NE, #230-272, Atlanta, GA 30307 info@ilovememorebook.com

Se dispone de datos de Catalogación en Publicaciones de la Editorial.

Tapa dura ISBN: 979-8-9928162-0-4

Tapa blanda ISBN: 979-8-9928162-1-1

eBook ISBN: 979-8-9928162-2-8

Impreso en Estados Unidos de América

Primera edición

NOTAS DE AMOR PARA MÍ MISMA

Recibe semanalmente los recordatorios personalizados de Jenna sobre el amor propio. Apúntate a su serie gratuita.

Escanea aquí o visita ilovemenotes.com para suscribirte.

NOTAS DE AMOR PARA MÍ MISMA

Escribe una carta de las que atesorarás: bellos llenados de temas sobre el amor propio, o juntarlas a su serie gráfica.

Love

TO MYSELF

Escanea aquí el visual para entrar otros para suscribirte.

A todas las mujeres que no fueron educadas conociendo los conceptos del amor propio, toda mujer que crea, como yo lo hice una vez, que el verdadero amor sólo puede encontrarse fuera de ella misma.

CONTENIDO

Introducción: Me llamo Jenna y ¡Estoy enamorada de mí! (No siempre fue así) — xiii

PARTE I: ¿Qué es el amor propio? — 1

   1 | Mi viaje hacia el amor propio — 3

   2 | La verdad y la esperanza de una emoción esquiva — 15

   3 | El amor propio es la vitamina de la vida — 27

   4 | Sintonizar con tu energía y tu poder — 35

PARTE II: ¿Cómo no te amo? Siete Saboteadores del Amor Propio — 43

   5 | Necesidad de validación o aprobación externa — 47

   6 | Permitir que el condicionamiento y la programación social guíen tu comportamiento — 55

   7 | Dejar que la culpa te domine — 63

   8 | Confiar en falsas esperanzas — 71

   9 | Ignorar tu intuición — 77

   10 | Nunca dices que no — 85

   11 | Tener creencias autolimitantes — 91

PARTE III: Cómo ponerte a ti primero — 97

   12 | Toma el control de tu tiempo y atención — 99

13 | Evita la trampa de dar demasiado   107

14 | Desintoxicación de relaciones tóxicas   115

15 | ¿Quién teme al gran temible límite?   127

16 | Ser dueño de toda tu historia   137

PARTE IV: El Negocio del Amor Propio: Transforma tu Carrera, Aumenta tu Riqueza, Ve a por tu Sueño Empresarial   147

17 | ¿Cuánto vales para tu empleador?   151

18 | Devolver lo *bueno* a las finanzas   163

PARTE V: El equilibrio entre cuidar de ti misma y cuidar de los demás   175

19 | Autocuidado y cuidado   179

20 | Perder y encontrar el amor propio a través de la paternidad   187

PARTE VI: Comprométete Contigo Misma: Cómo enraizarte en tu poder personal   199

21 | Primero, estate quieta (¡presta atención a tu cuerpo!)   203

22 | Cinco pequeños pasos de gran impacto   211

23 | Da forma a tus relaciones conscientemente   223

24 | Aprende a responder en lugar de reaccionar   237

25 | Perdona   243

26 | Crea un bucle de amor propio   249

27 | Abraza a tu Diosa Guerrera Interior (Notorious DGI)   257

Agradecimientos   261

Notas   263

Sobre la autora   273

Introducción

Me llamo Jenna y ¡Estoy enamorada de mí! (No siempre fue así)

> Quiérete primero a ti misma y todo lo demás encajará. Realmente tienes que amarte a ti misma para conseguir algo en este mundo.
> —Atribuido a Lucille Ball

Sé lo que es ser una niña indefensa, sentada sola en una habitación, esperando ser golpeada con una tabla de madera. Sé lo que es crecer en un hogar donde las decisiones no se basan pensando en el bienestar de los niños. Sé lo que es llegar a casa de la escuela y encontrar todos los platos de la casa en el suelo rotos por la furia de alguien borracho dirigida a mí. Sé lo que es ser una adolescente que permite que su cuerpo sea utilizado por chicos mayores. Sé lo que es ser una mujer adulta que lee palabras abusivas escritas por uno de sus padres. Sé lo que es intentar suicidarse porque la vida es muy dolorosa y mañana, e incluso la próxima semana, parecen ser tan difíciles como hoy.

Sé lo que es ser moldeada por estas experiencias para creer que no tenía valor. Sé lo que es no creer en mi propio valor, *no* dejar que el amor propio modele mis decisiones y acciones.

Mediante el trabajo duro y la dedicación, he cambiado completamente esa fórmula. Me he convertido en una persona capaz de amarse a sí misma. Ahora sé lo que es defenderme, poner límites. Comprender que sólo yo controlo mi estado de felicidad. Ahora sé lo que es creer que tengo valor como ser humano, y basar mis acciones y decisiones en el respeto a mí misma. Sé lo que es pedir lo que quiero en las relaciones.

Ha sido un largo viaje, pero el esfuerzo ha merecido la pena.

Curiosamente, me parece que el amor propio no es algo con lo que nacemos, sino algo por lo que debemos trabajar. Es una práctica; es un verbo, un hacer constante. El amor propio es algo que eliges a diario y que a menudo va en contra de lo que la sociedad y la gente que te rodea te presionan para hacer. No es un añadido, un refuerzo o un suplemento. Es la fuente de todo: de poder, la energía y de a tomar el control en lugar de ser controlado. Debemos convertir el amor propio en un estilo de vida si queremos sentirnos realmente empoderadas.

El amor propio debería sentirse inconsciente, pero créeme, habrá muchas ocasiones en las que tendrás que elegir amarte a ti misma de manera activa y consciente para mantener tu poder en tus propias manos. Somos puestas a prueba más veces de las que no, y el amor propio debe activarse y practicarse para enfrentar los retos, superar esas pruebas y mantener nuestro poder. La experiencia más intensa de amor propio que he tenido hasta ahora en mi vida ocurrió cuando terminé mi relación con un hombre llamado Dave.

El mito de que el amor propio es egoísta

> "¿El amor propio no es ser egoísta?". Es una pregunta que oigo mucho cuando hablo del amor propio. La sociedad parece enseñar, sobre todo a las mujeres, que, si no cedemos nuestro poder y energía, si tomamos decisiones basadas en lo que nos hará felices, entonces estamos siendo egoístas. No hay nada más lejos de la realidad.

> Una persona egoísta no tiene en cuenta los sentimientos ni las necesidades de los demás. Lo único que importa son sus necesidades inmediatas.
>
> En cambio, quien practica el amor propio es consciente de las necesidades de las personas que le rodean, pero da prioridad a las suyas propias. De hecho, amándose más a sí misma, es capaz de dar más a los demás. Encontrarás más información sobre esta cuestión del egoísmo frente al amor propio en el Capítulo 2.

Yo me amo más

Nunca me había sentido tan enamorada de nadie en toda mi vida como de Dave. Él y yo éramos el modelo de amor apasionado para muchos de nuestros amigos, un barómetro que otros utilizaban para medir lo que querían y buscaban en una relación. Dada su línea de trabajo y nuestro numeroso grupo de amigos comunes, siempre estábamos viviendo aventuras divertidas, organizando cenas y fiestas, viajando y asistiendo a eventos. Ambos éramos creativos y podíamos emprender proyectos creativos juntos, inspirándonos mutuamente en colaboración. Cuando Dave y yo nos conocimos, ya teníamos hijos y relaciones anteriores propias. Bien entrada en la edad adulta y cosechando la sabiduría de mis experiencias, sabía lo que necesitaba en una relación, y pensé que pasaría el resto de mi vida con Dave. Pensaba en él como mi compañero de vida, así que ayudarle con su negocio, su casa, sus hijos, todo me resultaba natural y fácil.

Poco después de que empezamos a vivir juntos, empecé a sentirme apagada, como si no tuviera mi energía optimista habitual. Estaba poniendo en marcha una nueva aventura empresarial, pero me resultaba muy difícil centrarme en mi negocio. Y el afecto y la pasión (y el sexo) que compartíamos antes de vivir juntos se esfumaron rápidamente una vez que nos mudamos juntos.

Recuerdo que hubo un momento, después de haber estado ayudando todo el día a preparar su casa para la venta: fregando suelos con lejía, parcheando y pintando paredes, limpiando a fondo los baños. Al final del día, estaba completamente agotada. Me abrazó y me besó, diciendo: "Gracias, Jenna, por tu ayuda. Me sentía tan abrumado, pero ahora veo la luz al final del túnel".

¡Vaya! pensé. Después de meses sin casi ninguna muestra de afecto por su parte, ¿esto es lo que se necesita para obtener algo de reconocimiento y aprecio?

Pero estaba tan enamorada que seguí adelante, pasando por alto momentos como esos, que deberían haber sido señales de advertencia más evidentes. Por suerte, había aprendido a sintonizar con mis instintos. Cuando no capto pistas sutiles, mi instinto me grita. En general, llevaba semanas sintiéndome mal, sin energía, sin ser feliz. No sabía lo que necesitaba, pero sabía que Dave no sería capaz de dármelo.

Vete. Resuélvelo más tarde. Éste se convirtió en mi pensamiento constante. No podía explicar con palabras por qué necesitaba terminar con él, pero como verás a lo largo de este libro, si tienes el valor de actuar según la energía que te está guiando, las palabras vendrán después:

Tuve que romperme el corazón para hacer lo que era mejor para mí. Pero al final supe que este hombre no era capaz de valorarme. O no estaba hecho así o no quería intentarlo. Él afirmaba lo primero. Podía conformarme con eso y ser quien da en una relación donde el otro solo toma, o salvarme a mí, mi poder y mi espíritu. Sí, amaba a Dave; le amaba con locura. Pero me amaba más a mí. Así que, con mucho dolor de corazón, rompí con él.

Aprender a valorarte a ti misma

> Cuando me quise lo suficiente, empecé a dejar todo lo que no era sano. Esto significaba personas, trabajos, mis propias creencias y hábitos: cualquier cosa que me mantuviera pequeña. En aquel momento, mi juicio lo llamó deslealtad. Ahora lo veo como amor propio.
>
> —Kim McMillen, *Cuando me quise lo suficiente*.

Poco después de romper con Dave, fui a cenar con mi amiga Emily. Me dijo que no entendía por qué había roto con alguien de quien sabía que estaba profundamente enamorada. Le dije que había roto con él porque "me amo más a mí". Me pidió que le explicara qué significaba eso. Así que le expliqué algunos de los conceptos de amor propio que había aprendido a lo largo de mi vida y que me habían llevado hasta ese punto. Al principio, ella no podía entender esta idea en absoluto. Le resultaba completamente extraña. Pero después de mucho meditarlo, muchas semanas más tarde, por fin lo entendió.

Ella había tenido una relación tumultuosa y no se sentía valorada por su novio, ni obtenía lo que necesitaba de la relación. No dejaba de darle vueltas a la relación y agonizar por ella.

Un día, se dio cuenta de que algo no iba bien, y conectó con mi explicación de "yo me amo más". De repente se dio cuenta de que, al aceptar lo mal que la había estado tratando su novio, no se había estado valorando a *sí misma*. Mi historia le dio la inspiración que necesitaba para quererse más y elegirse a sí misma y su felicidad por encima de él. Ella es mi inspiración para escribir este libro.

A la altura de tu potencial

Si has llegado a este libro, puede que tengas tanta experiencia como yo, o incluso más, con personas que te arrebatan tu poder, roban tu energía y la utilizan contra ti para devaluarte y controlarte. Pero de alguna manera estás en sintonía con tu instinto que te está diciendo que hay mucho más que ganar cuando aprendes a quererte más. ¡Y tienes razón!

Además de todos los beneficios emocionales y espirituales, como sentirte plena, realizada, amada y en un estado de felicidad y alegría, el amor propio tiene beneficios prácticos. En mi vida, practicar el amor propio me ha permitido superar una infancia y juventud traumáticas. Fui capaz de ascender en la escala empresarial con tan sólo un GED, enfrentar la crianza como madre soltera y negociar inversiones inmobiliarias rentables. Fundé, amplié y vendí mi empresa de productos de marketing, y aumenté mi conjunto de habilidades, mi potencial y mis relaciones.

Si no me hubiera amado más a mí misma durante los últimos veinte años, estoy bastante segura de que seguiría trabajando para "el sistema", viviendo en el mismo apartamento destartalado y de alquiler controlado en el que estuve durante diecisiete años, sin libertad económica y, desde luego, sin la oportunidad de escribir este libro y compartir contigo lo que ahora sé, que es esto: debemos aprender a anteponernos a nosotras mismas y saber que, al hacerlo, no estamos siendo egoístas. Practicar el amor propio y ponerte por encima de todos los demás, beneficiará a todos los que te rodean porque serás más feliz y estarás más en paz. Crearás una energía hermosa que beneficiará al mundo. Conocerás el amor verdadero, un amor que sólo puede

> Además de todos los beneficios emocionales y espirituales, como sentirse plena, realizada, amada y en un estado de felicidad y alegría, el amor propio tiene beneficios prácticos.

encontrarse en tu interior, y, por tanto, serás capaz de dar amor verdadero a los demás.

Todos los conceptos de este libro he tenido que descifrarlos por mi cuenta o descubrirlos investigando mucho. Mi propia historia familiar traumática me obligó a independizarme muy temprano para sobrevivir, y no sólo como víctima, sino como alguien que prospera a pesar de la falta de apoyo o de una vida familiar normal. Espero que mis descubrimientos personales que comparto en este libro te inspiren a emprender un viaje hacia tu interior, donde se encuentran el amor y la seguridad verdaderos. A través de este libro quiero ayudarte a aprender a abrazar tu poder y tu valor y a crear más alegría en tu vida. Para ayudar a mantener la privacidad de las personas mencionadas en mis historias personales, se han cambiado algunos nombres.

La Parte I explica lo que significa amarte a ti misma y los beneficios que verás en tu vida al hacerlo. La Parte II explora todas las formas en que las personas —especialmente las mujeres— se sabotean a sí mismas porque no reconocen ni se comportan de forma que refleje su verdadero valor. La Parte III habla de lo que significa ponerse a una misma en primer lugar y de lo difícil que puede resultar. La Parte IV muestra cómo la falta de amor y valoración propia limita lo que muchas mujeres pueden lograr, tanto en el trabajo como en los negocios, y cómo puedes cambiar esa dinámica. La Parte V aborda una de las mayores luchas a las que todas nos enfrentamos: cómo encontrar el equilibrio entre cuidar de nosotras mismas y cuidar de los demás, ya sean padres, hijos o amigos. La Parte VI contiene un plan de acción con los pasos concretos para empezar a reclamar tu valor mientras aprendes a quererte más.

Escribir un diario para construir una mejor relación contigo misma

Cuando mantenemos una relación con otra persona, sea cónyuge, pareja, hijo, amigo o compañero de trabajo, sabemos que debemos dedicar tiempo a construir y alimentar esa relación. Si queremos fortalecer una relación con otra persona, nos dicen: "Habla con ella. Escucha. Sé abierta. Sé sincera". Nos dicen que nos pongamos en contacto con ellas regularmente y que mantengamos abiertas las líneas de comunicación.

Pero ¿qué hacemos para construir nuestra relación con nosotras mismas, la relación más importante de nuestra vida?

Si tenemos cosas profundas que resolver, podríamos acudir a un terapeuta. O podríamos buscar la ayuda de un coach de vida. Pero el acceso a terapeutas y entrenadores suele estar limitado por la disponibilidad, el dinero o el tiempo. Podríamos meditar, que es una forma estupenda de sintonizarte contigo misma con regularidad. Pero a muchas personas les resulta demasiado difícil mantener esta práctica y acaban tirando la idea por la ventana o simplemente no la practican con regularidad. (No obstante, recomiendo meditar a diario; aunque sólo puedas dedicarle diez minutos, merece la pena).

Una de las mejores formas que he encontrado para conocerme mejor es escribir un diario. Para la gente que me conoció en mi juventud, esto puede sonar extraño porque solía pensar que llevar un diario era algo parecido a un "Querido Diario" que practicaban las adolescentes. Así que nunca se me pasó por la cabeza la idea de hacerlo yo misma.

Lo que me hizo emprender el camino del diario fue mi deseo de abrir mis capacidades de escritura creativa. Nunca me había considerado escritora, así que buscaba algo que pudiera ayudarme en este ámbito. Pero no sabía que llevar un diario también sería una forma increíble de conectar conmigo misma a un nivel íntimo. Había leído en alguna parte que escribir un diario a diario, sin editarte ni pensar demasiado lo que escribes, es una forma estupenda de entrar en el flujo de la escritura. La clave es escribir a mano al menos tres páginas al día y escribir cualquier cosa que te venga a la mente. La razón de escribir a mano es que ralentiza el cerebro, lo que te permite procesar mejor las cosas.

Así que me comprometí a escribir al menos tres páginas como parte de mi rutina matutina. Para mi sorpresa, la práctica del diario no sólo me permitió abrirme al flujo de la escritura, sino que también me ayudó a resolver problemas personales y a sintonizar mejor conmigo misma.

Ahora, aunque ya no siento que necesite la práctica para abrir mi flujo de escritura, la mantengo como rutina matutina porque me encanta conectar conmigo misma de esta forma. Y si me salto algunos días, echo mucho de menos ese tiempo de conexión personal.

Incluso si nunca has llevado un diario, me gustaría animarte a que lo pruebes. Hará que lo que aprendas de este libro sea mucho más impactante y personal. Para ayudarte a empezar, he incluido sugerencias de temas para llevar un diario en muchos de los capítulos, con la esperanza de que te ayuden a reflexionar sobre lo que tienes, quieres y esperas de tu vida. Mediante la práctica regular del diario, experimentarás algunos de los increíbles beneficios que conlleva conectar contigo misma y conocerte mejor.

Dar un salto de fe

Aprender a amarse a una misma es, como mínimo, un salto de fe. Tan fácilmente como las palabras se deslizan por la lengua, el amor propio está enredado y arraigado en un montón de otras prácticas, ideas y verdades, lo que lo hace complejo, con múltiples capas y casi demasiado difícil de comprender. Es decir, ¿qué significa realmente tener amor propio y, lo que es más importante, ¿qué lo impide o lo frustra en primer lugar?

Durante buena parte de este libro, te llevo en busca de respuestas a tales preguntas. Elaboro las historias de mi vida, como las que he tocado en este capítulo. Abrir mis heridas interiores me ha permitido encontrar las lecciones que llevo dentro, y las comparto contigo a través de las experiencias de mi vida: las decisiones que tomé en respuesta a las personas que llenan mi vida, para bien o para mal.

Seamos o no conscientes de ello, aprovechamos una gran cantidad de energía, la energía que nos rodea. Es la energía de nuestros pensamientos, que gobiernan nuestras emociones. Cuando "aprovechamos" esta energía, significa que la "controlamos y utilizamos". En esencia, podemos aprender a controlar y utilizar nuestra propia energía en nuestro beneficio. Pero puedes considerar otra definición, en la que "aprovechar" es un sustantivo, que describe un dispositivo que se coloca en algo para controlarlo. Nuestra energía puede ser utilizada por nosotras mismas o tomada por otras personas y utilizada contra nosotras, y durante gran parte de mi vida, experimenté esto último. La gente me arrebató mi energía, mi fuente de poder, hasta que aprendí a amarme a mí misma. De cómo hacer ese cambio trata este libro.

Me siento profundamente conmovida hasta las lágrimas mientras escribo esta introducción, pues este libro es el resultado de una ardua batalla interna. De niña maltratada a empresaria de éxito hecha a sí misma, soy la prueba del poder del amor propio, de quererse a una misma más que a nadie ni a nada. He pasado de los días más profundos y oscuros, odiando mi vida hasta el punto de que preferiría morir, a la claridad de saber que cada día de la vida es un regalo por el que merece la pena luchar para vivirlo al máximo, sin vergüenza ni culpa, soltando sin pudor ni vergüenza el arnés de la impotencia para proclamar: "Yo me amo más".

Espero de verdad que, sea lo que sea lo que extraigas de este libro, ya sea una línea, una historia o un hecho citado por un experto, lo cierres no con conocimiento, sino con una sensación de esas que hacen que te sacude por dentro— que te dice que, de algún modo, estás en el lugar correcto, haciendo lo correcto, tomando la decisión correcta. ¿Esa elección? La tuya.

PARTE I

¿Qué es el amor propio?

Amor propio. No es una palabra difícil de definir. De hecho, si preguntara a cualquiera de mis amigos: "¿Puedes definir el amor propio?" Apuesto a que el 100 % de ellos acertaría. Sabemos lo que es el "amor" y sabemos lo que es el "propio", así que para unir las dos cosas no hace falta ser un genio: el amor propio es cuando te amas a ti misma.

Es cierto. Pero lo que he aprendido con el tiempo es que definir las palabras y comprender su significado son dos cosas muy distintas. El significado de las palabras "amor" y "propio" es evidente, pero ¿"amor propio" como principio y como práctica? ¿Qué significa amarse a una misma? Ah, ahora se ha vuelto un poco más complejo. ¿Qué aspecto tiene cuando te amas a ti misma? ¿Cómo se practica? Y lo que es más importante, ¿por qué es importarte? Esas son las preguntas que exploro en esta parte del libro.

El Capítulo 1 describe mi viaje hacia el amor propio. Tuve una infancia difícil, y ha sido un largo camino llegar a un punto en el que sé valorarme tanto o más de lo que valoro a los demás. Como menciono en la introducción, a menudo se confunde el amor propio con el egoísmo, la vanidad o el narcisismo, pero en realidad es todo lo contrario. En el Capítulo 2, exploro lo que significa el amor propio. En el Capítulo 3 hablo de cómo el amor propio puede darnos energía para lograr más de lo que jamás creímos posible. En el Capítulo 4, explico cómo aprender a controlar tu energía es una habilidad importante para practicar el amor propio.

Capítulo 1

Mi viaje hacia el amor propio

Llegué a vivir la filosofía de amarme más a mí misma, experimentando primero una vida en la que no tenía amor en mi corazón por mí misma. Durante muchos años, no supe lo valiosa que era, ni me di cuenta de que tenía poder sobre mi vida y sobre mi razón de vivir.

Crecí en una familia devota de la fe pentecostal, donde no se cuestionaba nada y se tomaba al pie de la letra lo que decía la Biblia. El poder y la energía no eran algo que estuviera dentro de nosotros, sino fuera, en un Dios iracundo, en un Dios al que había que temer. Ver los dibujos animados de Scooby Doo justificaba oraciones de perdón, porque a veces aparecían fantasmas y, en mi familia, el único fantasma reconocido como no demoníaco (no parecido al diablo) era el Espíritu Santo. Por la noche, oraba para pedir perdón por mis pecados en caso de haber sido testigo ese día de algo o alguien pecaminoso. Me educaron para creer que era pecadora por el simple hecho de estar cerca de un pecador, como si el pecado fuera un contagio. La vida era una carga que había que llevar, no una alegría que había que experimentar.

Mi madre y mi padre se divorciaron cuando yo era sólo una niña. Mi padre se volvió a casar y tuvo cuatro hijos más, y él y mi madrastra me criaron en un hogar muy estricto. Hasta donde puedo recordar, mi madrastra me obligaba a sentarme en mi habitación y leer la Biblia durante horas hasta que mi padre volvía a casa del trabajo. Entonces visitaba mi habitación y me castigaba por hacer algo infantil: escupir a mi hermanastro porque me había escupido a mí, desobedecer una norma como ver un programa de televisión o una película no cristiana en casa de un amigo, decir una mentira, no compartir con un hermano o incluso simplemente comer caramelos (cosa que no se nos permitía hacer).

Durante aquellos años, fuimos muy pobres. Mi madrastra tenía que utilizar cupones para casi todo lo que comprábamos. A veces teníamos que depender de las donaciones de la iglesia para poder alimentar a nuestra familia de siete miembros. En los días afortunados, los cinco niños podíamos compartir un solo Slurpee de la tienda 7-Eleven. También nos mudábamos mucho, más de veinte veces antes de que yo cumpliera doce años. Siempre era la chica nueva del colegio.

A los catorce años, cuando mi cuerpo cambió y mi cerebro maduró, decidí que ya no podía soportar la opresión que sentía viviendo en aquella casa. Decidí plantarle cara a mi padre. ¿Qué tenía que perder? La vida no podía ser peor de lo que ya era. No me sentía querida de ninguna manera, ni sentía que a nadie le importara quién era yo como persona. A nadie le importaba lo que yo pensara, incluidas mis opiniones sobre Dios, el pecado y un giro hacia la espiritualidad, que se apartaban mucho de la forma en que fui criada.

Se me revolvieron las tripas ante la idea de defenderme; era un sentimiento tan profundo que me daba miedo. Pero me decía que estaba haciendo lo correcto, que quizá lo que pensaba y sentía tenía valor. En aquel momento no sabía que esa "corazonada" era instinto, que era energía, mi energía que me obligaba a aprovecharla más y a no dejar que mi padre me la arrebatara una vez más. Esa era mi mentalidad aquel día crucial en que mi padre volvió a casa y decidí enfrentarme a él.

Recuerdo que el corazón se me salía del pecho, pero aproveché esa sensación estimulante y aterradora de mi cuerpo, que me indicaba la dirección hacia la libertad. Así que a los catorce años utilicé mi energía por primera vez para acercarme a lo que necesitaba, que era salir de aquella casa. Miedo y excitación. Es la sensación combinada de dar un paso positivo. Permitirme sentir el miedo, pero no dejarme disuadir por él, se convirtió en un tema de mi vida; el miedo tiene una energía en sí mismo. Crea una sensación de excitación y anticipación de que algo va a cambiar, casi siempre para mejor.

Afortunadamente, había ensayado las palabras exactas que iba a decir, las palabras que cambiarían para siempre la trayectoria de mi vida. Cerré los ojos y solté: "Papá, nunca he sentido que pudiera decirte lo que siento, pero ya no quiero estar aquí".

"¿Qué quieres decir con que ya no quieres estar aquí?", preguntó, completamente sorprendido, pero carente de emoción. "¿Adónde irías?"

"Me iré a vivir con mamá". Aunque sólo tenía noticias de ella una o dos veces al año, tenía la esperanza de que irme a vivir con mi madre fuera una opción. Pensé que cualquier cosa sería mejor que las circunstancias en las que había estado viviendo. Para mí, aquel hombre no era un padre; no sentía ningún amor de él ni por él, sólo miedo.

Papá se levantó con los brazos cruzados y preguntó: "Si no te dejo ir, ¿te escaparás?". Yo no había pensado tanto, pero respondí que sí, y eso también me pareció bien. En el fondo de mi mente, esperaba que luchara por mí, que mi amenaza le mostrara el error de sus actos. ¿Y sabes lo que dijo?

"Bueno, si eso es lo que quieres". Completamente desprovisto de cualquier emoción.

Mi padre me preguntó si estaría dispuesta a hablar con nuestro pastor sobre mis sentimientos y mi deseo de ir a vivir con mi madre a pesar de haber estado distanciada de ella durante la mayor parte de mi infancia.

"Tienes un demonio", dijo el pastor, "igual que tu madre". Este juicio me pareció una traición por parte de un supuesto hombre santo. Lo único que podía hacer era dejar que la traición me calara hasta los huesos. Ni siquiera un hombre de Dios creía en mí, no veía mi valor, no me ayudaba a salir de una circunstancia problemática. Sólo dio a mi padre más motivos para aferrarse a su postura y verme como una amenaza para su control.

Dejé la casa de mi padre en Florida, despidiéndome de mis cuatro hermanastros, y me trasladé al otro lado del país, a California, para estar con mi madre. Naturalmente, me daba miedo saltar a lo completamente desconocido, pero racionalicé que lo desconocido era mejor que lo terriblemente conocido de la casa de mi padre. Mudarme con ella era una medida desesperada, pero vivía en una época desesperada.

Así que me fui a vivir con mi madre, me convertí en una chica californiana y viví feliz para siempre:

Sí, claro.

Enfrentarse a la oscuridad

Mi lucha no había hecho más que empezar. Pasé de vivir en un hogar increíblemente estricto a vivir en uno que era todo lo contrario. Sin horarios de llegada, ni controles, ni comidas madre e hija, ni rituales a la hora de acostarse. En mi primer año de secundaria, entraba y salía a mi antojo, sin preguntas ni preocupaciones sobre los estudios, las actividades extraescolares, las citas o los amigos. Me sentía como si no fuera una hija, sino una mera compañera de piso. Como mi madre vivía en un apartamento de una habitación, dormía en el sofá del salón. Como era una niña bastante sensible, el estrés de todo el cambio, el hecho de ser otra vez la niña nueva del barrio y la falta de cariño que me demostraban, lloraba hasta quedarme dormida la mayoría de las noches.

Cuando apenas tenía dieciséis años, me mudé con una vecina y su hija de diecinueve, que sintieron lástima por mí y quisieron ayudarme. Cuando me mudé de casa de mi madre, estaba completamente anestesiada emocionalmente. Salía con chicos que eran demasiado mayores para mí; no veía el valor de mi cuerpo y empecé a autolesionarme. No sentía nada. Ni feliz, ni triste, ni enfadada, nada. Empecé a faltar a la escuela hasta que dejé de ir. No me quedé mucho tiempo con la vecina porque tampoco me sentía querida en ese hogar. En lugar de eso, empecé a ir de casa de mis vecinos, a casa de mis amigos y, finalmente, a casa de mis abuelos. Fue durante esta época cuando empecé a pensar que ya no quería vivir, e incluso hice algunos intentos de suicidio.

Mi primer intento fue cuando tenía diecisiete años. Me sentía como un zombi. Totalmente entumecida. No tenía ningún sentimiento de arraigo, de ser amada o cuidada por nadie, excepto por un par de abuelos, y no tenía metas, esperanzas ni sueños. Lo único que quería era morir, no existir. Me guardé estos sentimientos para mí cuando empecé a maquinar cómo podía suicidarme. Dado que odiaba la sensación de dolor físico, quería encontrar la forma menos dolorosa de suicidarme.

Después de obtener el GED, empecé a asistir a un colegio comunitario local al que me apuntó y pagó mi abuela. Allí me hice amigo de un tipo al que le gustaba consumir drogas de todo tipo. Había oído hablar de gente que sufría sobredosis de drogas, así que pensé que tal vez podría tener una sobredosis de cocaína, o al menos insensibilizarme lo suficiente como para poder cortarme una arteria sin sentirlo. A través de mi amigo, conseguí el número de teléfono de un traficante de drogas.

Extrañamente, estaba muy emocionada de que mi plan empezara a cuajar. Me emocionaba pensar en mi muerte, al menos era algún tipo de cambio positivo que esperar.

Un día, después de haber ahorrado suficiente dinero, llamé al traficante y le pedí que me comprara unos 3.5 gramos de cocaína. También compré unas cuchillas de afeitar para poder llevar a cabo mi plan. Aun con el uniforme de trabajo, fui a casa del traficante, recogí la cocaína y me dirigí a la playa, estacionando en el aparcamiento de un edificio de apartamentos. Empecé a tomar la coca, aunque realmente no tenía ni idea de lo que estaba haciendo. Me coloqué bastante rápido, pero aún me quedaba mucho por hacer si quería intentar una sobredosis.

De lo que no me di cuenta es de que el aparcamiento tenía una buena seguridad y estaba patrullado por la policía. Alguien del condominio debió de avisar de que había un coche desconocido en el aparcamiento con alguien dentro.

Cuando un agente de policía me iluminó con sus luces, me apresuré a entrar en acción. Intenté esconder parte de la cocaína que había colocado en la consola central.

Pero no funcionó muy bien, y el polvo blanco se esparció por todo el coche. Sin embargo, seguía decidida a morir aquella noche. Así que antes de que el agente pudiera pedirme que saliera del coche, deslicé una de las cuchillas bajo la goma elástica de mis pantalones.

Me colocaron en la parte trasera del coche de policía mientras el agente y su compañero registraban mi coche. En aquel momento estaba muy drogada, pero pensé: *Ahora es el momento perfecto para cortarme las venas*. Podría morir fácilmente antes de que terminaran su registro. Así que saqué la cuchilla de afeitar y me corté las venas, con cuidado de no llamar su atención. Me deleité con la visión de la sangre que se acumulaba en el suelo. Pensé para mi mismas: *lo he conseguido*.

Pero los policías no tardaron en descubrir las drogas, y encontraron suficientes como para decidir detenerme. El agente original se acercó al coche para sacarme de la parte de atrás y esposarme. Nunca olvidaré la expresión de su cara. Recuerdo el horror, la tristeza y el desconcierto en sus ojos cuando se dio cuenta de lo que había hecho. Lo único que sentía era orgullo de mí misma. Esperaba que aún tuviera tiempo de desangrarme antes de que llegara la ayuda.

Debí de desmayarme porque no recuerdo la llegada de la ambulancia. Tampoco recuerdo la estancia en el hospital. Sin embargo, sí recuerdo haber estado en un pabellón psiquiátrico durante una o dos semanas. Durante ese tiempo, seguí las normas y me ajusté al programa para que pensaran que iba a salir adelante y a estar bien.

No fue la última vez que intenté suicidarme. Después de cada intento fallido de suicidio, recuerdo perfectamente que pensaba que en cuanto la gente me dejara en paz y dejara de parecer una suicida en riesgo podría planear cómo suicidarme con éxito la próxima vez. Estaba decidida a morir, así que fingí estar bien para poder pasar desapercibida, recuperar mi libertad y morir como quería. En lo que resultó ser mi último intento de suicidio, me tragué un frasco entero de antidepresivos. Esta vez habría logrado mi deseo de morir si mi novio no me hubiera encontrado convulsionando y hubiera llamado a una ambulancia. En el hospital me hicieron un lavado de estómago y permanecí en coma muchos días.

Afortunadamente, no morí, y mis abuelos estuvieron allí para ayudarme a recuperarme.

Intentando la estabilidad

Muchos meses después de recuperarme, cuando tenía dieciocho años, me fui a vivir con una amiga y empecé a trabajar a jornada completa. Durante ese tiempo, conocí a un estudiante holandés en un programa de intercambio en la universidad local y me enamoré rápidamente. Cuando terminó el semestre, regresó a Holanda. Nos mantuvimos en contacto y hablamos de estar juntos y viajar por el mundo. Poco después de que se fuera, descubrí que estaba embarazada.

Ninguno de los dos dudó en decir que debíamos tener el bebé y casarnos. Voló de vuelta a Florida, mis abuelos nos organizaron una boda rápida y me fui a Holanda. Quedarme embarazada de mi hijo probablemente me salvó la vida. Como ya he dicho, en aquel momento de mi vida estaba completamente entumecida emocionalmente y no tenía estabilidad. Sabiendo que era responsable de alguien ajeno a mí y prometiéndole que le daría el apoyo emocional y el amor que nunca recibí, encontré una calma y un propósito como nunca había experimentado. Las hormonas del embarazo me ayudaron a empezar a sentir emociones de nuevo. Mi nuevo bebé, mi joven marido y su familia me apoyaron.

Pero nuestro matrimonio no tardó en mostrar signos de que éramos incompatibles. Desde mi punto de vista, me trataba fatal y me menospreciaba mucho. Estar en un país extranjero, vivir con su familia y no poder mantenerme de un modo que me permitiera más independencia, me hizo sentir aún más impotente.

Mi escasa energía, mi falta de concentración y mi instinto interior de que nuestro matrimonio no duraría me hicieron volverme hacia dentro en busca de respuestas y dirección. Sentí lo que se había convertido en una oleada de energía familiar en mis entrañas, que me enseñaba que mi estado de ánimo y mi nivel de energía eran un método de comunicación con mi alma, y que debía confiar en él y hacerle caso. No estaba contenta; necesitaba más, pues algo no iba bien. Esa sensación extraña estaba ahí de nuevo, como lo había estado cuando estaba con mi padre y cuando dejé a mi madre, mostrándome el camino correcto, y ese camino era hacia fuera. Di a conocer mis necesidades a mi marido, me mantuve firme y regresamos a Estados Unidos, estableciéndonos en Los Ángeles.

Con mi hijo manteniéndome conectada a tierra con el amor que sentía por él y la responsabilidad que conllevaba ser madre, tomé conciencia de mi energía interna y empecé a prestar atención a cómo me sentía, a cómo sentía mi energía en el cuerpo. Mi estado de ánimo, mis emociones y mi nivel de energía se convirtieron en mi brújula. Empecé a notar cuándo las cosas me sentían bien en mi cuerpo y cuándo me sentían mal en mi cuerpo. Fue como si todos aquellos años de insensibilidad emocional hubieran dado un giro de 180 grados, y me abrí a sentir todo tipo de energía, buena y mala, a mi alrededor o dentro de mí. Escuchar este instinto se convirtió en algo natural, ya que no tenía otros confidentes externos que me guiaran o me ayudaran a procesar mis circunstancias.

Tras tres años viviendo con mi marido, me di cuenta de que nuestro matrimonio de obligación y conveniencia no era lo que yo quería para mi vida. Me merecía más, al igual que mi hijo. Merecía ser feliz y disfrutar de la vida.

Decirle a mi marido que nos divorciaríamos no fue la primera vez que reuní el valor para alejarme de lo conocido y adentrarme en lo desconocido, pero esta vez no tuve miedo. Confiaba en las respuestas físicas de mi cuerpo a sus desprecios y su negatividad. Ya había estado allí antes —no valorada, así que en cierto modo sabía cómo alejarme de él, confiando en mis experiencias.

Nada me había matado antes, ni los intentos de morir por mi propia mano, ni siquiera el coma. Necesitaba amarme a mí misma más que a mi marido y sus necesidades. Durante mucho tiempo, ni siquiera supe lo que era el amor, y mucho menos el amor propio. Cada vez que me apropiaba de mi valor e intentaba amarme a mí misma, me decían: "¡Nos vemos!". Esta decisión de amarme a mí misma más que a otra persona fue un regalo y se convertiría en mi superpoder.

Tener el valor de amarse a sí misma

Si vives en una situación en la que no practicas el amor propio, hace falta mucho valor para dar los primeros pasos hacia delante. Da miedo enfrentarse a las personas con las que tienes una relación, sea del tipo que sea. Es mucho más fácil ir a lo seguro, ser amable y aceptar lo que alguien está dispuesto a darte. Cuando era adolescente y tenía poco más de veinte años, era fácil pensar: *Claro, ¿por qué no unos cuantos años más de duros castigos o de ser menospreciada? ¿Por qué no comprometer mi vida a vivir en un país extranjero en el que me siento atrofiada y sola? ¿Y qué es una década de amistades tóxicas y malos jefes y de no tener confianza para volver a estudiar?*

Cuando entregas todo tu corazón a alguien o a algo fuera de ti, sólo estás huyendo de la verdad: has entregado tu poder a otra persona y ahora basas tu valor en las acciones y creencias de otras personas.

Quererte más a ti misma —reconocerte a ti misma que vales más que lo que obtienes de los demás— es arriesgado, incluso más arriesgado que permanecer en situaciones abusivas y tóxicas. Existe el riesgo de perder relaciones, a veces incluso relaciones en las que has invertido mucho tiempo y energía. Y existe el inmenso dolor emocional, la confusión y la pérdida que conlleva desprenderse de alguien o de algo en lo que has invertido tanto de ti misma.

Pero, según mi experiencia, siempre ha sido un riesgo que ha merecido la pena correr; anteponerme a mí misma y a mis necesidades siempre ha merecido la pena. Mi compromiso de quererme a mí misma más que a nadie, ni siquiera a alguien con quien estuviera dispuesta a compartir mi vida, va mucho más allá de las relaciones románticas. Elegir quererme más a mí misma significa que no permito que nadie me trate como si no tuviera valor ni que me arrebate lo único que sí tengo: poder sobre mí misma.

> Elegir quererme más significa que no permito que nadie me trate como si no tuviera valor.

Cuando un amigo ha sido tóxico, egocéntrico o me ha juzgado duramente, he elegido quererme más y despedirme, con gratitud y gracia. Y cuando he cerrado la puerta a estas relaciones tóxicas, he atraído inmediatamente relaciones mucho mejores que nunca se habrían cruzado en mi camino si no hubiera cerrado la puerta a las tóxicas.

Si un jefe me pasó por alto para un ascenso o un aumento bien merecido, elegí quererme más y defenderme con dignidad y respeto. Cada vez que me he defendido, he subido de sueldo y de nivel en mi carrera.

Si un miembro de mi familia me daba por sentada, me culpaba o me hería con palabras o de otro modo, elegí quererme más, confiando en que la sangre no nos obliga a estar en deuda unos con otros. El resultado siempre ha sido menos negatividad en mi vida, menos estrés, menos carga y más alegría y paz.

Encontrar tu propio punto de inflexión

Como en todo viaje del héroe, llega un punto de inflexión, una cima de comprensión y acercamiento, y mi camino no fue diferente. En el punto divergente en el que me elegí a mí misma por encima de todos los demás, desarrollé una comprensión más profunda de lo que significa ser humano, de cómo funcionan el dolor y la pérdida, de por qué existe la maldad, y de cómo utilizar todo ello para ayudarme a crecer y a amar.

El amor propio consiste en conocer tu valor y defenderlo, aunque eso signifique correr el riesgo de perder algo en el mundo exterior. Cualquier pérdida será temporal. Pero el fuego interior que se enciende al defender tu valor propio solo fortalece tu valor en el mundo exterior. Es buscar internamente, en lugar de externamente, el amor profundo que deseamos. El verdadero amor empieza primero por ti misma. Sólo cuando te amas de verdad a ti misma puedes atraer a los que te quieren de la misma manera.

A lo largo del resto de este libro, comparto historias y sabiduría de algunos de mis autores favoritos, psicólogos y expertos en traumas que me ayudaron a convertirme en la persona resiliente que soy hoy, habiendo superado traumas, decepciones y conformándome con menos. Algunos capítulos ofrecen sugerencias e ideas sobre cómo acercarse al amor propio y cómo reconocer cuándo ese amor es vulnerable, mientras que otros capítulos abordan qué hacer cuando te encuentras resbalando, sintiéndote "menos" o "que no vales, y permitiendo que los demás roben tu energía y tu poder".

Hago todo esto de forma puramente anecdótica, pues creo que las historias —historias identificables, honestas y vulnerables— son lo que realmente conecta y ayuda a la gente. Y, además, no tengo nada más que ofrecerte que mis propias experiencias. No lo dudes, no soy una experta. No soy un gurú con páginas de investigación publicadas, ni un cualquiera con credenciales y un bolsillo lleno de doctorados. Soy experta en mí, sólo en mí, especializada en mis circunstancias y creencias que plantaron las semillas del autodesprecio. Sólo soy experta en lo que practiqué y sigo aprovechando la energía que hay en mí y lucho con ella, hago malabarismos y la manipulo hasta que represente y encarne en quien sé que estoy destinada a ser en este mundo.

Cuando pienso en mis años de juventud, sólo deseo haber aprendido a quererme a mí misma mucho antes en mi vida. Estoy muy agradecida por haber aprendido finalmente lo importante que era adoptar una práctica consciente de amor propio. Espero que mis experiencias te ayuden a comprender lo mismo.

Capítulo 2

La verdad y la esperanza de una emoción esquiva

> Ya estás atrapado contigo mismo para toda la vida. ¿Por qué no mejorar esta relación?
> —Veronika Tugaleva, El arte de hablar contigo mismo

Durante gran parte de mi vida, me pareció que la opción más fácil era vivir sin amor propio, actuar en interés de los demás y no en el mío propio. Pero, irónicamente, al hacerlo, hice mi propia vida más difícil.

Sabemos qué aspecto tiene cuando la gente no se ama a sí misma; las noticias están plagadas de historias y ejemplos. Más cerca de casa, conocemos a personas —o somos personas— que no practican el amor propio. Esas personas se esconden en relaciones que no les sirven, se quedan en trabajos de mierda porque no quieren poner nerviosos a sus jefes; comen en exceso o no comen o beben demasiado o se alejan de las personas que quieren amarlas. Dicen demasiado "no puedo" y "no quiero", se miran demasiado duramente al espejo con críticas y no conectan con la naturaleza, consigo mismos o con su Dios. No reconocen sus talentos o dones innatos, y si lo hacen, los desaprovechan. Se comparan con los demás, piensan que el éxito y la felicidad son para las masas y no para ellos, y dependen de situaciones o personas externas para validar su existencia y su valor. Enferman, física y mentalmente, dependen demasiado de los medicamentos y no atienden sus necesidades médicas. Están enfadados, hostiles, celosos, deprimidos y ansiosos. O se extralimitan, superan, compensan, prometen y cumplen en exceso. Hacen todos los "excesos" en un intento de demostrar su valía al mundo exterior.

Si alguna vez has hecho algo de lo siguiente, estás regalando tu poder y, por tanto, no practicas el amor propio:

- Sacrificar constantemente tu tiempo, energía y talento a los demás, esperando que te devuelvan lo que tú das: en casa, en el trabajo y con los amigos, la familia y otros
- Sentirte resentida, herida e incluso enfadada con la gente que no te trata como tú les tratas a ellos
- Aplazar tus propios intereses o aficiones porque te preocupa que dedicarte a ellos te reste el tiempo necesario para otras personas de tu vida, como tus amigos, tu novio, tus hijos, tus jefes, etc.
- Sentir vergüenza por algún aspecto de ti misma; no olvidar errores, arrepentimientos por cosas que no hiciste, o cosas que dijiste, o errores de juicio que ocurrieron en el pasado
- No cuidar tu salud, tu forma física o tu higiene
- Mantener relaciones poco saludables
- No valorarte en el trabajo al no pedir un aumento, un ascenso o un proyecto nuevo y estimulante
- No establecer límites o permitir que alguien los traspase por miedo a hablar en tu defensa o por miedo a hacer que otra persona se sienta mal
- No decir que no a los demás cuando eso es lo que te apetece decir
- Permitir que amigos o familiares te menosprecien o te hagan sentir "menos"

¿Te reconoces en alguno de estos ejemplos? No es una lista exhaustiva de las formas en que regalamos nuestro poder, pero es una lista agotadora. Todo ese poder, toda esa energía regalada en todas las circunstancias, en todo tipo de relaciones, a todas horas del día. Recuperar esa energía es uno de los beneficios que obtendrás al perseguir la verdad y la esperanza del amor propio.

Tres componentes del amor propio

El diccionario define el amor propio como la "consideración por el propio bienestar y la felicidad".[1] Hay tres tipos de amor propio:

- Físico: cómo ves tu yo físico
- Mental: cómo piensas de ti misma (autoaceptación)
- Psicológico: cómo te tratas a ti misma (respeto propio)

Recuerdo muchos momentos de mi vida en los que mi falta de amor propio se manifestó en una o en las tres áreas. Cuando me alejé de la educación estricta y abusiva de mi padre y me trasladé al hogar negligente y mentalmente abusivo de mi madre; buscaba formas de llenar de amor el vacío de mi corazón. Buscaba fuera, mirando a los demás para llenar los vacíos de mi vida, con muy poca consideración por la santidad de mi cuerpo.

Entregándome demasiado joven y con demasiada frecuencia a chicos mayores que yo, veía mi físico no como algo que valorar y respetar, sino como un catalizador para llegar a lo que creía necesitar: un acto de amor, aunque fuera superficial y efímero.

El Dr. Jeffrey Borenstein, presidente y director general de la Fundación para la Investigación del Cerebro y el Comportamiento, pone su lente pragmática en el amor propio, sacándolo de la caja de "es bonito tenerlo" y situándolo donde debe estar: como necesidad humana básica. El Dr. Borenstein dice: "El amor propio es un estado de aprecio por una misma que crece a partir de acciones que apoyan nuestro crecimiento físico, psicológico y espiritual. El amor propio significa tener en alta estima tu propio bienestar y felicidad. Amor propio significa ocuparte de tus propias necesidades y no sacrificar tu bienestar para complacer a los demás. Amor propio significa no conformarse con menos de lo que mereces".[2]

El amor propio puede significar algo diferente para cada persona, porque todos tenemos diferentes puntos de vista sobre la vida, experiencias y prejuicios únicos, y diversas formas de cuidar de nosotras mismas. Pero una cosa es cierta: Necesitamos apoyar nuestro crecimiento a través de nuestras propias acciones, no de las acciones de los demás. Determinar qué aspecto tiene el amor propio para ti como individuo es lo que el Dr. Borenstein dice que es "una parte importante de tu salud mental". Este libro está dedicado a apoyarte en tu búsqueda para averiguar qué es para ti el amor propio y cómo aplicarlo en tu vida para que puedas apoyar tu crecimiento y curación.

Asumir la responsabilidad de tu felicidad

Elyse Santilli, coach de vida galardonada, profesora de manifestación y presentadora del podcast *Wake Up and Manifest*, dice: "El autocuidado no es egoísta; es esencial. Cuando estás tan ocupado con las listas de tareas y el trabajo y dando a los demás que te olvidas de dedicar tiempo al autocuidado y al placer, tu copa se va a secar y entonces no te quedará nada para nadie". Elyse enseña que cuando nos centramos en hacer lo que nos hace sentir bien, nos presentamos ante nuestra familia y amigos llenos de energía amorosa y tenemos más amor para darles. Nos damos cuenta de que nadie puede hacernos tan felices como nosotras mismas, y que nadie más, por muy cercano que esté a nosotras, es responsable de nuestra felicidad.

Probablemente hayas oído hablar del resentimiento que siente la gente hacia sus allegados, y muchas veces ese resentimiento puede evitarse no dependiendo de ellos para nuestra felicidad. Nuestra felicidad vendrá auténticamente de nuestro interior.

Recuerdo una vez que estaba sentada en mi coche, en el aparcamiento de una tienda Whole Foods, pensando incesantemente de forma negativa en mi novio de entonces y en cómo sentía que me había infravalorado y descuidado. Hubo un momento en que fui consciente de este patrón de pensamiento y pensé: ¿Por qué estoy dejando que estos sentimientos negativos me dominen tanto? ¿Qué es lo que necesito ahora mismo que no estoy recibiendo de él? Decidí en ese momento que iba a dar la vuelta a mi forma de pensar sobre las cosas.

Así que fui a Whole Foods y compré algunos artículos de aromaterapia y algo rico que pudiera comer en casa. Decidí que me daría un baño de burbujas caliente y me mimaría, para darme el amor y la atención que había estado buscando de mi novio. También decidí que no iba a pensar en él en absoluto. En lugar de eso, iba a centrar mi atención en sentirme relajada y feliz. Cuando llevé a cabo mi plan, me sentí bien al instante. Mi energía cambió completamente de negativa a positiva.

Cuando mi novio llegó a casa, sólo quería abrazarme porque emanaba una energía muy positiva. Lo curioso es que obtuve lo que había estado deseando de él porque elegí dármelo a mí misma.

En ese momento me di cuenta de que en realidad sólo yo debo ser responsable de mi felicidad, no nadie más. Es injusto poner esa carga sobre otra persona. Y nadie más podría hacerme tan feliz como yo misma cuando lo necesitara.

El amor propio es incondicional

Ansiamos el amor incondicional de las personas cercanas a nosotros. Pero la verdad es que el amor es y debe ser condicional por parte de los demás. Los demás deben establecer sus propios límites sobre lo que tolerarán o no de los demás, independientemente de su relación contigo. Sólo el amor propio puede ser verdaderamente incondicional. Si haces de tu prioridad darte amor incondicional a ti misma antes que a cualquier otra persona, nunca tendrás razón para sentir que necesitas buscar ese amor fuera de ti.

Me gusta pensar en el amor propio como si tú fueras tu amante, tu madre, tu padre, etc., de modo que te otorgas a ti misma lo que nos han condicionado a pensar que sólo otra persona puede y debe darnos. ¿Por qué esperar a que llegue ese novio que te demuestre el amor que has estado esperando o te regale unas vacaciones, joyas o una buena cena?

No hagas lo que yo hice: poner todos los huevos en la cesta del amor romántico. De algún modo, durante gran parte de mi vida, había estado buscando una conexión elusiva y profunda con alguien que siempre pensé que me daría la sensación de amor profundo. Equivocadamente, pensaba que sólo podía encontrarse en las relaciones románticas. Así que perseguir las relaciones, buscar a mi alma gemela, siempre fue una misión mía muy arraigada.

Cuando me mudé por primera vez con mi novio Dave (mencionado en la introducción), a quien amaba profundamente y creía que sería mi compañero de vida, me entregué a él. Casi inmediatamente después de que empezara a hacer las tareas domésticas para él y a ayudarle con su negocio y sus necesidades psicológicas, empezó a alejarse. Me sentí desconectada y nada parecida a una compañera de vida. Podría haber sido una más de sus amigos o familiares en los que confiaba para obtener ayuda constante. No me sentía valorada y me dejó claro que yo no era su prioridad. Con él, no me expandía ni crecía como individuo. Me sentía estancada.

Después de que llegué a comprenderlo, pensar que mi relación sentimental determinaba mi valor como persona era lo contrario del amor propio. Si hubiera puesto más energía en fomentar mi amor por mí misma a lo largo de los años, el amor que buscaba ya habría estado ahí, antes de que empezara ninguna relación nueva. He llegado a comprender que todas las relaciones son un reflejo de tu relación contigo misma. Si no estás profundamente enamorada de ti misma, nadie más lo estará tampoco.

Cuando practicas el amor propio, diriges tu energía de vuelta a tu alma y fortaleces tu propio poder. Afortunadamente, mi instinto de confianza me ayudó a salir de una situación que no era saludable. Ahora me doy cuenta de que exudar mi poderosa energía atrae a personas que quieren conocerme, que dicen que soy guapa cuando tengo el pelo recogido en un moño raído y marcas de sábanas en la mejilla. Quieren hacer negocios conmigo, porque creen que soy creativa y competente. Confían en mí y en mi poder, porque mi energía irradia amor propio y confianza. Hablaremos de la relación sinérgica del amor propio, el poder y la energía en un capítulo posterior.

Si te amas y aceptas tu humanidad con sus inevitables defectos, superarás inseguridades, dependerás menos de los demás y te alejarás de las relaciones tóxicas. Cuando conservas tu poder, cambias tu energía y la gente se siente atraída por ti. De repente, tu pareja te tratará mejor como resultado de que tú te trates mejor a ti misma.

Encontrar el amor desde dentro significará mucho más para ti a largo plazo, ya que aumenta tu poder personal; y cuando tienes poder personal, eres más feliz, te sientes más realizada, estás más centrada y das más a los que amas. Depender o esperar que otra persona te dé valor significa que cedes tu autoestima y tu poder a los demás. Si esa persona externa deja de otorgarte lo que deseas, o deja de estar en tu vida, también desaparece tu sensación de valía.

El amor propio no es egoísta ni narcisista

Es importante comprender la diferencia entre egoísmo y amor propio. Es la confusión entre ambos lo que lleva a muchos de nosotros a renunciar al amor propio porque nos han condicionado a pensar que es egoísta.

Las mujeres, en particular, venimos al mundo con mucho poder. Nuestra energía mantiene a familias enteras. Pero se nos ha condicionado a ceder ese poder a los demás. *Se nos ha dicho erróneamente que anteponernos a nosotras mismas es egoísta, y por eso nos sentimos culpables si no estamos regalando naturalmente nuestra energía a los demás.* Y entonces los hijos se van, o el matrimonio se rompe, y ahí estamos, solas, sin equipo para recoger los ladrillos y construir una casa de amor propio para nosotras mismas.

Este ciclo puede detenerse cuando nuestro poder reside siempre en nuestro interior. Tenemos que cambiar las cosas y conservar parte de ese amor para nosotras mismas. No tenemos que regalar todo nuestro amor a los demás. De hecho, cuanto más mantengamos nuestro amor ardiendo en nuestro interior, más amor tendremos para dar al mundo.

Pero son precisamente el miedo y la culpa los que nos impiden amarnos a nosotras mismas. ¿Quién nos condicionó para pensar y comportarnos así? ¿Quién lo sabe? Pero su omnipresencia es evidente en todas las culturas del mundo.

Tras años de trabajo con cientos de pacientes, la psicóloga Vanessa Scotto ha descubierto que no conocer la diferencia entre egoísmo y amor propio es una de las mayores causas de agotamiento, ansiedad e infelicidad. Dice que muchas de nosotras lidiamos con lo que ella llama el "síndrome del miedo al egoísmo". *El miedo a ser egoístas nos hace creer que debemos hacer lo que sea para apoyar a los demás, aunque sea en detrimento personal o disminuya nuestra energía vital.*

"Sólo cuando actúas por miedo a ser egoísta te agotas", dice Scotto. "Al final empiezas a sentirte abrumada, sobrecargada y quizá incluso resentida. Desgastada y atrapada por tu propio mecanismo de culpabilidad, pierdes la capacidad de presentarte ante los demás con alegre generosidad".[5]

Ser egoísta es carecer de consideración o preocupación por los demás, pensar únicamente en una misma sin tener en cuenta a los demás, o a expensas de los demás. En cambio, el amor propio es anteponer tus propias necesidades. No es a expensas de los demás. Puedes seguir teniendo consideración por los demás mientras pones tus propias necesidades por encima de las de los demás. ¿Quién más va a cuidar de ti y satisfacer tus propias necesidades tanto como tú?

Cuando te dispongas a emprender tu propio viaje de amor propio, prepárate para que la gente pueda acusarte de ser egoísta. Mi madre hizo precisamente eso. Y si hubiera tenido más poder o influencia en mi vida, sus palabras podrían haber obstaculizado mi camino hacia el amor propio más de lo que lo hicieron. Si alguien te llama egoísta, es tu trabajo decidir si estás siendo egoísta o si simplemente te estás dando el amor que necesitas. Si estás haciendo algo que te hace sentir bien, entonces estás haciendo lo correcto para ti. Recuerda: tu intuición te diría lo contrario. Si estás en el techo, entonces fantástico. ¡Y qué más da que los demás te miren desde el suelo! Ten cuidado con los detractores que intentan convencerte de que no tomes la decisión correcta para ti, aunque esa decisión te haga sentir bien. Hablaré más sobre los detractores en la Parte II.

> Si haces algo que te hace sentir bien, entonces estás haciendo lo correcto para ti.

Del mismo modo que el amor propio no es egoísta, tampoco es narcisista. El narcisismo es lo contrario del amor propio. Los narcisistas tienen una versión inflada de su sentido de la importancia. Necesitan una cantidad excesiva de atención y admiración de los demás y tienen un sentido del derecho. De hecho, el narcisismo es un trastorno de la personalidad. Los narcisistas pueden ser manipuladores, degradantes y carecer de empatía. Pueden estar preocupados por factores externos como la belleza, el poder y el éxito. Me criaron narcisistas y me enseñaron a no quererme a mí misma.

Es muy importante distinguir entre amor propio y narcisismo, porque las mujeres tendemos a tener tanto miedo de parecer egoístas o narcisistas que huimos de todo lo que pensamos que podría percibirse como tal. La experta en autocompasión Kristin Neff, profesora asociada de Desarrollo Humano en la Universidad de Texas en Austin, ha descubierto que la principal razón por la que la gente no es más autocompasiva es que teme volverse autoindulgente. El Dr. Neff dice: "Creen que la autocrítica es lo que le mantiene a raya. La mayoría de la gente se ha equivocado porque nuestra cultura dice que ser duro contigo misma es la forma de ser".[6]

El amor propio consiste en darte prioridad a ti misma y a tus necesidades, y no esperar que nadie lo haga por ti. De hecho, si dependes de otra persona para que anteponga tus necesidades a las suyas, básicamente estás cediendo tu poder a otra persona, lo cual no es amor propio. Yo lo hice demasiadas veces, sobre todo en las relaciones sentimentales, pensando que las acciones de mi pareja hacia mí debían estar orientadas a mi felicidad. Esto está muy lejos de la realidad y, de hecho, es injusto para ambas personas en la relación. En la Parte II, revelo muchas otras razones —además de delegar en otros la responsabilidad de amarte— que nos impiden practicar el amor propio.

El amor propio es poder

Así como existen muchas palabras para describir las formas en que las personas no se aman a sí mismas —autojuicio, menosprecio, autocrítica, autoabandono, devaluación, también hay términos que representan cómo nos demostramos amor a nosotras mismas: autocompasión, autocuidado y autoperdón son tres de los sinónimos más populares.

Pero, según mi experiencia, nada representa más el amor propio que el poder. Tu amor es tu poder. Para amarte, debes conocer, poseer y conservar tu poder. Debes creer que reside en ti y que eres una con él.

Cuando no te amas, no posees tu poder ni tu control; cuando no posees tu poder ni tu control, no te estás amando. El amor propio y el poder son interdependientes.

El amor propio te ayudará en tu carrera

> Incluso la revista Forbes, orientada a los negocios, ha informado sobre los beneficios del amor propio en las carreras y en los negocios. Cuando practicas el amor propio, ya no actúas por miedo. Por tanto, asumes más riesgos, disminuye la voz del crítico interior, te preocupa menos lo que piensen los demás y experimentas menos agotamiento. Tienes confianza para solicitar trabajos para los que podrías haberte descalificado. Y tienes el poder de defenderte y exigir que te compensen en función de tu propio sentido del valor propio. El amor propio en el éxito profesional y en la iniciativa empresarial es tan importante y transformativo, que le he dedicado un capítulo entero (ver Capítulo 17).

Capítulo 3

El amor propio es la vitamina de la vida

> ¡Hoy eres tú! ¡Eso es más que cierto!
> ¡No hay nadie vivo que sea más tú que tú!
> Grita fuerte: "¡Tengo suerte de ser lo que soy!".
> —Dr. Seuss, ¡Feliz cumpleaños a ti!

Regalarnos a nosotras mismas y tragarnos nuestras propias necesidades, nos enferma, nos agota y nos genera ansiedad y depresión. En cambio, practicar regularmente el amor propio es como tomar una vitamina que aporta energía y alegría a tu vida. Si no me crees, veamos la investigación.

La ciencia del amor propio

En campos impulsados empíricamente, se está investigando la práctica del amor propio. Desde la neurociencia hasta la psicología, pasando por la fisiología del ejercicio, la gente quiere saber cómo la práctica del amor propio nos cura, nos llena y nos acerca a nosotras mismas y a nuestro potencial. Las pruebas del poder del amor propio en la salud de nuestros cuerpos, mentes y almas son difíciles de negar.

La Dra. Kristin Neff ha realizado numerosas investigaciones y escrito libros sobre el tema. La investigación sugiere que dejar de ser duros con nosotras mismas y aceptar nuestros defectos puede ser un punto de partida hacia una mejor salud. Sobre la investigación de Neff, el New York Times informó: "Las personas que obtienen puntuaciones altas en las pruebas de autocompasión tienen menos depresión y ansiedad y tienden a ser más felices y optimistas. Los datos preliminares sugieren que la autocompasión puede incluso influir en cuánto comemos y puede ayudar a algunas personas a perder peso".[1]

Se ha comprobado que participar en ejercicios de compasión calma el ritmo cardíaco y desactiva la respuesta de lucha o huida del organismo. Otros estudios han demostrado que esta respuesta de amenaza daña el sistema inmunitario. Los investigadores creen que la capacidad de desactivar esta respuesta puede reducir el riesgo de enfermedad. Lo que esto sugiere es que cuando estamos en un estado constante de ansiedad porque nos estamos machacando o porque no satisfacemos nuestras necesidades, nos estamos abriendo a la enfermedad. En un estudio publicado en la revista Clinical Psychological Science, se dividió a 135 estudiantes sanos de la Universidad de Exeter en cinco grupos, y los miembros de cada grupo escucharon un conjunto diferente de instrucciones de audio. Los dos grupos que recibieron instrucciones sobre ser amables consigo mismos dijeron sentir más autocompasión y conexión con los demás y mostraron una respuesta corporal que reflejaba sentimientos de relajación y seguridad. Sus frecuencias cardíacas disminuyeron y mostraron variaciones en la duración de los latidos, un signo saludable de un corazón que puede responder con flexibilidad a las circunstancias. También mostraron una menor respuesta de sudor.

Por otro lado, las instrucciones grabadas que incitaban a una voz interior de crítica provocaron un aumento de la frecuencia cardíaca y una mayor respuesta del sudor, lo que concuerda con las emociones de amenaza y angustia. El Dr. Hans Kirschner, que dirigió la investigación como primer autor del estudio en Exeter, declaró: "Estos hallazgos sugieren que ser amable con una misma desactiva la respuesta de amenaza y pone al cuerpo en un estado de seguridad y relajación que es importante para la regeneración y la curación".[2]

La investigadora principal, la Dra. Anke Karl, de la Universidad de Exeter, declaró en una entrevista en línea: "La autocompasión está relacionada con mayores niveles de bienestar y mejor salud mental. Nuestro estudio nos está ayudando a comprender el mecanismo por el que ser amable con una misma cuando las cosas van mal podría ser beneficioso en los tratamientos psicológicos. Al desactivar nuestra respuesta de amenaza, reforzamos nuestro sistema inmunitario".[3]

La Asociación Americana de Psicología está de acuerdo en que la autocompasión se correlaciona con una mejor salud física y mental. En personas con diabetes, los estudios muestran una estabilización de los niveles de glucosa. En otros participantes, la autocompasión aumentó la función inmunitaria y la relajación. Los estudios también han asociado niveles más bajos de autocompasión con problemas de salud mental como la ansiedad, la depresión y el trastorno de estrés postraumático.[4]

La autocompasión también ha sido un tratamiento en los trastornos alimentarios, la alimentación desordenada y los problemas de imagen corporal. No es sorprendente que la mayoría de las personas con trastornos alimentarios carezcan también de autocompasión. Ser excesivamente crítico con una misma suele estar en la base de los comportamientos de quienes padecen distintos tipos de trastornos alimentarios; en muchos programas de recuperación, la autocompasión se introduce como su antídoto.

En una entrada del blog del Centro de Recuperación de la Conducta Alimentaria, Joanna Nolan escribió sobre la autocompasión y su poder en su viaje de recuperación: "Tener compasión por ti misma no significa que tengas que quererte en cada momento de cada día, sino que honras tu humanidad. Cuanto más nos abramos y abramos nuestros corazones a la realidad de esto... más capaces seremos de sentir compasión por nosotras mismas".[5]

No podría estar más de acuerdo con la afirmación anterior. De hecho, iría un poco más lejos y diría que practicar el amor propio no siempre sienta bien al principio. Practicar el amor propio a veces requiere tomar decisiones dolorosas, romper con personas a las que quieres, enfrentarte a una figura de autoridad, afrontar un miedo, defender tus límites o decirle a alguien que no cuando estás acostumbrada a complacer a la gente. A veces tengo que pasar por dolor emocional y angustia durante un tiempo para tomar las decisiones correctas para mí, pero siempre merece la pena luchar por mí misma a través del dolor. Al final, el riesgo, la incomodidad y el miedo me ayudan a emerger sintiéndome más viva.

Conectarse con el Universo

He aprendido que el amor propio es nuestra conexión con el universo. Desde que tengo uso de razón, siempre he tenido la sensación fundamental de que formamos parte de Dios, de que no estamos separados de Dios. Aunque, de joven, no conseguía entender qué significaba Dios para mí.

Dada mi educación extremadamente religiosa, ahora que reflexiono sobre lo que sentía acerca de ser uno con Dios, era realmente una perspectiva visionaria en aquel momento, ya que no tuve ninguna aportación externa que me diera este tipo de perspectiva en mi juventud. Mi naturaleza es observar y llegar a mis propias creencias sobre las cosas, y espero inspirarte para que hagas lo mismo. Lo que vi en la iglesia cuando era joven es que esta tercera parte se esforzaba mucho por hacer creer a la gente que la iglesia y la creencia en los conceptos de la Biblia moderna eran nuestra única conexión con Dios, que cualquier otra cosa, cualquier otra religión o práctica o pensamiento, era malo. Pero a pesar de la programación diaria de mis padres, para mí no necesitabas la iglesia ni la Biblia para conectar con un poder superior. Y no hacía falta poner una etiqueta religiosa a la fe.

Pensaba: ¿Por qué estamos regalando nuestro poder? Esto nunca ocurriría si nos diéramos cuenta de nuestro propio poder, sin dejar que nadie nos lo arrebatara, dándonos cuenta de que un Dios verdaderamente amoroso nunca nos habría creado sólo para que nos tratáramos a nosotras mismas y a los demás tan terriblemente como las religiones nos hacen creer que deberíamos hacerlo.

Por supuesto, cuando me atreví a exponer mi punto de vista a mis padres (cuando tuve edad suficiente para atreverme a tener mi propia opinión), mi familia y nuestra iglesia me tacharon de "malvada". El pastor dijo que había heredado un demonio de mi madre. Todo esto fue poco antes de irme de casa a los catorce años para vivir con mi madre. Viví como atea hasta los veinticuatro años.

Aunque el viaje de mi vida me ha llevado naturalmente por un camino hacia la profundización en el amor a mí misma y en la relación conmigo misma, sólo recientemente he llegado a comprender la importancia del amor propio no sólo como práctica espiritual, sino también como un don y un deber que hay que recibir. Hace poco leí el libro de Anita Moorjanis, Morir para ser yo. Conocí a Anita Moorjani hace muchos años a través de la obra del Dr. Wayne Dyer. En su libro, Moorjani comparte su experiencia en su lecho de muerte en el hospital, cómo sus órganos se apagaron a causa de un cáncer terminal, y cómo murió y cruzó al otro lado.

A través de la muerte de su cuerpo físico y el transporte al mundo espiritual, Moorjani dice que se dio cuenta de lo magníficos que somos, de que ella misma había provocado su propio cáncer y de que tenía el poder de curarse a sí misma. Se le dio la opción de volver al mundo físico o cruzar al otro lado. Eligió volver a su cuerpo con su nueva comprensión de la vida. Se dio cuenta de que podía curarse a sí misma. Y realmente se curó, milagrosamente, en sólo unas semanas. El cáncer que la había atormentado durante años desapareció.

Escribe: "Mi cuerpo creó el cáncer a causa de todos mis pensamientos tontos, mis juicios sobre mí misma, mis creencias limitantes, todo lo cual me causaba tanta confusión interna. Si hubiera sabido que se supone que debemos venir aquí y sentirnos bien con nosotras mismas y con la vida, y simplemente expresarnos y divertirnos con ello".[6]

Dice que su experiencia le mostró que la mejor manera de conectar con la energía de la fuerza vital universal es desde dentro. Empieza por quererte y confiar en ti misma. Cuanto más capaz seas de hacerlo, más centrada te sentirás en el tapiz cósmico. Cuanto más conectados nos sintamos cada uno de nosotros individualmente, más capaces seremos de tocar a los demás, permitiendo que otros sientan lo mismo.

El amor propio es nuestro camino de vuelta a la divinidad, a nuestro verdadero yo. ¿Cómo podemos darnos cuenta de nuestra propia magnificencia si no nos gustamos ni nos tratamos bien, por no hablar de amarnos? Pues bien, mi objetivo es ayudarte a eliminar esta cuestión de tu vida. A partir de aquí, estás en el camino hacia tu potencial y tu paz interior. Ahora sabemos lo que es y lo que no es el amor propio. Sabemos que está conectado con nuestro poder y nuestra energía y que funciona sinérgicamente con el universo. Sabemos que lo necesitamos para vivir, prosperar y estar sanos. Es un don y nuestro deber recibirlo, y es el camino hacia una vida de bienestar y conectividad.

En la siguiente parte del libro, hablo de reconocer a los saboteadores del amor propio —las cosas que hacemos o permitimos que otros hagan— que nos impiden la práctica y amenazan nuestro don universalmente otorgado. Sólo entonces podremos estar abiertas y preparadas para recibir nuestro propio amor.

Un efecto holístico

Existe una plétora de estudios que demuestran que el amor propio mental es necesario para el bienestar, pero ¿qué ocurre con los aspectos físicos y psicológicos del amor propio? Resulta que ponerte a ti misma en primer lugar mejora tus relaciones románticas e impulsa tu éxito profesional. Te conecta con fuentes espirituales y te guía hacia un mejor sentido de tus necesidades.

Para mí, elegir conscientemente ponerme a mí primero me conectó aún más en mi práctica espiritual. Como ya se ha dicho, me acercó a Dios más de lo que había estado nunca. Tantas religiones y dogmas del pasado nos enseñaban a negar nuestro cuerpo. Ahora comprendo realmente por mí misma lo que quiere decir Eckhart Tolle cuando afirma: "La transformación es a través del cuerpo, no lejos de él".[2] Nuestro cuerpo interior es nuestra conexión con el universo, que nos acerca a la comprensión de que todas estamos conectadas como una sola.

Un afecto holístico

Supongo que ustedes ya se habrán dado cuenta que el amor propio normal es necesario para el bienestar, pero lo है ocurre con los aspectos físicos y psicológicos del amor propio? Resulta que ponerse a ti mismo en primer lugar mejora las relaciones con amigos e incluso el éxito profesional. Es obvio, y no lo digas separadas, según hacía un mero acuerdo de nuestra cultura.

Para mí, amar a mi cuerpo recientemente ponerme en primer lugar consiste en amar, en mi práctica espiritual, y en, en estos días, me acerco a Dios más, lo lo que hubieran estado antes. Fueron mejores y después del pecado acostumbrar a negar nuestro cuerpo, Ahora comprendo realmente cual era aquello lo que antes decir: Todo está lo divino. La transformación no ha sido de tremendo, no dejo de al ser humano como un llegará a que la gente con el cantos que quienes seguir. Es comprensión de que todos estamos completos como un todo.

Capítulo 4

Sintonizar con tu energía y tu poder

Siempre he estado en sintonía con la cantidad de energía que tengo y con si es positiva o negativa. Incluso de joven, cuando me sentía decaída o desmotivada, triste o desanimada, insegura, culpable, avergonzada —lo que fuera— sabía que esos sentimientos eran mucho más que reacciones emocionales. Eran mensajes. Mi baja energía indicaba que algo no iba bien y que yo no estaba actuando en mi propio interés. Entonces no lo sabía del todo, pero mi respuesta de baja energía me decía que no me amaba ni me trataba como lo hace una persona cuando se muestra amor a sí misma. La baja energía fue generando aún menos energía y, como explico en el Capítulo 3, se encendió la respuesta de lucha o huida, lo que me sumió en un estado constante de depresión, confusión y autodesprecio. A lo largo de este libro comparto varias historias de cómo estos mensajes energéticos me ayudaron a actuar y a efectuar cambios, incluso ante las circunstancias más difíciles.

Según mi experiencia, cuando intentas desarrollar el amor propio y convertirlo en una práctica para toda la vida, debes estar en contacto con la energía —tu energía, la energía de los demás— y escuchar lo que te dice. La energía es una guía hacia o desde el amor propio. Esto merece ser subrayado. *La energía es una guía hacia el amor propio o para alejarse de él.* Si no estás en contacto con lo que siente tu energía, siempre la estarás regalando, porque no conoces el valor de lo que posees.

Cuando siempre nutres tu energía dentro de tu cuerpo, te das poder. Una vez que te acostumbras a la increíble sensación de la energía fluyendo a través de ti, impulsándote y abrazándote, cuando se va, lo notas. Cuando empezaba a sentirme agotada o no era capaz de sentir mi energía, no me reconocía.

El peligro de estar cómodamente entumecida

En un momento de mi vida, viví con un novio llamado Jerry (hablaré más de él más adelante en el libro). Recuerdo muy bien que sentía como si no pudiera sentir mi energía; era como si la carga eléctrica que antes tenía por la vida se apagara. Echaba de menos esa hermosa sensación que solía tener en mi cuerpo. Supongo que estaba cómodamente entumecida.

En aquel momento, aún no me había valorado lo suficiente a mí misma y a mi energía como para abandonar la situación. No es que fuera una mala situación durante la mayor parte del tiempo que estuvimos juntos. Pero tampoco estábamos emparejados energéticamente. Quizá estaba intercambiando inconscientemente mi energía por lo que él me proporcionaba: estabilidad, familia, amor. Más tarde descubrí que se había puesto una máscara, ocultando quién era en realidad, para mantenerme a su lado. Pero las vibraciones de baja energía deberían haber sido mi pista de que no estaba viviendo auténticamente o en mi mejor interés. Llegué a ver quién era realmente cuando se quitó la máscara, y fue entonces cuando decidí que necesitaba quererme más, aunque eso supusiera trastornar la vida de ambos.

Me alejé de él y me hice mi propio espacio durante unas dos semanas. Necesitaba estar sola, pasar tiempo con amigos y hacer cosas que me nutrieran y elevaran mis vibraciones. Durante ese tiempo, Jerry, a petición mía, accedió a no ponerse en contacto conmigo para que yo pudiera contemplar nuestra relación sin su presencia en mi vida.

En ese breve tiempo en que estuve lejos de él y corté temporalmente el canal de comunicación, sentí que mi energía volvía a encenderse. Maldita sea, cómo la había echado de menos. Me desperté desahogada. Me sentí viva de nuevo, con ganas de volver a la naturaleza, sintiéndome inspirada y vigorizada, llena de esperanza y posibilidades. Aquello fue una gran señal para mí de que estar sola me ponía en el camino correcto energéticamente. Necesitaba escuchar mi mensaje de aumento de energía y dejar a Jerry para siempre. Cuando te amas a ti misma, haces lo que el universo quiere que hagas. Elevas tus vibraciones para que coincidan con las frecuencias más elevadas del universo. Volvemos a encontrarnos con Jerry en el Capítulo 23, cuando hablamos más sobre la importancia de tomar espacio y por qué hacerlo es un acto de amor propio y autocompromiso.

El amor propio proporciona energía positiva

El amor propio te llena de energía positiva, igual que un cable de corriente da energía que carga un teléfono, porque amarte a ti misma te hace más compasiva, tolerante, valiente y auténtica. Esos actos te elevan. Es más, cuando resuenas con las intenciones del universo, tus vibraciones suben muchos peldaños. Pat Longo, sanadora espiritual y autora de *The Gifts of Your Anxiety: Simple Spiritual Tools to Find Peace, Awaken the Power Within*, y *Heal Your Life*, llama "intuición" a la capacidad de escuchar y utilizar tus sentimientos negativos. Los cuerpos humanos están formados por energía electromagnética, lo que significa que vibramos a una frecuencia determinada. Queremos elevar nuestra vibración para funcionar a un nivel más alto y poderoso. Escribe: "Cuando estás deprimido, atraviesas un trauma, experimentas una pérdida, te enfrentas a una adicción o simplemente te sientes triste, tu vibración es baja, está por los suelos".[1] Longo relaciona la elevación del propio poder y la elevación de la propia energía como algo que va de la mano, utilizando como ejemplo una escena de la película de Disney de 1964 *Mary Poppins*.

La pragmática Mary Poppins y su amigo Bert, junto con los niños que Mary cuida, Jane y Michael, visitan al tío Albert. Se sorprenden al ver que el tío Albert está taciturno. Bert empieza a contar algunos chistes para aligerar el ambiente, y los demás empiezan a reírse. Con cada carcajada, el tío Albert flota cada vez más alto en la habitación, hasta que todos están en el techo, literalmente, cantando la canción "Me encanta reír". Longo dice: "Cuando nos dedicamos a algo que amamos... elevamos el alma hasta el cielo. Estamos operando en un nivel elevado, en lo que sólo atrae positividad y que está más cerca de nuestro auténtico yo."[2]

Necesitamos que nuestro poder y nuestra energía funcionen en todos los circuitos y, para ello, tenemos que dedicarnos a los ejercicios del amor propio, a las cosas que nos hacen sentir bien y nos ponen en primer lugar en nuestra lista de prioridades. Espero que este libro te proporcione esas herramientas, pero de momento aquí tienes un vistazo rápido a algunas de las cosas que Pat Longo sugiere para mantener tu energía positiva y tu poder potenciado.

- Ríete
- Escucha música
- Medita
- Practica la gratitud
- Haz ejercicio
- Baila
- Reza
- Ten fe y amor[3]

Como dice Gabby Bernstein: "Estamos hechos para sentirnos bien, ésa es la verdadera naturaleza de lo que somos. Creemos que tenemos que perseguir esa cosa que nos hará sentir bien, pero lo irónico es que cuando nos sintamos bien, conseguiremos todas las cosas que queremos".

Si quieres estar en un lugar en el que consigas lo que quieres en la vida, es tu responsabilidad asegurarte de que te sientes bien a lo largo del día. Personalmente, me he comprometido conmigo misma a asegurarme de que no sólo estoy satisfecha cada día, sino que me siento eufórica, exuberante y realizada. He encontrado una forma sencilla de ayudarme a conseguirlo. Es lo que yo llamo mi lista de la alegría. Esta lista es personal para mí y es lo que me hace feliz. Es una simple lista de cosas que puedo hacer fácil e instantáneamente para ponerme en mi lugar feliz. Mi lista incluye escuchar música, hablar o quedar con un amigo, dar un paseo en un día agradable, leer mi libro espiritual favorito, pintar, jugar al tenis, mirar obras de arte de algunos de mis artistas favoritos y ver vídeos divertidos de animales.

SUGERENCIA PARA EL DIARIO

¿Cuál es tu lista de alegrías?

Saca tu diario y haz tu propia lista de la alegría con cosas rápidas y fáciles que puedas hacer en cualquier momento para estimular tu espíritu y cargar tu contenedor de energía.

Nota al margen: a mí también me gusta poner mi lista de la alegría en una nota adhesiva junto al ordenador. Me recuerda que debo hacer regularmente cosas que me hagan sentir feliz.

Controlar tu contenedor de energía

Imagina que tienes un contenedor que descansa en tu alma —tu contenedor de energía— y que es donde se almacena tu energía. Cuando mi contenedor de energía está lleno, estoy radiante. Pongo a todo volumen mi música favorita, planeo reuniones y barbacoas con amigos, me siento invencible al atacar mis objetivos y me siento impulsada y ambiciosa, ¡por no mencionar que mi casa está superorganizada!

Puedes imaginarte lo que se siente cuando ese contenedor se vacía, como ya he sabido. No quiero que suene ninguna música, quiero aislarme y estoy increíblemente irritable. Estoy agotada y desmotivada, me siento negativa hacia los demás y soy pesimista sobre mi futuro. Mi armario es un desastre; los platos se amontonan en el fregadero.

He descubierto que este concepto de contenedor de energía tiene beneficios muy prácticos en mi forma de vivir la vida. Cada día intento controlar el nivel de energía de mi contenedor de energía y utilizo esa información para guiar mis decisiones. Si me encuentro en una situación en la que siento que mi energía es baja, intento averiguar por qué. ¿Me está diciendo mi intuición que hay algo malo en la situación a lo que debo prestar atención? ¿No he estado practicando el amor propio, por lo que no tengo energía para compartir con los demás? Y si mi energía es alta, entonces sé que estoy tomando buenas decisiones para mí.

> Hacer las paces con quién eres —buena y mala— es el acto más profundo de amor propio y compasión.

Tu amor es tu poder. Este es el lema por el que he llegado a vivir. A menudo me han dicho lo "fuerte" que soy mis amigos, mis compañeros de trabajo y otras personas que han presenciado los momentos difíciles de mi vida en los que he decidido anteponerme a mí misma, a mis necesidades y a mi felicidad. Mi amor por mí misma es lo que me da fuerza. Cuando nos negamos a amarnos y aceptarnos a nosotras mismas, nos aislamos de la energía que sustenta la vida. Este proceso ocurre gradualmente hasta que nos desconectamos de la energía, la fuerza vital. Y esto provoca problemas de salud, problemas mentales e incapacidad para vivir la vida con todo nuestro potencial, entre otras cosas.

No quererte a ti misma, te pone en una batalla contigo misma. Es una lucha que no puedes ganar, ya que agota tu poder, tu energía vital. Es importante aceptar que somos imperfectas y que cometemos errores. Pero del mismo modo que aceptamos nuestros defectos, debemos aceptar y aplaudir nuestras fortalezas, y a veces la única fortaleza que podemos tener en ese momento es aceptar nuestras debilidades. Hacer las paces con tu agitación interior es fundamental para la salud y la plenitud. Hacer las paces con lo que eres —bueno y malo— es el acto más profundo de amor propio y compasión. Tu energía y tu poder no pueden, sino aumentar, y tu energía atraerá energía semejante. Este libro y los capítulos que le siguen te inspirarán a arreglar tu mundo interior, para que puedas cosechar las recompensas y la santidad del exterior.

SUGERENCIA PARA EL DIARIO

¿Cómo te sientes acerca de amarte incondicionalmente?

Éste es un buen momento para reflexionar sobre tus propios sentimientos acerca de la idea de quererte a ti misma y ponerte en primer lugar. Escribe en tu diario todo lo que te venga a la mente. No lo pienses demasiado ni te edites. La clave está en dejarlo fluir. No hay una forma correcta o incorrecta de llevar un diario, y nadie va a leerlo, excepto tú. Es sólo una forma de conocerte mejor. A continuación, encontrarás algunas sugerencias para tu diario que pueden ayudarte a sintonizar con tus creencias actuales sobre el amor propio.

Escribe cada sugerencia en tu diario, de una en una, rellenando el espacio en blanco al final de cada frase con tus propias palabras.

- Si antepongo en mi vida mis propias necesidades a las de los demás _____.
- Si elijo hacer lo que realmente me hace feliz, siento que esto _____.
- Las formas en las que actualmente no me pongo a mí misma en primer lugar en mi lista incluyen _____.
- Actualmente, quienes tienen la máxima prioridad en mi vida, por encima de mí misma, son _____.
- Probablemente aprendí a poner a los que son la máxima prioridad en mi vida de _____.
- Si me convirtiera en la mayor prioridad de mi vida, el efecto que tendría en los demás sería _____.
- Si practicara más el amor propio y la autocompasión, el efecto en mi vida sería _____.

Una vez que puedas identificar tus propias creencias en torno al concepto de quererte a ti misma primero, así como comprender de dónde pueden haber surgido, podrás determinar mejor si son realmente válidas para ti en la actualidad. Entonces te resultará más fácil introducir nuevos conceptos sobre el amor propio y lo que realmente sería mejor para ti, basándote en lo que te hace sentir bien.

PARTE II

¿Cómo no te amo? Siete saboteadores del amor propio

Cómo te amo. Déjame contar las maneras. Se dice que las famosas primeras líneas del Soneto 43, escrito por Elizabeth Barrett Browning a mediados del siglo XIX, fueron escritas para su marido, el poeta Robert Browning. Cuando se trata de expresar amor por otra persona, los sentimientos son universales. Pero en mi vida, cuando se trata de amar primero a los demás, necesitaría más de diez dedos de manos y pies para contar las maneras.

Si hubiera un poema que preguntara: "¿Cómo *me* amo? Déjame contar las maneras", quizá me hubiera llevado antes a ser consciente de estos saboteadores y no hubiera pasado tantos años alimentando las fuentes externas que saboteaban mi capacidad de amarme a mí misma. Espero que puedas aprender de mi experiencia.

Soy un poco adicta a la autoayuda y he hecho una tonelada de autorreflexión, trabajando para mejorarme a lo largo de los años. No soy ajena a la realidad de que el trauma y los problemas de apego influyeron en mi desarrollo en la primera infancia. Quizá por eso, de adulta, he seguido profundizando en mis situaciones y patrones de comportamiento para comprender mis acciones y respuestas y poder identificar las cosas que me han impedido practicar el amor propio.

Al determinar "cómo no te amo", he experimentado y contado las siete formas siguientes.

1. Necesitar validación o aprobación externa
2. Permitir que el condicionamiento y la programación social guíen el comportamiento
3. Dejar que la culpa te domine
4. Confiar en falsas esperanzas
5. Ignorar tu intuición
6. No decir nunca que no
7. Tener creencias autolimitantes

Algunos de estos factores son insidiosos, mientras que otros son tan socialmente aceptables que es difícil olvidar que no son buenos para nosotros. El resto son bichos molestos que están aquí para quedarse, pero que son manejables con suficiente práctica y conciencia. Y aunque hablo de ellos como factores separados, en realidad verás que a menudo están interconectados (por ejemplo, el condicionamiento social puede llevarnos a creencias limitantes, que nos llevan a ignorar nuestra intuición).

El mensaje clave que quiero que te lleves es que es tan importante reconocer lo que nos aleja del amor propio como comprender la naturaleza del amor propio. Al igual que los pilotos que aprenden a volar con maestría deben hacerlo simulando vientos en contra, choques con pájaros y relámpagos, debemos acercarnos a los patrones meteorológicos que amenazan nuestro bienestar y nuestros objetivos para amarnos más a nosotras mismas.

La necesidad de identificar cuáles de estos saboteadores están presentes en tu propia vida es la razón por la que he incluido sugerencias para escribir un diario en cada capítulo de esta parte del libro. Te ayudarán a reflexionar sobre las situaciones a las que te has enfrentado y las decisiones que has tomado que son incompatibles con la práctica del amor propio. Espero que utilices los siguientes capítulos y las sugerencias de diario para ayudarte a identificar las amenazas de tu vida que pueden sabotear tu camino hacia el amor propio.

Capítulo 5

Necesidad de validación o aprobación externa

> La gente es infeliz en gran parte porque está confundida acerca de lo que es valioso.
> —William Irvine, El arte de la buena vida

A veces, tras tomar una decisión o actuar, caemos en la trampa de buscar la aprobación de los demás para validar lo que hemos hecho. Para ser justas, estamos condicionadas a vivir de este modo. Y aunque soy muy consciente de las trampas de buscar la aprobación externa, sigo encontrándome a mí misma recurriendo a este condicionamiento con bastante frecuencia. Para la mayoría de nosotras, es nuestro modo automático. No podemos evitarlo; así nos educaron. Por ejemplo, en situaciones sociales me sorprendo a menudo mirando a los demás para ver si me aceptan o lo que tengo que decir, si encajo, si piensan que soy atractiva o si les gusto.

El refuerzo positivo y las recompensas extrínsecas por hacer lo "correcto" o agradar a otra persona es una práctica muy extendida. Un niño deja de mojar la cama y recibe pegatinas o caramelos. Una adolescente pierde su gordura infantil durante el verano y de repente es popular en el colegio. Un joven ejecutivo trabaja hasta tarde, sacrifica su vida personal, hace el trabajo de sus colegas y es ascendido por su duro trabajo.

Por supuesto, queremos saber que estamos haciendo algo bien y que se nota nuestro duro trabajo. Pero cuando el refuerzo y las recompensas se malinterpretan como representaciones de amor o valía, buscar esa validación externa interfiere con el acto de amarnos a nosotras mismas, o incluso puede sustituirlo. Y ahí es cuando empieza el sabotaje del amor propio. Veamos con más detalle cómo ocurre esto.

¿Con qué te comparas?

El libro de Deepak Chopra *The Seven Spiritual Laws of Success* es como mi Biblia; probablemente lo he leído al menos cuarenta veces. Me ayudó a encender la bombilla en lo que respecta a mi propia necesidad de validación. Cuando nos dejamos influir por nosotras mismas y nos remitimos a nuestro propio espíritu como guía para saber quiénes somos y cuánto nos queremos, Chopra lo denomina autorreferencia, es decir, utilizamos nuestras propias creencias y valores internos como punto de referencia. Chopra habla de que lo contrario de la autorreferencia es la referencia a objetos, que es cuando nos vemos afectados por situaciones, circunstancias, personas y cosas externas a nosotros. Escribe: "En la referencia al objeto buscamos constantemente la aprobación de los demás. Nuestro pensamiento y nuestro comportamiento están siempre a la espera de una respuesta. Por tanto, se basa en el miedo".[1]

Si te encuentras dependiendo de la aprobación de los demás e invirtiendo tu autoestima en esa aprobación, estás viviendo en un terreno inestable. Es una forma de vivir basada en el miedo, y genera inseguridad. Si lo que haces te hace sentir bien, eso es todo lo que realmente necesitas, independientemente de lo que otros piensen o decidan etiquetarte. Publicar constantemente selfies en Facebook o Instagram y luego sentirte bien o mal en función del número de "me gusta" que consigas no es amor propio. Aunque consigas un millón de "me gusta", esto no debería tener nada que ver con cómo te sientes contigo misma. Si es así, el día en que nadie te dé el visto bueno, te encontrarás en una espiral de indignidad y más miedo.

Uno de los aspectos insidiosos de la referencia al objeto es cómo dejamos que nuestro ego, el falso yo, dirija nuestro sentido del valor. *Soy buena, soy digna, porque le gusto a este tipo; el jefe me necesita; mis padres están orgullosos de mí; tengo este puesto de trabajo; conduzco este coche.*

Sin embargo, no somos nuestro ego. Por eso, al final, nadie acaba encontrando la verdadera felicidad o el éxito en estas fuentes externas. El ego es nuestra máscara social, los papeles que representamos en el mundo; la persona que queremos que los demás crean que somos. La familia perfecta en Facebook; los grandes elogios de los que presumimos en nuestros sitios web; los famosos que retuitean nuestras publicaciones. Nuestras máscaras sociales prosperan con la aprobación. "Al ser un poder basado en el ego —escribe Chopra— sólo dura mientras el objeto de referencia esté ahí. Si tienes un determinado título, si eres el presidente del país o el presidente de una corporación, o si tienes mucho dinero, el poder del que disfrutas va con el título, con el trabajo, con el dinero. El poder basado en el ego sólo durará mientras duren esas cosas. Cuando el título, el trabajo y el dinero desaparecen, también lo hace el poder."[2]

El miedo al rechazo, el miedo a no encajar, el miedo a no gustar o a no ser amado agota mucho a una persona. ¿Cómo puede alguien quererte de verdad, o cómo puedes quererte tú de verdad, cuando vives en un estado tan precario de ti misma?

Por supuesto, todas queremos saber que nuestros jefes aprueban nuestro trabajo o piensan que estamos haciendo un buen trabajo. Y siempre es agradable oír que nuestras amigas dicen que somos buenas amigas o madres. Claro que las críticas constructivas son útiles a veces. Pero, de nuevo, el problema surge cuando envolvemos nuestra valía y nuestro sentido de lo que somos en estas aprobaciones.

El círculo vicioso creado por el miedo

Tara, la que fue mi amiga, es guapísima, inteligente, solvente e increíblemente ingeniosa y divertida, pero es una de las personas más inseguras que he conocido en mi vida. Rara vez ha tenido una relación romántica que durara más de unos meses, y disfruta con la atención que recibe allá donde va. Aunque esté saliendo con alguien, no puede rechazar los coqueteos y proposiciones que recibe de desconocidos. Si Tara tiene un mal día, una segunda mirada y una sonrisa de un desconocido en una cafetería cambiarán por completo su estado de ánimo. Los hombres que llegan a conocerla se dan cuenta rápidamente de su necesidad y se cansan de su comportamiento.

En realidad, la inseguridad de Tara resta valor a su belleza física, oscureciendo una luz interior. Aunque al principio se sienten atraídos por su belleza exterior, los hombres suelen dejar a Tara al poco tiempo porque su inseguridad y su necesidad de aprobación externa para sentirse digna la llevan a enviar mensajes de texto incesantes, llamar sin parar y comportarse de forma muy controladora. Que los hombres la abandonen hace que Tara se sienta aún más insegura y rechazada, lo que la impulsa a buscar nuevas atenciones externas. Es un ciclo implacable e infructuoso. Tiene gran parte de su sentido del valor ligado a su aspecto.

Cuando buscamos fuera información sobre quiénes somos y ejercitamos la "referencia a objetos", nos vemos obligados a controlar las cosas. "Sentimos una intensa necesidad de poder externo", explica Chopra. "La necesidad de aprobación, la necesidad de controlar las cosas y la necesidad de poder externo son necesidades que se basan en el miedo. Este tipo de poder no es el poder de la potencialidad pura, ni el poder del Ser, ni el poder real. Cuando experimentamos el poder del Ser, hay ausencia de miedo, no hay compulsión por controlar ni lucha por la aprobación o el poder externo".[3]

Por eso no es de extrañar que el enfoque de la vida basado en el miedo llevara a Tara a ser increíblemente controladora con los demás, incluso con amigos y compañeros de trabajo. Cuando pones tanto de tu poder en conseguir la aprobación de los demás, la inseguridad te hace ansiar el control externo. Controlar a los demás mantiene tu energía centrada en ganar poder en el mundo exterior, lo cual no es verdadero poder. Para construir un poder real y duradero, necesitas practicar el amor propio, el único poder verdadero que existe.

El poder externo que la hermosa y conflictiva Tara se esforzaba tanto por controlar le causa tanta inseguridad porque es inestable, está en terreno movedizo. Está basado en el miedo, lo que le provoca una enorme ansiedad y depresión, y golpea su salud física. Si pudiera dar un paso atrás y buscar su validación en su interior, haciendo lo que le hace sentirse bien consigo misma, conociendo su autoestima porque se valora a sí misma, y aprendiera a sintonizar con su poder real, alimentando su energía interior, podría convertirse en una persona mucho más feliz. Y tal vez por fin atraería a alguien que pudiera amarla tanto como ella podía amarse a sí misma.

Resistir el canto de sirena de la validación externa

> Nuestro mayor miedo es asumir el riesgo de estar vivos, el riesgo de estar vivos y expresar quiénes somos realmente.
> — Miguel Ruiz, Los cuatro acuerdos: Una guía práctica para la libertad personal

El deseo de validación externa es un canto de sirena al que es muy difícil resistirse. Recuerdo uno de los grandes momentos de mi vida en el que tuve que luchar contra el impulso de obtener aprobación externa sobre una gran decisión. De joven, no tenía mucha relación con ninguno de mis padres; ninguno de los dos me mostraba amor, y mucho menos demostraba que se preocupara por mí. Mi abuela materna fue la única persona que veló por mí y por mis intereses y me enseñó el amor incondicional.

Cuando decidí asumir riesgos y dejar mi cómodo trabajo por una vida insegura como empresaria, puedes apostar a que a mi abuela no le hizo ninguna gracia. No porque quisiera verme infeliz, sino porque le preocupaba y, según su experiencia, la gente de su generación no hacía cosas arriesgadas que pusieran en peligro su sustento. En su opinión, no debía dejar la seguridad de un trabajo estable con beneficios.

Reconocí su preocupación por mí y que sus opiniones sobre lo que era "correcto" hacer en mi vida no tenían que ver conmigo, sino con su punto de vista, marcadas por sus prejuicios y experiencias al haber crecido durante la Segunda Guerra Mundial.

Tuve que esforzarme mucho para recordarme a mí misma que lo que yo hacía no era lo mismo que lo que soy y, por tanto, mis acciones no eran lo que hacía que mi abuela me quisiera o no me quisiera. Era propensa a la depresión y tenía mucho de su sentido del valor envuelto en mí, pues siempre me vio como su proyecto personal. Pero no podía preocuparme por cómo afectarían a su estado de ánimo o a su vida las decisiones que yo quisiera tomar para mi vida. Era mi vida, y ella no podía vivir mi vida por mí. Sólo yo podía hacerlo; sólo yo sabía qué era lo mejor para mí. Así es como pude mantenerme fiel a mí misma. No me preocupaba —o al menos intentaba que no lo hiciera— que la desaprobación de mi abuela significara que no era digna de su amor.

No es una forma egoísta de pensar. Es el mayor hecho que se puede aprender. Algún día tendría que darme cuenta de lo mismo a la hora de expresar mi aprobación sobre las decisiones vitales de mi propio hijo, de las que hablo con más detalle en el Capítulo 19. Si hubiera confiado en la aprobación de mi abuela, nunca habría dejado mi trabajo, me habría casado con cierto tipo de hombre que parecía bueno sobre el papel y nunca me habría convertido en una empresaria de éxito.

¡Valídate a ti misma!

Basar su valor y autoestima en si están recibiendo un premio, un ascenso o una mención en las redes sociales es una práctica demasiado común entre las personas que carecen de la capacidad de quererse a sí mismas.

¿Puede una escritora considerarse escritora si todo lo que recibe son rechazos de publicación? Si crees en ti misma y en tu trabajo, el rechazo no te impedirá seguir adelante. Hay innumerables historias de escritores y artistas ahora famosos que fueron rechazados docenas de veces, si no cientos, antes de conseguir su primer contrato. ¿Una empresaria sigue siendo empresaria si no entra ningún cliente en su tienda? ¿Una curandera sigue siendo curandera si nunca ha ido a la facultad de medicina?

Las respuestas dependen de si la persona cree que es quien es basándose en las cosas que hace, en la participación de extraños o en lo que sabe sobre su naturaleza y su propósito. Cuanto más intentas complacer a los demás, menos sintonizas contigo misma y con lo que amas de ti. Pierdes oportunidades de poner tus dones al servicio de los demás, contribuyendo al mundo de la forma para la que fuiste diseñada. Si dependes de lo que los demás piensen de ti para sentirte bien contigo misma, te centrarás en hacer lo que agrada a los demás en lugar de lo que te agrada a ti.

Esto no es amor propio. Acabas creando una versión falsa de ti misma que requiere mucha energía mantener y que presentas al mundo como "tú". Si puedes aprender a desprenderte de este falso yo, de este yo que no eres realmente tú, liberarás una tonelada de energía desperdiciada.

Cuando estás en un estado de amor propio y autoaceptación, eres inmune a las críticas que provienen de los valores o creencias, miedos o preocupaciones de otra persona. No retrocedes ante ningún desafío.

Así que deja de evaluar tu valor basándote en lo que hacen los demás o en lo que dicen de ti. Mira hacia dentro. Ten la fuerza de hacer lo que te complace, lo que sientes bien en tus entrañas. Contribuye al mundo de la forma que te parezca correcta, sobre todo teniendo en cuenta tus dones específicos. Así es como puedes empezar a debilitar al saboteador de la validación externa.

SUGERENCIA PARA EL DIARIO

¿Cuándo has buscado validación externa?

Escribe una situación actual o pasada en la que hayas tomado medidas en tu vida basándote en recibir la aprobación de los demás. Tal vez decidiste especializarte en medicina porque procedes de dos generaciones de oncólogos, o dijiste que sí a llevar a tu madre a Atlantic City en lugar de un fin de semana de chicas que realmente necesitabas, o aceptaste un trabajo sólo por el dinero en lugar de uno peor pagado que sabías que te satisfaría personalmente.

- ¿Conseguiste la aprobación que buscabas tomando esa decisión?
- ¿Qué crees que habría pasado si hubieras elegido hacer lo que te hubiera hecho feliz?
- Escribe una situación en la que no hayas recibido la aprobación o validación de alguien, que te haya hecho sentir mal contigo misma o incluso deprimida. Tal vez un familiar no aprobó algo que estabas haciendo, a un amigo no le gustó tu nuevo corte de pelo o tu publicación en Instagram no obtuvo tantos "me gusta" como esperabas.
- ¿Qué hiciste en respuesta? ¿Cambió tu comportamiento de alguna manera?
- ¿Puedes ver cómo, en estas circunstancias, pusiste tu poder en obtener aprobación externa o incluso una determinada definición de quién eres como persona, en lugar de mirar hacia dentro para examinar cómo te ves a ti misma, tus valores y tus acciones?

Mientras lo que hagas te haga sentir bien, vivirás una vida llena de alegría, paz y amor.

Capítulo 6

Permitir que el condicionamiento y programación social guíen tu comportamiento

La forma en que nos educaron, las ideas y tradiciones generacionales, las expectativas de los padres o de otras figuras de autoridad, los errores de experiencias pasadas que vimos cometer a la gente... todo ello influye en cómo estamos condicionadas y programadas para vivir en el mundo y en cómo nos vemos a nosotras mismas. Como los perros que aprendieron a salivar al sonar la campana de Pavlov, nuestras respuestas están moldeadas por las relaciones y situaciones que encontramos en nuestra vida. El problema es que esas respuestas automáticas pueden obstaculizar la práctica del amor propio.

El condicionamiento social empieza de jóvenes

Ante todo, nos programan nuestros padres. Algunas personas pueden mirar atrás y repetir los patrones a propósito, creyendo que la forma en que fueron educados tenía sentido. Otras pueden recordar un pasado plagado de defectos y disfunciones y hacer todo lo que esté en su mano para hacer lo contrario. El problema con esto último es que, independientemente de que nos propongamos conscientemente crear un mundo completamente distinto de nuestro pasado, seguimos estando condicionados por él.

Por ejemplo, después de haber tenido una madre que me maltrataba mentalmente y arremetía contra mí por escrito, normalmente por carta o correo electrónico, me aseguré de comunicarme verbalmente de forma sana con mi hijo, manteniendo un canal de comunicación abierto sin juzgar su punto de vista.

Aunque decidí no reflejar nunca el comportamiento de mi madre, llegué a darme cuenta de que seguía atada a los condicionamientos derivados de su comportamiento hacia mí. A través del trabajo con el trauma, incluido parte del trabajo de autoayuda que hice mientras leía el libro de Mastin Kipp titulado *Claim Your Power*, me sorprendió descubrir que me había formado todo tipo de creencias sobre mí misma como consecuencia del abuso. Realmente no tenía ni idea de que creencias como "No soy digna de amor", "estoy sola en este mundo" y "no puedo ser vulnerable" se habían programado en mi subconsciente durante esa época de mi vida. Estas creencias (también conocidas como creencias limitantes, de las que hablo en el Capítulo 11) formaron patrones tóxicos en mis relaciones de las que no pude liberarme hasta que las identifiqué, trabajé para sanarlas (¡y sigo trabajando!) y empecé a formar creencias nuevas y más sanas para sustituirlas.

El condicionamiento social también tiene muchas otras influencias. La sociedad hace que, como mujeres, nos encasillemos en ciertos papeles que se considerarían más femeninos. Tanto los hombres como las mujeres vienen al mundo en sintonía con sus emociones. Los niños lloran igual que las niñas. En su libro de fama mundial Los *cuatro acuerdos*, Miguel Ruiz describe su interpretación de cómo se producen el condicionamiento y la programación. "Los niños creen todo lo que dicen los adultos. Estamos de acuerdo con ellos, y nuestra fe es tan fuerte que el sistema de creencias controla todo nuestro sueño de la vida. No elegimos estas creencias, y puede que nos hayamos rebelado contra ellas, pero no fuimos suficientemente fuertes para vencer la rebelión. ¡El resultado es la rendición a las creencias con nuestro acuerdo".[1]

Ruiz llama a este proceso la "domesticación de los humanos". Es el proceso de que nos digan cómo vivir, los significados de las personas y las cosas: mamá, papá, la leche, el tenedor. "El sueño exterior nos enseña cómo ser humanos. Tenemos todo un concepto de lo que es una 'mujer' y de lo que es un 'hombre'. Y también aprendimos a juzgar: nos juzgamos a nosotras mismas, juzgamos a otras personas, juzgamos a los vecinos".[2]

A los niños les enseñan sus padres y todos los que les rodean que ser un hombre de verdad significa que no pueden mostrar emociones; son las niñas (que se convierten en mujeres) las que son "emocionales". Los hombres no lloran, y si lo hacen, se les acusa de actuar "como una niña".

> Permanecer en los carriles que nuestra programación ha determinado para nosotros, nos mantiene distantes y desconocedores de nuestro verdadero yo.

Si hay un hombre en la vida del niño, considera que su trabajo es enseñarle "cómo ser un hombre". Todo forma parte de la programación y el condicionamiento.

La situación es la contraria. Si una chica no llora, es "fría"; si es asertiva, es una zorra. Y así la sociedad anima a las chicas a estar en contacto con sus emociones y a los chicos a aplastarlas. Estas construcciones sociales funcionan para controlarnos a todas. Permanecer en los caminos que nuestra programación ha definido para nosotros —ya sea por género, sexo, raza, estatus socioeconómico o una identidad de pecador o santo— nos aleja de nuestro verdadero yo y nos mantiene ignorantes de quiénes somos en realidad. Escribe Ruiz: "Fingimos ser lo que no somos porque tenemos miedo a que nos rechacen. El miedo a ser rechazados se convierte en miedo a no ser suficientemente buenos. Al final nos convertimos en alguien que no somos. Nos convertimos en una copia de las creencias de mamá, de papá, de la sociedad y de la religión".[3]

¡El condicionamiento social nunca se detiene!

> Es difícil comprender exactamente dónde empieza el condicionamiento o la programación. Pero a veces es simplemente "la forma en que siempre han sido las cosas", o los papeles que vimos representar a nuestras madres, o un error que tuvo consecuencias negativas, lo que hizo que nos volviéramos reacios al riesgo. Las formas en que estamos condicionados son ilimitadas. Lo que es importante señalar es que incluso en la edad adulta estamos programados por quienes nos rodean. Las mujeres que hablan alto en el trabajo son "zorras", así que empezamos a hacernos las pequeñas. O para el padre de un niño está bien perderse el concierto del colegio por culpa del trabajo, pero no para la madre, así que a menudo se coge vacaciones y luego se encuentra con que no la invitan a las reuniones importantes de la oficina.

El condicionamiento es un juez severo

Hemos aprendido a dar valor, a juzgarnos a nosotras mismas y a los demás. Etiquetamos las cosas como correctas o incorrectas, buenas o malas. Estos sistemas aprendidos de etiquetado como bueno/malo o correcto/incorrecto forman parte de nuestro condicionamiento social: nos lo enseñan nuestros padres, la sociedad, la escuela, los compañeros, las comunidades y las religiones, y luego se programa en nuestro cerebro. Al principio, nos enseñan los demás, nos recompensan por comportamientos considerados buenos y nos castigan por comportamientos juzgados malos. Luego, muy pronto, al llegar a la edad adulta, nos volvemos buenos juzgándonos a nosotras mismas y manteniéndonos a raya.

Sucumbir al juez del condicionamiento nos lleva a convertirnos en alguien que no somos y no nos da ninguna oportunidad de conocernos a nosotras mismas y, por tanto, de encontrar el amor por nosotras mismas. Cuando no seguimos lo que se espera de nosotros, nos castigamos. Ruiz dice que los humanos lo juzgamos todo: el tiempo, nuestras mascotas, las cosas que queremos comprar, todo lo que hacemos y lo que no hacemos, todo lo que pensamos y lo que no pensamos, y todo lo que sentimos y lo que no sentimos. "Todo vive bajo la tiranía de este juez", escribe. "Cada vez que hacemos algo que va contra el Libro de la Ley, el juez dice que somos culpables, que hay que castigarnos, que debemos avergonzarnos. Esto ocurre muchas veces al día, día tras día, durante todos los años de nuestra vida".[4]

Pero este sistema de juzgar las cosas y las personas como buenas o malas, correctas o incorrectas, es lo que nos aleja de nuestro verdadero poder, y nos mantiene desconectados unos de otros y del universo. Al otro lado de nuestra existencia humana, en el nivel del alma, no hay juicios, sólo amor incondicional. Como explica Deepak Chopra en una entrada de su blog de LinkedIn: "Hay una razón... el lado espiritual de nuestra naturaleza se siente atraído por el no juicio. Queremos amar y ser amados. A un nivel más profundo, nos damos cuenta de que todo sufrimiento está relacionado, en última instancia, con el autojuicio".[5]

Es obvio que juzgarnos a nosotras mismas basándonos en las normas de la sociedad, de nuestra familia, de nuestros amigos o de quien sea, es lo contrario del amor propio. Nos quedamos atrapadas en un modelo de vida moldeado por creencias que no son las nuestras. La autocrítica constante invoca un sentido de una misma que se siente avergonzada, victimizada, culpada, culpable. Decimos: "Pobre de mí, no soy suficientemente buena. No soy suficientemente inteligente. No soy suficientemente atractiva. No soy digna de amor". Tal vez aún peor, retenemos nuestro verdadero yo, ocultando lo que pensamos que no será aprobado por los demás.

Hemos aprendido a dejar que nuestros mecanismos de culpa y vergüenza anulen la necesidad de cuidarnos a nosotras mismas, ante todo. Hemos dejado que la culpa cobre vida propia, dejando que nos convenza de no anteponer nuestras necesidades y nuestra felicidad.

Todo eso tiene que cambiar. A partir de ahora. Deja de autosabotearte. Deja de juzgarte como indigna si no cumples una expectativa que la sociedad ha depositado en ti. Cree que eres digna porque existes. Date un respiro, sobre todo cuando empieces el duro trabajo de cambiar tu forma de pensar para que sea menos crítica y apoye más tu valor como ser humano.

Como he mencionado antes, aprendí mucho de la escritora Anita Moorjani, autora del superventas *Dying to Be Me*, que tuvo una experiencia cercana a la muerte tras permanecer en coma durante treinta horas. Durante este periodo de "claridad", como ella lo describe, pudo "ver mi propia magnificencia no distorsionada por el miedo". Se dio cuenta de que, en sus palabras, "nunca me había amado, valorado ni visto la belleza de mi propia alma". Ahora, intenta vivir como el universo pretende que viva, "sin necesidad de cambiar... No tengo que intentar cumplir las expectativas de perfección de los demás y sentirme inadecuada cuando fracaso estrepitosamente... No tengo que intentar convertirme en otra persona para ser digna. Sólo tenemos que ser fieles a nosotras mismas y convertirnos en instrumentos de energía amorosa...".[6]

No podría haberlo dicho mejor.

SUGERENCIA PARA EL DIARIO

¿Qué te ha condicionado tu educación para esperar de tu vida?

La parte más difícil del condicionamiento social es que aprendemos a dar por sentadas ciertas cosas, como la forma en que debería resultar la vida. A veces, es muy difícil separar las partes de nuestra vida que se basan en nuestras elecciones individuales de las que se basan en lo que la sociedad ha establecido para nosotros.

Como ejercicio de diario, elige un área de tu vida: trabajo o carrera, familia, amigos, pareja, aficiones, salud o cualquier otra cosa que quieras explorar.

- Haz una lluvia de ideas sobre las expectativas que tienes en ese ámbito. Y recuerda que no hay edición cuando haces una lluvia de ideas. Apunta todo lo que se te ocurra sobre lo que crees que deberías hacer o conseguir en ese ámbito.
- Luego revisa tu lista y plantéate si esa expectativa se basa en tus propios sueños y deseos o en algo que la familia, los amigos o la sociedad dicen que deberías hacer.

Capítulo 7

Dejar que la culpa te domine

¿Qué es la culpa, después de todo? Como se ha comentado en el capítulo anterior, el juicio es un comportamiento humano aprendido. La culpa es una respuesta al juicio. Cuando te sientes culpable, estás emitiendo un juicio de que algo que has hecho está mal. (La culpa, por cierto, a menudo se confunde con su prima la vergüenza, que es cuando juzgas que lo que está mal eres tú, en vez de lo que has hecho). La culpa se fabrica dentro de la mente y luego tú le das energía, si decides dársela.

La culpa me obligó a hacerlo

Hasta mi última ruptura no tuve una gran epifanía sobre las fuerzas controladoras de la culpa. Si hubiera cedido a esas fuerzas, me habría mantenido atrapada en una relación que no me beneficiaba y me habría impedido un gran crecimiento personal.

Dave, mi novio intermitente, y yo habíamos tenido un conflicto una noche. Le expresé mi preocupación por el hecho de que no sentía que me valorara ni se preocupara en absoluto por esforzarse en ser una buena pareja. Hacía poco que nos habíamos ido a vivir juntos, y yo ya sentía que estaba haciendo todo el trabajo para asegurarme de que trabajábamos por el objetivo común de construir una vida juntos. Me daba cuenta de que mi contenedor de energía estaba alcanzando niveles peligrosamente bajos.

Durante nuestra tensa discusión, Dave me dijo que no era capaz de satisfacer mis necesidades.

"Claro que eres capaz", le dije. "Sólo tienes que querer intentarlo".

Me había sentido tan agotada, intentando que la relación funcionara por mi parte, intentando complacerle y ayudarle, que no tenía la concentración ni la energía necesarias para trabajar en el nuevo negocio que estaba intentando construir. No me sentía yo misma; estaba deprimida e insatisfecha. Me retiré de las actividades sociales y no mantuve el contacto con mis amigos. Al mismo tiempo, sentía un amor abrumador por este hombre, como si de alguna manera fuera mi responsabilidad. Pero me estaba sacrificando a mí misma, mi nivel de energía, mi progreso y mi felicidad para exhibir constantemente mi amor por él.

Nos tomamos un par de días para tener algo de espacio separados, y aún no había llegado a ninguna conclusión concreta, aparte del instinto de que las cosas no iban bien a pesar de mi amor por él. Una vez más, Dave me dijo que no estaba seguro de tener la capacidad de satisfacer mis necesidades. Entonces me preguntó: "¿Crees que soy capaz?".

"Claro que te creo capaz", le contesté, cuando en realidad debería haberle dicho: "No" (ver más sobre la palabra "no" más adelante). En lugar de eso, pensé: *¿Cómo no va a ser capaz? ¿Tan difícil es parar de vez en cuando para darle a tu novia un poco de amor y aprecio? ¿Tan difícil es no beber tan a menudo para poder estar presente y participar plenamente en una conversación y prestar un poco de atención a tu novia? Sólo hace falta un esfuerzo consciente. No debería ser algo tan difícil de hacer.*

Dave me impuso la carga de responder a la pregunta y luego fue un paso más allá y me pidió que le ayudara a ser capaz. Que le ayudara a no beber tanto, que le ayudara a ser más de lo que yo necesitaba que fuera, que le ayudara a ver mi valor. En aquel momento, no me di cuenta de que era solo otra forma en la que dependía de mí para mantener la energía de nuestra relación.

Aunque parecía que habíamos hablado de ello, fuera lo que fuera, seguía sintiéndome inquieta e infeliz mientras intentaba dormir. Volví a escuchar nuestra reconciliación en el sofá cuando Dave se volvió hacia mí y me dijo: "Eres tan guapa", lo que me hizo llorar inesperadamente.

"¿Sabes? Creo que es la segunda vez que me dices eso en todo el tiempo que llevamos juntos", le dije, sorprendida por mi propia respuesta vulnerable.

Hizo una pausa, observando cómo me secaba las lágrimas, y me miró con solemnidad antes de responder sin rodeos: "Te mereces algo mejor que eso, Jenna".

"Tienes razón, me lo merezco".

Si ese era el caso, entonces, ¿por qué seguía acostada en la cama con ese hombre, fingiendo que, milagrosamente, de la noche a la mañana nos convertiríamos en una pareja en el mismo camino, fingiendo que mi papel era convertirlo en un hombre mejor, un compañero mejor? Yo ya estaba agotada, y la noche aún no había terminado. Él se durmió enseguida, mientras yo daba vueltas en la cama. Mi instinto me decía que saliera ya de esta relación. Él no era capaz de satisfacer mis necesidades, y yo tenía demasiadas cosas que quería hacer en la vida, como para perder el tiempo intentando mantener sin ayuda una relación sólida.

¿Por qué no bastaba con quererle? ¿Por qué la relación me hacía sentir tan condenadamente mal? Luché contra el sentimiento de culpa por lo que podría pasar si le ayudaba. Sin duda, le debía esforzarme aún más, ser leal y cumplir mi promesa de ayudarle a "ser capaz", ¿no? Esa voz culpable no me era ajena.

Lo que ocurre con la culpa es que no es necesariamente una emoción mala. Sentirla puede significar que sabes que estás haciendo algo, o has hecho algo, que va en contra de tu código moral. ¿De qué era tan culpable? Podría enumerar la lista de lo que creía que eran mis responsabilidades para con él y de cómo eludirlas de algún modo al marcharme, pero ésa no era mi verdad. Pensé intensamente en cómo estaba dispuesta a tratarle: todo el esfuerzo y la atención continuados, por no mencionar el trabajo empresarial gratuito, la ayuda doméstica y la ayuda económica que le ofrecería, además de ayudarle a invertir algunos de sus comportamientos y hábitos poco saludables. Entonces pensé: ¿Y si Jenna hiciera todo eso y más por Jenna? Cuando pensé en cambiar la energía de él a mí, en quererme a mí misma más de lo que le quería a él, empecé a ver la culpa como injustificada —irracional incluso— y me resultó más fácil despedirme de ella. Al rechazar la voz de la culpa, dejé espacio para que el amor propio me recordara no sólo que debía salir y salvarme, sino también que era mi deber divino hacer que mi vida valiera mucho más de lo que valía en ese momento.

Cuando al día siguiente le dije a Dave que dejaba la relación, no luchó por mí. Ni siquiera intentó disuadirme. Esto me demostró hasta qué punto no me valoraba, lo cual coincidía con la falta de valor que yo había sentido por su parte todo el tiempo.

Cuando la culpa se convierte en resentimiento

Una de mis amigas y yo estábamos hablando exactamente de este tema un día. Ella había sentido resentimiento hacia su novio. Estaba pasando exactamente por la misma situación por la que yo pasé, en la que ella siempre hacía todo lo posible por ayudar a su novio en su vida. Sin embargo, sentía que tenía que insistir hasta el cansancio o enfadarse con él para que le ayudara en su casa o en cualquiera de sus tareas.

Hace poco, hizo planes para ir a comer y de compras con una amiga. Cuando su novio le dijo inesperadamente que se quedaría en su casa esa tarde, se estresó e incluso pensó en cancelar los planes con su amiga por la culpa de que su novio se quedara solo en casa. También le preocupaba no estar allí para prepararle la cena.

Pero también sabía que se sentiría culpable por cancelar los planes con su amiga, así que optó por mantenerlos. Todo el tiempo se sintió culpable por no estar en casa con su novio. No estaba presente con su amiga, comprobaba incesantemente su teléfono y se preguntaba qué estaría pensando su novio de ella. Acortó la visita y se fue a casa.

Juntas examinamos ese sentimiento de culpa y de dónde procedía. Algo en su naturaleza creía que debía cumplir ciertos deberes como mujer, independientemente de que su novio no tuviera esas expectativas. (Ve el Capítulo 6, sobre el condicionamiento social).

Actuamos según este condicionamiento profundamente arraigado para sentirnos culpables cuando hacemos lo que nos hace felices porque "así es como nos sentimos", como un picor que no podemos evitar rascarnos porque el sentimiento es muy fuerte. Pero ¿son válidos estos sentimientos que tenemos, este impulso instintivo de invertir tanto de nosotras mismas en los demás? ¿O podrían estar impidiéndonos evolucionar y ocupar el lugar que nos corresponde en este mundo como mujeres plenamente empoderadas? Como dice la terapeuta y autora Dra. Nae en un post de su página de Instagram: "La culpa te mantiene en el status quo. La culpa no indica que hayas tomado una decisión equivocada. Todo lo contrario. La culpa es una indicación de que vamos en contra de nuestro patrón habitual. Que te siente mal no significa que sea malo".[1]

Hoy en día, cualquier hombre seguro de sí mismo y consciente de sí mismo te diría que es absolutamente capaz de arreglárselas solo para cenar. También pueden poner orden en su casa y ocuparse de sus necesidades, igual que nosotras, las mujeres. Hay aplicaciones de reparto, restaurantes, personas a las que puedes contratar para que limpien y realicen tareas por ti en casa. Y te aseguro que esos hombres te seguirían queriendo, como le pasó a mi amiga con su novio. De hecho, probablemente te querría aún más si pusieras tus propias necesidades como prioridades más altas y dejaras de intentar complacer a los demás todo el tiempo. Sobre todo, si, al intentar complacerlos, acabas infeliz e insatisfecha cuando no recibes lo mismo a cambio.

Sin embargo, seguimos dando y dando de nosotras mismas, sin obtener lo suficiente a cambio, lo que hace que nos agotemos y drenemos nuestra energía vital. ¿Cómo podemos ser la mejor versión de nosotras mismas cuando estamos tan agotados y ni siquiera nos molestamos en cuestionar la naturaleza misma de lo que causa este agotamiento en primer lugar?

Le di a mi amiga una idea para intentar ayudarla a superar sus sentimientos de culpa cuando vuelva a surgir una situación así, de modo que pueda volver a disfrutar de sí misma, de su día y de su amiga. La próxima vez, debería sacar su teléfono, abrir la sección de notas y escribir la siguiente pregunta: "¿Cuáles son las consecuencias de no estar en casa para mi novio?".

Imaginó que su respuesta sería: "Tendría que buscarse la cena por su cuenta. Haría lo que haría normalmente: meterse en el ordenador, ver la tele, jugar con el móvil. No pestañearía". Todas esas respuestas contrarrestaron rápidamente cualquier sentimiento de culpa, porque demostró que su culpabilidad procedía simplemente de su interior, de una narración que se contaba a sí misma, y ahí estaba, en blanco y negro.

No te sientas culpable por elegirte a ti misma

Supongamos que has decidido cuidar de ti misma y tomarte una tarde después del trabajo para relajarte en el spa local. Tienes dos niños pequeños en casa y le has pedido a tu marido que les dé de cenar, les ayude con los deberes y los prepare para irse a la cama para que tú puedas relajarte. Puedes elegir sentirte culpable por tomarte un tiempo de autocuidado muy necesario y dejar que eso te impida disfrutar realmente de tu tiempo de descanso. O puedes elegir no sentirte culpable y elegirte a ti misma.

Cualquier elección que hagas para ti también afecta a los que te rodean. Si eliges no sentirte culpable, entonces tu marido tendrá que aceptar el hecho de que es algo que realmente necesitas, y debería apoyarte en esa decisión. Pero si sientes miedo por lo que él pueda pensar de tu decisión de cuidarte, o culpa por no estar allí sacrificándote y satisfaciendo tus necesidades por tus hijos o tu marido, esa energía se reflejará en ti cuando llegues a casa. Recibirás retroalimentación o refuerzo de cómo te sientes en función de tu energía.

Si aprovechas la oportunidad de verter un poco del amor que tanto necesitas de ti misma hacia ti misma, sin miedo ni culpa, estarás procediendo de un lugar de amor verdadero. Y ese amor se reflejará en ti cuando llegues a casa, porque tu energía estará llena de amor. Tu familia verá la diferencia en ti y se alegrará de mostrarte aún más ese hermoso amor que acabas de darte a ti misma. Tus hijos se las arreglarán bien sin ti durante una noche. Lo que eliges creer se convierte en tu realidad. Es una elección.

Puede que me sienta culpable por algo, pero he aprendido que puedo observar ese sentimiento de culpa como algo separado, y en su lugar sintonizar con mi intuición (ese sentimiento de felicidad o malestar) que puede estar guiándome para tomar una decisión diferente (basada en lo que mejor me sirve) de la que mi culpa podría tomar por mí. (Ve también el Capítulo 9, sobre ignorar nuestra intuición).

> **SUGERENCIA PARA EL DIARIO**
>
> ## ¿De qué te sientes culpable?
>
> Escribe cualquier momento reciente en el que te hayas sentido culpable por querer hacer algo por ti misma.
>
> - ¿Por qué te sentiste culpable?
> - ¿Cómo podrías haber afrontado la situación de otra manera a pesar del sentimiento de culpa?

Capítulo 8

Confiar en falsas esperanzas

> ¿Cogerás ese sueño falso y lo quemarás antes
> de que ocurra algo?
> — Arthur Miller, La muerte de un viajante

Se dice que la esperanza es uno de los motores más beneficiosos de la motivación, la resistencia y la satisfacción. Pero para los que nos tambaleamos sin amor propio, la esperanza puede actuar como arenas movedizas, hundiéndonos más profundamente en las tinieblas de la inseguridad, la incertidumbre y el arrepentimiento. La esperanza puede convertirse en falsa esperanza cuando nos apegamos a la imagen que presenta una persona. Y esa falsa esperanza puede dificultar aún más la conquista de nuestro valor y poder. Una vez más, hablo por experiencia.

Estrangulada por la esperanza

A pesar de que fue decisión mía romper con Dave, nunca antes había experimentado un desengaño así. Amaba profundamente a este hombre y perderle dejó un hueco en mi corazón y un vacío en mi vida. Por mucho que intenté seguir adelante y crear una vida sin él, tengo que ser sincera y admitir que al principio me aferré a la esperanza como forma de superar el dolor inicial. Todo lo que hacía falta para mantenerme unida a él era un canal de conexión abierto en forma de mensaje de texto que me enviaba de vez en cuando. Normalmente, era una pregunta o sugerencia sobre algo logístico, como "¿A quién contrataste para impermeabilizar tu sótano?" o "¿Puedo sacar mi mesa de tu cobertizo?". Aprovechaba la ocasión para preguntar: "¿Cómo te ha ido?" o "¿Qué has estado haciendo?". Cosas benignas como ésa, cuando te aferras secretamente a la esperanza, pueden parecer que significan mucho más. Cada vez que lo hacía, me comprometía y le daba importancia, y eso hacía que mi progreso cayera en picado. Mi cabeza se llenaba de: "Y si..." y de la esperanza de que, de algún modo, recapacitara y viera que me echaba de menos o se diera cuenta de lo mucho que me valoraba.

Cada mensaje de texto de Dave alimentaba esta falsa esperanza, pues creía que significaba interés en mi vida, algo que yo interpretaba como interés en mí. *Está indagando; por tanto, debe de darse cuenta de lo que ha perdido y sólo que no sabe cómo expresarlo.* Escribir esas palabras ahora, viendo cómo mi falsa esperanza le entregó mi poder, me irrita hasta la médula. Como mencioné en la introducción, ceder tu poder es lo opuesto de quererte a ti misma.

Pero me esforcé por mantenerme fuerte y analizar los sentimientos que surgían. Un día me pregunté: ¿Por qué tengo esa esperanza eterna de que vuelva en sí? ¿Por qué de repente se convertiría en alguien diferente de lo que siempre ha sido? Era adicta al sentimiento que tuve cuando empezamos a salir y a cómo me trató al principio. Me hizo vislumbrar algo que deseaba. Si ya había actuado de formas que demostraban que me valoraba, mi esperanza era que volviera a hacerlo en el futuro. Sin duda era capaz de hacer algo que ya había hecho. Con el tiempo tuve que darme cuenta de que aquellas acciones de nuestro primer noviazgo nunca se basaron en la realidad.

Me di cuenta de que mi falsa esperanza implacable me impediría seguir adelante y ponerme a mí misma en primer lugar y a la relación detrás de mí, incluso después de dejarla. Fue una verdadera batalla luchar contra mi impulso emocional de aferrarme a esa esperanza, y mientras mi lógica me decía que él no era capaz de ser la persona que yo necesitaba que fuera.

Liberarse de la falsa esperanza

Mi propia estrategia para liberarme de la falsa esperanza que me había atrapado consistió en empezar a escribir en mi diario un inventario de mis valores relacionales en una columna, clasificándolos por orden de importancia (en el Capítulo 23 encontrarás una lista parcial de valores relacionales). En otra columna, clasifiqué en una escala del 1 al 10, lo bien que Dave satisfacía esos valores. Cada respuesta que anotaba se situaba en un rango de 1 a 3. Este sencillo ejercicio fue increíblemente útil para permitirme ver empíricamente que ninguna esperanza, falsa o no, haría que este hombre fuera capaz de darme lo que necesitaba. Ahí estaba en tinta; él era realmente incapaz de satisfacer mis necesidades en una relación.

Cada vez que volvía a surgir ese sentimiento de esperanza —y vaya si lo hacía, revisaba esta anotación del diario. Para mí era algo maravilloso, como echar agua al fuego. Durante este tiempo, empecé a contemplar por qué me sentía obligada a ayudarle como si su vida fuera mi responsabilidad. De algún modo, sentía que si tenía la capacidad o las habilidades para ayudar, incluso en áreas de su vida en las que él no me pedía que le ayudara, era mi deber. Por ejemplo, justo al final de nuestra conversación de ruptura, le dije que seguiría haciéndole su proyecto de marketing, un proyecto que ni siquiera había empezado. Él no me pidió que lo hiciera, pero de algún modo hacer esa promesa me hizo sentir —lo has adivinado— ¡menos culpable!

Hablaba con una amiga poco después de reconocer este condicionamiento de "falsa esperanza" contra el que había estado luchando. Rápidamente, hizo la correlación con su propio matrimonio. Los mismos problemas a los que ahora se enfrentaban como pareja casada, tras muchos años de relación, eran exactamente los mismos que tenían cuando eran novios.

Definitivamente, él era incapaz de satisfacer sus necesidades como ella había imaginado. Sin embargo, de algún modo, ella siempre tuvo la esperanza de que él lo hiciera y siempre creyó que era capaz en algún lugar de su interior. En su mente, si él se diera cuenta de lo mucho que la valoraba a ella y a la relación, satisfaría sus necesidades y todo sería perfecto en su relación.

Rompieron mientras salían, y ella, como yo, mantuvo la esperanza de que de algún modo él volvería en sí y vería la luz. Pero a diferencia de mí, ella cedió a su esperanza, volvieron a estar juntos y se casó con este hombre. Y al final, nada cambió. Ahora estaba en un punto en el que había perdido toda esperanza de que incluso la terapia pudiera ayudarles. Se dio cuenta de que su esperanza, la misma esperanza que yo tenía, la que se aferra a la idea de una persona en vez de a quién es esa persona en realidad, era lo que estaba impulsando su relación todo el tiempo.

Durante algún tiempo, había estado poniendo mucho de sí misma en su marido y en su matrimonio, esperando que él, a su vez, le proporcionara lo que necesitaba para mantener su producción de energía. Pero ahora estaba agotada y se dio cuenta de que algo tenía que cambiar. Le pedí que intentara concentrar parte de su energía durante el día en su autocuidado, en lugar de dejar de lado sus propias necesidades de autocuidado, como había estado haciendo. Había dejado de hacer todas las cosas, pequeñas cosas, para sí misma que la hacían feliz, como darse masajes, arreglarse el pelo, pasar tiempo con amigos, centrarse en el autodesarrollo. Había puesto todas sus necesidades de amor en una cesta, y no en la cesta que realmente contaba: la suya. ¿Cómo puede alguien esperar que le muestren amor cuando no se muestra amor a sí misma? Esto me devuelve a esa frase antigua pero válida: primero tienes que quererte a ti misma para dejar que alguien te quiera.

¿Y si en lugar de esperar que él satisficiera sus necesidades, y enfadarse constantemente con él cuando no lo hacía, mi amiga aceptara a su marido por lo que es, junto con el hecho de que no iba a cambiar? ¿Y si dedicara parte de esa energía a mirar en su interior y examinar de dónde procedía ese sentimiento de esperanza? ¿Podría llegar al origen? Lo más probable es que su esperanza no se basara en ningún tipo de lógica, sino en un condicionamiento profundamente arraigado.

Le señalé que renunciar a la falsa esperanza liberaría energía negativa desperdiciada que podría utilizar de forma más positiva. Y quizá, en lugar de poner tanta esperanza en que su marido fuera algo que no es, podría poner su fe en sí misma, en sus capacidades, en su felicidad. El nuevo alivio podría crear una base nueva y más realista sobre la que trabajar, tanto si decide seguir en la relación como si no.

Desde nuestra conversación, he visto muchos cambios positivos en mi amiga. Ahora vuelve a hacer cosas que la hacen feliz, responsabilizándose de su propia felicidad en lugar de centrar tanta energía en intentar que su marido cambie y la haga feliz. Ha vuelto a pasar más tiempo con sus amigos y su familia, practicando el autocuidado y haciendo cosas que la enriquecen y la hacen crecer, libre de culpa. En mi opinión, como ahora está haciendo las cosas que la hacen feliz, además de liberarse de la energía negativa de falsas esperanzas que tenía, la energía de su relación se ha vuelto más positiva. Quién sabe, puede que incluso salga adelante gracias a su cambio de actitud y expectativas.

SUGERENCIA PARA EL DIARIO

¿Cómo ha influido la falsa esperanza en tu vida?

Escribe una experiencia pasada en la que hayas experimentado una falsa esperanza similar. ¿Cómo afectó esta falsa esperanza a tu comportamiento?

Capítulo 9

Ignorar tu intuición

> La intuición es una sensación de saber actuar
> espontáneamente, sin necesidad de saber por qué.
> —Sylvia Clare, Confiar en tu intuición

Cuando creces rodeada de negatividad, trauma, negligencia y disfunciones, eso tiene un gran impacto en tu psique —y tu cuerpo. Yo sentía emociones intensas en lo más profundo de mi cuerpo, hormigueos cuando un desconocido estaba cerca, o una vibración pesada y negativa si intuía que alguien tenía malas intenciones. Cuando el peligro o la negatividad me rodeaban, o tomaba decisiones equivocadas y me juntaba con la gente equivocada, experimentaba bajones debilitantes en mi nivel de energía. Por el lado bueno, experimentar sensaciones físicas prolongadas como éstas me ayudaba a establecer ciertas conexiones y correlaciones. Me di cuenta de que estos síntomas se producían en circunstancias que no me convenían y, a una edad temprana, empecé a comprender que no necesitaba confiar en la lógica o el intelecto para tomar decisiones pragmáticas sobre las cosas que eran buenas y malas para mí; estaba bien confiar simplemente en mi instinto, porque había que fiarse de estas sensaciones.

Llámalo instinto, intuición o simplemente seguir tu corazonada, comprender que somos capaces de tomar decisiones clave de forma directa e instantánea es algo que muchos han considerado "de otro mundo". Creemos (gracias a la programación y al condicionamiento) que para tomar decisiones sólidas o llegar a las conclusiones "correctas", debemos quemarnos el cerebro pensando y deliberando. Sólo confiamos en la toma de decisiones consciente. Pero hay veces en que los juicios rápidos y nuestras primeras impresiones ofrecen formas más aptas de mantenernos fieles a nosotras mismas. Tu espíritu sabe lo que necesitas, y esa energía que se encuentra en tu plexo solar (unos dos dedos por encima del ombligo) te habla a diario; cuando no la escuchas, te dices a ti misma que no merece la pena escucharte... y eso no es amor propio. Por algo llaman a esta zona del plexo solar el "centro de poder". Cuando no la utilizamos, perdemos energía y perdemos poder, por eso el primer signo revelador de que ignoro mi intuición es la falta de energía hasta el punto de una fatiga debilitante.

El poder del pensamiento intuitivo

Aunque a los psíquicos y a los sanadores espirituales se les atribuye en gran medida el mérito de haber abierto el tema de la intuición, cada vez más se reconoce como algo común y válido, incluso entre los científicos más racionales, que ya comienzan a respaldarla desde sus laboratorios de investigación

Por ejemplo, en su innovador libro *Blink: The Power of Thinking without Thinking*, Malcolm Gladwell legitima el pensamiento intuitivo, que algunos investigadores conocen como "pensamiento inconsciente". Opera por debajo de la superficie de la conciencia. Gladwell escribe que el pensamiento inconsciente "envía sus mensajes a través de canales extrañamente indirectos, como las glándulas sudoríparas de las palmas de las manos. Es un sistema en el que nuestro cerebro llega a conclusiones sin decirnos inmediatamente que está llegando a ellas".[1]

Gladwell continúa: "La única forma de que los seres humanos hayamos podido sobrevivir como especie durante tanto tiempo es que hayamos desarrollado otro tipo de aparato de toma de decisiones capaz de emitir juicios muy rápidos basándose en muy poca información."[2]

Según la teoría de la toma de decisiones inconsciente, utilizamos una segunda parte de nuestro cerebro cada vez que conocemos a una persona nueva, nos entrevistan para un nuevo trabajo, oímos una idea nueva, nos enfrentamos a una gran decisión bajo estrés, estamos en una relación que se vuelve más seria, etc. Lo que Gladwell realmente se propuso descubrir no es necesariamente cómo o por qué tenemos intuición, sino por qué decidimos ignorarla a propósito. ¿Por qué ignoramos esas señales locas que inundan todo nuestro cuerpo? ¿Por qué una mujer dice que sí a una proposición de matrimonio, aunque oír esas palabras le den ganas de vomitar? ¿Por qué alguien deja entrar a un solicitante por la puerta principal, a pesar de que sus banderas rojas ondean como locas? ¿Por qué, a pesar de que un nuevo compañero de trabajo emite vibraciones negativas o siniestras, una persona le ofrece sus ideas patentadas, sólo para que se las roben?

"Nuestras reacciones instintivas a menudo tienen que competir con todo tipo de otros intereses y emociones y sentimientos", escribe Gladwell.[3] Ya hemos hablado de la falsa esperanza, que es una de las razones por las que nos alejamos de nuestro instinto. *Simplemente, queremos que sea verdad.* Otras razones son la negación, el sentido del apego o el sentimiento, y los prejuicios.

Aprender a confiar en la intuición

Aprendí a confiar en mi intuición de forma implícita, porque tuve que hacerlo de joven con escasa orientación paterna. Tuve que encontrar una brújula de algún modo, y acabó siendo mi interior. En ese sentido, siento cierta gratitud hacia mis padres. Me obligaron a llevar una vida en la que, por pura necesidad de supervivencia, no tenía nada más que mi instinto para guiarme, y hasta el día de hoy, nunca me ha guiado mal.

Reconocí un patrón en el que tenía un instinto, una vocecita, que me susurraba cuando tenía que tomar una decisión sobre algo. Y recuerdo perfectamente las veces en que dudaba de esa vocecita y, en lugar de ello, "pensaba en mí misma" para tomar una decisión más deliberada. Cuando recordé aquellas veces en las que dejé que el pensamiento se impusiera a mi intuición, pude ver que mi intuición resultó ser correcta. Así que cada vez que no confiaba en mi instinto, acababa tomando una decisión equivocada. Ahora, para mí es algo natural resistirme a pensar demasiado y, en su lugar, prestar atención a las sensaciones de mi cuerpo. Incluso cuando tomo decisiones de alto riesgo que cambian mi vida, si mi instinto me dice claramente algo, siempre lo sigo, aunque no tenga sentido lógico en ese momento. Pero que quede claro que, para muchas personas, las señales físicas pueden ser sutiles. Quizá muchas personas ignoren sus instintos precisamente porque son muy sutiles.

> Aprendí a confiar implícitamente en mi intuición, porque tuve que hacerlo como joven con escasa orientación paterna.

Hace muchos años, llevaba bastante tiempo trabajando para una empresa. Aunque al principio el trabajo era emocionante y desafiante, con independencia, recursos, un equipo y un potencial de crecimiento monetario ilimitado, con el tiempo el trabajo se volvió tedioso y me chupó la vida. Sin embargo, los ingresos de seis cifras y un paquete de prestaciones muy agradable me mantuvieron en esas supuestas esposas de oro.

Sin vida y anhelando más, me despertaba día tras día preguntándome qué me pasaba, por qué tenía una depresión de bajo grado y me sentía atascada. Sabía que mi contenedor de energía no estaba ni siquiera cerca de llenarse. Aun así, me dije que sería ridículo dejar este trabajo, y no lo hice.

Habíamos contratado a una nueva vendedora en nuestro departamento con un contrato temporal. Empecé a darme cuenta de que tenía malas intenciones. El equipo ejecutivo y yo decidimos no renovar su contrato temporal. Recuerdo que entré en la oficina unos días antes de que expirara su contrato y sentí una intensa vibración negativa en mi cuerpo. Lo sentía como algo personal, como si estuviera dirigido a mí, como si me estuvieran atacando. Simplemente, no quería estar allí, y confiaba al 100% en esa sensación, así que me fui bruscamente.

Ahora explícale eso a tu jefe. Aunque sabía que sonaría raro, fui sincera y le dije que me sentía amenazada y que confiaba en mi instinto para salir de la oficina. Le llamé desde el coche de camino a casa. Me exigió que volviera, lo que me disgustó aún más porque había sido una empleada muy buena y leal, por no mencionar que les había hecho ganar muchos millones durante mi permanencia allí. Le dije que no volvería mientras esa persona estuviera físicamente en la oficina. Se trataba de mí y de mi seguridad. Se trataba de que confiara al 100% en mis instintos y de que confiara en que al final era por mi propio beneficio. Si mi jefe no iba a velar por mi bienestar, tenía que hacerlo yo misma, independientemente de las consecuencias.

Mientras estaba en casa, decidí que había llegado el momento de presentar mi renuncia y seguir adelante. Realmente no quería seguir en ese trabajo, sobre todo si mi jefe no me apoyaba. Ese vendedor fue despedido por uno de los directores ejecutivos sin incidentes durante mis pocos días de ausencia.

Alegando "insubordinación", mi jefe me reprendió en su despacho a mi regreso. Como ya había decidido renunciar, presenté mi preaviso de dos semanas, lo que creo que le pilló desprevenido. Probablemente pensó que llevaba las esposas de oro bien puestas.

Unos días después, estaba charlando con el caballero que atendía la recepción. Me comentó casualmente que la vendedora temporal a la que habían despedido le dijo unos días antes de su último día que sabía que iba a caer y que se iba a llevar "a un par de zorras con ella". Basándome en la energía negativa que sentí de ella aquel día, diría que iba a asegurarse de causar estragos en mi vida. No me sorprendió en absoluto. Hizo que todo lo que había sentido y notado cobrara sentido y me hizo darme cuenta aún más de que mi instinto definitivamente tenía en cuenta mis mejores intereses. Sentí que el universo me estaba empujando fuera de un nido del que instintivamente sabía que había salido hace mucho tiempo.

En cuanto mi jefe se enteró del incidente con la persona de recepción, se echó atrás inmediatamente. Junto con un par de miembros de la dirección ejecutiva, me llevó a comer, me dijo que les encantaría que me quedara y me ofreció volver a mi puesto, aunque ya les había encontrado un sustituto estupendo para mi puesto.

Me había sentido bien con la decisión de marcharme, levantándome por la mañana sin miedo, alimentada de creatividad sobre lo que pensaba hacer a continuación. También eran instintos que me decían que estaba en el buen camino. Había estado recargando mi contenedor de energía siguiendo mis instintos, ¡y me sentía genial! Nada de lo que hicieran o dijeran podría haber hecho que me quedara. No se trataba de ningún "te lo dije" (un poder externo, que de todas formas no es poder real), ni de tener algún tipo de ventaja o "control" de la situación. Se trataba de que confiara en mi instinto, de que había llegado el momento de cambiar y hacer otras cosas en mi vida.

Si nunca hubiera renunciado, tal vez nunca hubiera llegado a dedicarme a mis actividades empresariales. Probablemente, seguiría atrapada en mi pequeño apartamento de alquiler controlado y destartalado, ganando lo justo para salir adelante en California, incluso con unos ingresos de seis cifras. Más tarde compré dos propiedades de alquiler en Atlanta y vendí una empresa que fundé desde casa por 500.000 dólares. No habría podido viajar por todo el mundo con todos los nuevos amigos que hice tras mudarme al otro lado del país, a una ciudad más asequible. Si hubiera ignorado mi intuición, no habría podido experimentar la libertad y la satisfacción que se derivan de ser mi propio jefe y hacer crecer una empresa.

Sintonizar con tu intuición

¿Cómo sabes cuándo te está guiando tu instinto? Puede venir en forma de corazonada, una sensación de que algo no encaja o no parece correcto. O puede ser un fuerte impulso. Estos sentimientos están ahí por una razón, para guiarte y apoyarte. Tenemos que aprender a no ignorarlas.

Cuanto más decidas sintonizar con tu intuición y seguirla, más comprobarás por ti misma que esas corazonadas son correctas. En mi experiencia, la prueba de que mi acción es correcta no siempre aparece inmediatamente, pero al final la verdad se revela, y aprendo que mis elecciones basadas en la intuición son correctas para mí. Pruébalo tú misma. Ten paciencia. Llegarás a confiar en tu intuición porque te darás cuenta de que siempre tiene razón.

SUGERENCIA PARA EL DIARIO

Sintoniza con tu intuición

> Escribe una situación del pasado en la que tuvieras una corazonada o un presentimiento sobre algo, pero dejaras que tu lógica te impidiera actuar según ese presentimiento, y tu corazonada resultara ser correcta. Puede ser algo tan sencillo como no coger un paraguas cuando tenías la corazonada de que necesitabas cogerlo.

O tal vez sea algo mayor, como tener una sensación de peligro, pero no actuaste en consecuencia y ocurrió algo malo.

¿Qué crees que habría pasado si hubieras confiado en tu intuición y hubieras actuado basándote en esa sensación visceral?

Capítulo 10

Nunca dices que no

> Cada vez que digas que sí a algo que no quieres hacer, ocurrirá lo siguiente: estarás resentido con la gente, harás un mal trabajo, tendrás menos energía para las cosas en las que estabas haciendo un buen trabajo, ganarás menos dinero y se quemará otro pequeño porcentaje de tu vida.
> —James Altucher, Choose Yourself

Una de las palabras más cortas de la lengua inglesa —y de casi todas las lenguas— es "no". Es tan fácil de decir que, para muchos niños pequeños, la palabra "no" es notoriamente la primera que pronuncian. ("Mío" es otra. Ojalá las niñas y las mujeres pudieran defender su territorio como lo hace un niño pequeño). En cambio, uno de los únicos momentos en que las mujeres saben decir la palabra "no" es cuando dicen no a decir no. Es decir, no queremos decirle a alguien, a nadie, que no, así que decimos que sí. Cuando eso ocurre, estamos diciendo efectivamente: "Mi tiempo y mi energía no son míos; son tuyos". Tenemos que canalizar a nuestro niño pequeño interior. Volvamos a introducir el "no" en tu vocabulario.

Evitas el No

Claro, bueno, por qué no, está bien. Estas son las respuestas que damos cuando queremos decir que no. ¿Pero te has dado cuenta de que tampoco son exactamente un sí? Este es el espacio de ambivalencia en el que se meten las mujeres, accediendo a cosas, porque ser agradables es lo que nos han enseñado a ser. "Lo que es mío es tuyo", aunque signifique nuestra vida. *Así es una buena chica.*

Cada uno de los saboteadores anteriores de los que he hablado contribuye a explicar por qué no decimos que no. Hemos vivido con expectativas la mayor parte de nuestras vidas: expectativas de que, si decimos que sí y hacemos más, seremos "suficientemente buenos". ¿Qué ocurriría si nos oponemos? En primer lugar, déjame que te diga lo que se siente cuando no lo hacemos: como una traición a una misma que envía el mensaje de que no nos queremos lo suficiente como para defender nuestro propio honor, tiempo, talentos, recursos, dones, objetivos, espíritu y amor por los demás. Culpable tal como dicen.

Había decidido volver a tener citas después de tomarme un largo descanso. (Si alguna vez has pasado por el mundo de las citas, ¡entenderás por qué era necesaria una pausa!) Conocí a un médico a través de una aplicación de citas y quedamos para tomar algo. Como mujer confiada, segura y con poder, puedo resultar un poco intimidante para algunos hombres, sobre todo si no están acostumbrados a estar cerca de mujeres como yo o si ya son inseguras. Las manos temblorosas y las respuestas torpes y demasiado largas del médico a mis preguntas de conversación demostraron que estaba nervioso e incómodo. Como no soy de las que intentan tener poder sobre los demás, rápidamente intenté que se sintiera cómodo mostrándome cálida, amable y abierta.

Al cabo de una hora, tras una segunda ronda de bebidas, el Dr. Silencio acercó su taburete al mío. Un momento después, *¿tiene una mano en la parte baja de mi espalda?* Me aparté; él captó la indirecta por un breve instante, y luego continuó como si nada. *¿Me está tocando la pierna?*

No estaba siendo grosero ni atrevido, pero su falta de límites era una señal de alarma. ¿Cómo es posible que, a una mujer adulta con un matrimonio anterior y varias relaciones duraderas a sus espaldas, varios negocios, un hijo adulto y una carrera profesional de éxito (esa sería yo) le resultara tan difícil decirle a este hombre que no a sus insinuaciones? Porque eso es lo que ocurrió. Dejé que continuara. Tenía miedo de hacer las cosas incómodas, así que mantener la boca cerrada era la forma de evitar la confrontación o hacerle sentir estúpido. Al fin y al cabo, ya había asumido el papel de no hacerle sentir incómodo. Cuando terminó la cita, me sentí asqueada. Asqueada de él, pero sobre todo decepcionada conmigo misma. ¿Qué era lo peor que podía haber pasado si le hubiera dicho educada pero firmemente que dejara de sobrepasarse porque me hacía sentir incómoda?

O me habría escuchado y se habría disculpado, lo cual habría sido redentor, o no me habría escuchado, lo cual lo habría certificado como un imbécil, y menos mal que me enteré cuanto antes. Lo viera como lo viera, sólo habría salido algo bueno. Decir que no habría sido un acto de amor propio.

Pero me defraudé a mí misma. En lugar de eso, bloqueé inmediatamente su número en mi teléfono, lo que no me dio tanto poder como decir un no de verdad. Pero al menos recuperé inmediatamente mi poder y evité tener que lidiar con más comportamientos que me restaban poder. Pero es mucho mejor decir no que sufrir las consecuencias de no decir no. Los terapeutas citan las siguientes consecuencias de no decir no a las cosas que no queremos hacer: malas amistades basadas en el sentimiento de resentimiento o manipulación, depresión, ansiedad, falta de identidad personal, divorcios y rupturas, estrés y agotamiento.

El karma es una perra

Demasiadas veces he sido culpable —o tengo amigos que lo son— de utilizar el karma como razón para decir siempre que sí. Queremos buenas vibras, como suele decirse, y las buenas acciones serán recompensadas. Si no, cuidado, porque el karma es una perra.

Excepto que, si tu espíritu no está totalmente de acuerdo, decir que sí a cosas a las que quieres decir que no pone negatividad en el mundo. Tu resentimiento secreto, tu ira o tus inconvenientes le dicen al universo que lo único que eres es una gran mentirosa. Y ése no es el camino hacia una vida gratificante.

El karma es simplemente la energía que emites, que luego que luego regresa a ti de la misma manera. Si la energía que hay detrás de lo que haces no es un sí honesta, entonces, en realidad, sólo estás diciendo que no, realices o no la tarea. Y no hay ningún beneficio kármico bueno de hacer algo que no quieres hacer. De hecho, estarás generando el tipo opuesto de karma que esperabas obtener al hacer una tarea que realmente no quieres hacer. Estás siendo mucho más honesta y cariñosa contigo misma y con los demás cuando dices no cuando te lo deseas. De hecho, es mostrarte amor a ti misma cuando te ocupas primero de ti y de tus necesidades.

La importancia del No

Los momentos aparentemente pequeños en los que no te defiendes ni defiendes tus intereses, en los que te conformas con algo que te hace sentir mal en lugar de sentirte bien, poco a poco desgastan tu autoestima y amor propio. No existen los momentos pequeños. Todos importan.

La amiga que te pide que la lleves al aeropuerto.

Tu hermana que siempre te pide que cuides a sus hijos.

Una fiesta en la que sabes que no te divertirás.

Hacer café en el trabajo cuando hay diez hombres allí completamente capaces de hacerlo ellos mismos.

Cuando al final de mi relación con mi exnovio Dave me preguntó: "¿Crees que soy capaz?" y mi primera respuesta esa noche fue un sí inmediato y casi reflejo, decidí adoptar un enfoque diferente y respondí a la mañana siguiente con la respuesta dolorosa pero más empoderada. Dije: "No, no creo que seas capaz". Ese "No" llegaría a inyectar más poder, energía y amor en mi vida (hablo aquí de amor propio) de lo que nunca antes había sentido.

Así que di no. No pasa nada. Nadie te lo va a reprochar. Ni siquiera Dave hizo aspavientos cuando por fin se lo dije. Si has sido un felpudo para los demás en el pasado, cuando empieces a defenderte y a hacer lo que quieres, los demás aprenderán a tratarte con más respeto. Tu amiga se descargará la aplicación Lyft o llamará a otra amiga para que la lleve; tu hermana pedirá ayuda a otro familiar con los niños; la fiesta continuará; uno de los hombres de la oficina preparará una cafetera o sufrirá su propio síndrome de abstinencia de cafeína. Esto, por supuesto, suponiendo que prefieras dedicar tu tiempo a otra cosa en lugar de hacer estas cosas por otra persona. Por supuesto, me encanta ayudar a los demás, como a la mayoría de nosotros. No digo que no debas ayudar a los demás. Pero si te apetece decir que no en determinadas situaciones, siempre es mejor que te dejes llevar por ese sentimiento. Eso no es más que velar por tus intereses; estás siendo cariñosa contigo misma en primer lugar. Y eso es amor propio.

SUGERENCIA PARA EL DIARIO

¿Cuándo has dicho que sí, pero querías decir que no?

Piensa en la última vez que dijiste que sí a algo, aunque querías decir que no.

- Describe brevemente la situación.
- ¿Qué te hizo querer decir que no?
- ¿Por qué dijiste que sí de todos modos?
- Si vuelve a producirse una situación similar, ¿qué podrías hacer de forma diferente?
- Si quieres decir que no, ¿qué te sentirías cómodo diciendo para rechazar la petición? (Puede ser tan sencillo como decir: "Desgraciadamente, no puedo". Y no es necesario inventar excusas).

Capítulo 11

Tener creencias autolimitantes

El potencial no aprovechado conduce al dolor.
—Atribuido a Jim Rohn

Estoy maldita por la mala suerte. Nunca me querrán. No tengo la educación suficiente para tener una buena carrera. El amor siempre acaba en dolor. No merezco nada mejor.

Estas afirmaciones que nos repetimos una y otra vez son creencias autolimitantes. Una creencia *autolimitante* es algo que creemos que es cierto y que limita lo que pensamos que merecemos o podemos conseguir en la vida; nos impide alcanzar nuestro potencial y nos mantiene estancados en determinados patrones de conducta.

La mayoría de las veces, las creencias autolimitantes se han programado subconscientemente en nuestro cerebro a partir de experiencias anteriores, de nuestros compañeros, padres u otras figuras de autoridad. Pero el hecho de que creas que algo es cierto no tiene por qué convertirlo en verdad para el resto de tu vida.

Mientras escribía este libro, por ejemplo, descubrí que tenía la creencia limitante de que se me daba fatal escribir. Una vez que fui consciente de ello, me di cuenta de que he tenido esta creencia desde que tengo uso de razón. Así que me pregunté por qué creo que se me da fatal escribir y de dónde procede esa creencia. La verdad es que no sé de dónde vino ni por qué me aferré a esta creencia durante tanto tiempo. Cuando lo pienso, no he tenido más que éxito escribiendo.

Aunque nunca había escrito un libro antes, había redactado innumerables correos electrónicos, procedimientos empresariales, entradas de blog para un negocio de éxito y textos para sitios web que han atraído como clientes a empresas del Fortune 500. Incluso he escrito las reglas de un juego de mesa que acabó siendo autorizado por Arby's para un programa de comidas infantiles. Así que ya era hora de que me deshiciera definitivamente de esa creencia limitadora. Y creo que ya es hora de que todas desafiemos y desechemos nuestras creencias autolimitantes.

Limitarnos a nosotras mismas

Las creencias limitantes nos impiden ser la mejor versión de nosotras mismas. Nos mantienen atrapados en patrones que no nos sirven.

Yo ni siquiera conocía el término "creencias limitantes" hasta que me apunté a un curso de coaching sobre relaciones tras mi última ruptura. (¡Ahora desearía haber conocido a esos coaches hace mucho tiempo!) Mi coach me hizo relatar una situación típica en la que me sentía continuamente herida y enfadada con mi novio. Hablé de cómo, en los momentos en que él estaba muy ocupado y distraído durante lo que a mí me parecía un largo tiempo, yo me sentía que me trataba como si no importara en absoluto.

Mi coach me preguntó qué sentía cuando mi novio se distraía durante esos largos periodos de tiempo. Le dije que me sentía poco valorada y amada. Estaba conmigo, pero no estaba presente ni se interesaba por mí ni por lo que me pasaba en la vida. No me llamaba con nombres cariñosos, como de costumbre, y básicamente estaba muy ensimismado. Dependía mucho de mí como apoyo emocional en esos momentos. Pero yo no recibía de él lo que necesitaba.

Después de muchos días así, empecé a sentirme distante y a alejarme de él. Entonces me sentía resentida hacia él, y los pensamientos negativos sobre él ocupaban gran parte de mi tiempo y atención. Para cuando me enfrentara a él, estaría bastante agotada, y nada de lo que pudiera decir en ese momento me ayudaría. Así que incluso después de que él intentara compensarme, yo seguiría sin estar satisfecha. A la larga, acababa en una explosión mayor y más destructiva.

Por supuesto, él nunca intentó hacerme nada intencionada o conscientemente. Pero lo que sí aprendí a través de mi coach fue que Dave estaba desencadenando un trauma de mi infancia, que a su vez desencadenaba inconscientemente creencias limitantes que yo tenía desde hacía mucho tiempo y de cuya existencia ni siquiera era consciente.

Mi creencia limitante era que mis relaciones siempre acababan en abandono y soledad. Así que, naturalmente, interpretaba el retraimiento y el silencio de mi novio como que no le importaba y, por tanto, su falta de emoción se convertía en una prueba (en mi mente) de que me estaba abandonando. Por supuesto, su retraimiento no tenía nada que ver conmigo. Sólo lo hacía cuando se sentía abrumado por sus propias emociones debido al estrés al que se enfrentaba. Y entonces interpretaba mi reacción como que era necesitada o insegura.

"Insegura" no es precisamente cómo me describiría nadie que me conozca. De hecho, otras personas de mi vida dicen que me ven como una persona muy segura y con confianza en sí misma, que es también como yo me veo. Sin embargo, cuando me desencadenan de la forma descrita anteriormente, estas creencias limitadoras de sentirme abandonada y desatendida causarían muchos problemas en nuestra relación.

Reconocer las creencias limitantes

La forma de arreglar cualquier creencia limitante es aprender primero a reconocerla cuando aparece, examinando cómo te sientes en ese momento, y luego sustituyendo esa vieja creencia limitante por otra más empoderadoras. Para mí, eso significaba a menudo cambiar mi forma de pensar de "Me están abandonando" a "Mi pareja me quiere y sólo está atravesando sus propias batallas emocionales, y no es algo personal hacia mí".

Otra creencia limitante que mi coach me ayudó a descubrir fue "Soy responsable de todo", que se desencadenaba cuando me sentía impotente ante el dolor de otra persona. Esto provenía de mi infancia, cuando me sentía impotente cuando azotaban a mis hermanos pequeños con un trozo de madera de dos por cuatro y oía sus gritos de dolor. Recuerdo que me escondía debajo de la cama llorando, sintiéndome tan impotente. Yo era la mayor y siempre me sentí responsable de mis cuatro hermanos pequeños.

Esta creencia limitadora de "soy responsable de todo" pondría en marcha un patrón en la que me sacrificaría hasta quedar agotada. Entonces, cuando finalmente "me agotaba", mi pareja no lograba satisfacer mis necesidades. Entonces me desconectaría de mí misma y de mi pareja, lo que a su vez activaría otra creencia limitante de "estoy esencialmente sola, esto es lo mismo otra vez".

> Recuerdo que me escondía debajo de la cama llorando, sintiéndome tan impotente. Era la mayor y siempre me sentí responsable de mis cuatro hermanos pequeños.

Para cambiar estas creencias limitadoras, tuve que incorporar una nueva creencia para sustituirla por "No soy responsable de todo, y eso está bien". Tuve que buscar hechos en mi vida que apoyaran esta nueva creencia, como reconocer las amistades que son iguales y equilibradas.

No es tan fácil la primera vez que desafías esas condiciones pautadas que forman tus creencias limitadoras. Al principio, tendrás que luchar contra ese miedo que surge, esa sensación aterradora que te quema en el plexo solar. Pero una vez que empiezas a hacer cambios positivos por ti misma, y ves los resultados, terminas reprogramándote de manera natural. Las recompensas positivas reforzarán nuevas creencias en tu mente.

Identificar tus propias creencias limitadoras es un área en la que trabajar con un coach de vida, de negocios o de relaciones puede ser increíblemente revelador y cambiarte la vida. Abarco más sobre este tema en mis páginas de redes sociales y te invito a conectar conmigo (@jennabanks.0) en Instagram, Facebook o TikTok.

SUGERENCIA PARA EL DIARIO

¿Cómo te has frenado a ti misma?

Escribe tres cosas que lleves queriendo hacer desde hace al menos varios años, pero que no hayas sido capaz de hacer.

- Debajo de cada una de estas tres cosas, enumera los recursos que necesitarías para llevarlas a cabo.
- Ahora escribe por qué no has podido lograr cada uno de estos tres objetivos. Escribe al menos dos razones para cada objetivo.
- Fíjate en el contraste entre los recursos que necesitarías para conseguir cada objetivo y las razones por las que crees que no has podido conseguirlos.
- Pregúntate si el contraste es razonable o no. Si ves que has escrito razones que no se basan en la realidad o en los hechos, se trata de tus creencias limitadoras.
- Pregúntate por qué crees esa creencia limitante y escríbela.

- Echa un vistazo a lo que has escrito y pregúntate si es un hecho o una creencia.
- Si no es un hecho sino una creencia, intenta entender por qué la consideras verdadera.

Lo que estamos intentando descubrir son las historias o creencias que has estado repitiendo y que pueden haber sido programadas por experiencias previas.

Por ejemplo, echemos un vistazo a mi escritura de este libro. Si había dejado que la idea rondara por mi cabeza durante años, y la razón por la que la dejé fue porque creía que "se me da fatal escribir", bueno, eso no es un hecho. Es una creencia que me he dicho a mí misma desde siempre. Y si no fuera consciente de lo que son las creencias limitantes, como lo soy ahora, podría haber dejado que esa creencia de siempre me impidiera empezar a escribir. Una vez que fui capaz de echar un vistazo a esta creencia cuando aparecía, pude verla como lo que era y cuestionarla, en lugar de dejar que me impidiera avanzar con mis sueños y objetivos.

PARTE III

Cómo ponerte a ti primero

Cuando te pones tú primero, también estás enseñando a los demás cómo deben tratarte, y se produce un ciclo de relaciones más positivo, contigo misma y con los demás. Cuando te tratas a ti misma con respeto y honor, y no te sientes por debajo de nadie ni por encima de nadie, serás tratado con respeto y honor por quienes te rodean, incluso admirado por el presidente de una empresa ávida de café (historia por venir). El secreto de ponerte en primer lugar es que no requiere situaciones complejas ni conversaciones complicadas. Las oportunidades para priorizarte a ti misma están en todas partes.

Si alguna vez te has apartado del camino de la gente por la calle en lugar de hacer que te abran paso; si sabes lo que es perderte tu clase matutina favorita de spinning para ayudar a una amiga con su currículum cuando podría esperar hasta una hora que te viniera mejor a ti; si alguna vez has dicho que sí a ayudar en un proyecto que no te interesa; si sigues poniendo la otra mejilla ante los constantes cambios de planes de última hora (¡como si tu tiempo no fuera precioso!), entonces necesitas ayuda para aprender a ponerte tú primero.

La buena noticia es que hay formas sutiles pero poderosas de ponerte en primer lugar. Las cosas que puedes hacer para tener más control sobre cuánto das, cuándo das y por qué das no tienen por qué ser tan drásticas como para llamar la atención de todo el mundo. No hace falta que grites a los cuatro vientos que te pones a ti primero.

En lugar de eso, podemos atornillarnos un par de ruedas de entrenamiento de autoprioridad. Podemos ir despacio y tomar decisiones privadas en silencio. Podemos elegir por dónde empezamos, medir hasta dónde nos sentimos cómodas y practicar con el tiempo.

Pronto estas decisiones personales se solidifican en un contrato amoroso que hacemos con nosotras mismas: probando a lo largo del camino, comprobando con nosotras mismas —y luego más pruebas y más errores— hasta que veamos que la autoprioridad nos lleva más lejos con los demás y con nosotras mismas que cuando nos autosacrificamos.

Los capítulos siguientes están repletos de ideas sobre cómo puedes empezar a recuperar tu tiempo, tu energía y tu espíritu, y dejar de poner tus necesidades —grandes y pequeñas— al final de la fila. Aquí aprenderás sobre el poder de decir no a los demás y sí a ti misma, de modo que puedas tomar el control de tu tiempo y atención (Capítulo 12); cómo evitar la trampa de dar en exceso (Capítulo 13); cómo desarrollar la fuerza necesaria para eliminar de tu vida las relaciones tóxicas (Capítulo 14); qué tipo de límites debes establecer para ti misma (Capítulo 15); y la libertad que supone ser dueño de toda tu historia, no sólo de las partes bonitas (Capítulo 16).

Juntas, estas tácticas crean una base sólida para ponerte a ti misma en primer lugar y abrazar tu valor y tu poder.

Capítulo 12

Toma el control de tu tiempo y atención

Llevaba sólo uno o dos meses trabajando como directora de desarrollo de negocio en una empresa de consultoría tecnológica. Aún era nueva, pero me hacía ilusión conocer al presidente, que había volado a la ciudad desde la India para pasar la semana visitando nuestra oficina. La primera vez que lo conocí fue durante nuestra reunión semanal de empresa de los lunes por la mañana. El presidente se sentó a la cabecera de la mesa en la sala de juntas, se volvió hacia mí y dijo como en una conversación privada: "Estaría bien tomar un café del Starbucks de abajo. ¿Tú también quieres café, Jenna?".

En realidad, yo no quería café, así que respondí: "No, gracias; no bebo café a estas horas".

Mi jefe, el vicepresidente de la empresa, se me quedó mirando, con la boca abierta, como si yo le acabara de decir que se tirara por un barranco o algo así. Me daba cuenta de que algo iba mal, pero no estaba al corriente de lo que fuera. Otro colega mío, Mike, que tenía el mismo cargo que yo, intentó aliviar la tensión de la sala reformulándome la pregunta en forma de insinuación no tan sutil con levantamiento de cejas, algo así como: "Jenna, te encanta un buen café con leche de Starbucks, ¿no te gustaría una taza como ahora mismo?".

"No, Mike", respondí. "Si tomo café ahora, estaré despierta toda la noche. Mejor lo dejo".

La reunión continuó y todos sobrevivimos sin café. Después, cuando volvimos a nuestros escritorios, Mike me pidió que le ayudara a aprender a utilizar la cafetera de la sala de descanso. "No sé por qué me lo pides", bromeé con Mike. "Nunca he usado esta maldita cosa".

Pasé el resto del día sin pensar en el enigma del café. No quería ni necesitaba café, así que cualquiera que lo necesitara no tenía nada que hacer conmigo. Al final del día, cuando asomé la cabeza por el despacho de mi jefe para darle las buenas noches, el presidente de la empresa estaba sentado frente a su mesa. "Jenna", dijo el presidente, estirando el cuello desde la silla, "te admiro".

No tenía ni idea de dónde venía su cumplido, así que le dije bromeando: "Probablemente sea porque llevo tacones". Todos nos echamos a reír.

En casa, pensé en el día y en la reunión con el presidente y en la situación del café, y fue entonces cuando me di cuenta de la dinámica en juego. Aquellos tipos esperaban totalmente que les trajera café porque querían café. Estaban tan acostumbrados a que sus necesidades fueran satisfechas, presumiblemente por las mujeres de sus vidas, que no sabían cómo reaccionar cuando sus necesidades no triunfaban sobre las mías. Y eso me hizo ganar respeto. ¿Por qué? Porque mis acciones demostraron al presidente de la empresa que me valoraba a mí misma más que a él, pero no de una manera agresiva, grosera o narcisista, sino recordándole que todos somos responsables de nosotros mismos y que es nuestro deber satisfacer nuestras propias necesidades. Incluso cuando estas en la cima.

Ésta es una historia que todavía me gusta contar, aunque ocurrió hace muchos años, porque es uno de los casos más sencillos del poder de priorizarte a ti misma. Pequeño gesto, gran impacto. No había nada empíricamente egoísta en no hacer café, simplemente no estaba en mi mente dejar lo que estaba haciendo para ir a buscar algo que no me apetecía. Dicho de otro modo, si tuviera antojo de café y anunciara al grupo: "Me muero por un Starbucks; voy corriendo, ¿alguien quiere algo?", estaría mostrando buenos modales. Pero ir a un Starbucks para satisfacer el antojo de otra persona cuando sé que no me voy a comprar nada, eso es hacer recados, y la última vez que lo comprobé, hacer recados no formaba parte de la descripción de mi trabajo.

El autosacrificio no siempre es una virtud

Poner a los demás primero, o sacrificarse, se considera una virtud en muchas culturas. Pero nunca he conocido a una persona que diga "sí" que sea feliz, se sienta realizada o realmente respetada. Aunque ayudar a los demás puede hacernos sentir muy bien, tenemos que asegurarnos de que hacer por los demás todo el tiempo no sea un acto para aplacar nuestro ego o hacernos sentir necesarias o importantes. Podría haber hecho café al presidente de la empresa para ganar puntos, pero en última instancia le habría demostrado que soy una persona sumisa, que no me valoro y habría perdido puntos con él. ¿Quién quiere a una sumisa a cargo de las ventas?

Recuerda, poner tanto énfasis en obtener validación externa o "referencia a un objeto" es sabotaje del amor propio. Tenemos que comprender que somos suficientes, tanto si decidimos compartir constantemente el coche con la mitad del equipo de la liga infantil, prestar dinero a un amigo necesitado, traer café para el equipo... como si no. Al haber sido criada como cristiana, no digo esto a la ligera.

Aunque no soy religiosa, sino que me considero profundamente espiritual, me criaron leyendo la Biblia a menudo, yendo a la iglesia varias veces a la semana y asistiendo a escuelas cristianas. Mis padres me enseñaron a intentar vivir como lo hizo Jesús. En el cristianismo se nos enseña sobre el sacrificio: Dios sacrificó a su único hijo por nosotros, y Jesús dio el sacrificio definitivo: su vida por nuestros pecados. En mi casa, esto se traducía en "El sacrificio es una virtud". Mi madrastra nos ordenaba a mis hermanos y a mí que renunciáramos a cosas que queríamos para nosotros, ofreciéndoselas a los demás, a nosotras mismas o incluso a completos desconocidos. Criada por un padre narcisista que no tenía como prioridad atender las necesidades de su mujer o de sus hijos, yo cedía constantemente a lo que hiciera feliz a mi padre para mantener la paz. Al sacrificarnos a nosotras mismas y a nuestras necesidades, nos parecemos más a Jesús. La Madre Teresa dijo célebremente: "Da hasta que duela". Y en muchos casos a mí me dolió.

Esta vieja programación del autosacrificio me ha dolido de verdad, sobre todo porque se ha colado en mis relaciones románticas. Cuando no anteponía mis necesidades y me centraba demasiado en las de mi pareja, me resentía cuando mis necesidades no se satisfacían a cambio. Sin embargo, la verdad es que cuando no atiendo a mis propias necesidades, no es culpa de nadie más. Nadie es responsable de satisfacer mis necesidades; yo no soy responsable de satisfacer las suyas. En palabras de Roy T. Bennett: "Asume la responsabilidad de tu propia felicidad, nunca la pongas en manos de los demás".[1]

Lo entiendo. Parece totalmente contraintuitivo ponerse a una misma en primer lugar. Y, francamente, comprendo que oír a la gente decir una y otra vez "ponte tú primero", sin ningún consejo sobre cómo conseguirlo realmente, puede parecer como una canción que suena demasiado en la radio: la apagas. Simplemente no quieres oírla más.

Di "Sí" a ti misma

Hace poco me topé con un artículo escrito para NBC News por una autoproclamada dadora compulsiva, Laura Delarato. Había desarrollado el mal hábito de decir sí a los demás, lo que se traducía en un gran no a su bienestar general.

Así que se comprometió a un reto de treinta días, sin hacer nada más que decirse sí a sí misma durante todo un mes. Para ayudar a que el reto se mantuviera, Laura categorizó lo que creía que necesitaba trabajar personalmente para ponerse a sí misma en primer lugar en su mundo. Las áreas que consideró que requerían "una atención muy necesaria" fueron las amistades, el bienestar y las citas. No se excedió al abordar estas cuestiones, como poner fin a amistades de toda la vida o dejar un trabajo. Más bien, buscó pequeños cambios a la hora de desenvolverse en sus tres áreas. Por ejemplo, dejó de decir que sí a actividades sociales que no le apetecían, como ir a clubes llenos de gente y beber (algo que, como persona que se consideraba hogareña, le resultaba intolerable). En cuanto a su bienestar, optó por dedicar su escaso tiempo libre de los fines de semana a preparar comidas sanas y hacer ejercicio, en lugar de trabajar más o ayudar a una amiga. Y mi favorito: las citas. Laura ya no daba vueltas a su vida por gente que no conocía o que no le importaba, lo que describe como "no pasar de la calle 14 en una noche de trabajo". Laura continúa: "¿Cuántas veces he ido a una cita con alguien súper lejos de mi casa para descubrir que en realidad es un ser humano horrible? Demasiadas.[2] Realmente admiro a Laura por adoptar este enfoque.

¿Y cuál fue el resultado de su experimento de treinta días? "Este viaje de un mes, a veces, se sintió como si estuviera navegando la vida en solitario; tomando decisiones basadas en cómo me sentía yo (y sólo yo)", escribe. "Sinceramente, pensé que no me quedaría ni un solo amigo y que mis oportunidades de citas desaparecerían. Pero la realidad fue todo lo contrario. Mis amistades son más sólidas; doy a cada persona todo lo que tengo cuando estoy con ella. Las citas, aunque ocurren con menos frecuencia, son con personas que realmente comparten mis intereses. Tomo buenas decisiones basándome en lo que necesito en ese momento".[3]

Una de las formas en que convertí la idea de Laura en acción es hacer un esfuerzo consciente por registrar con qué frecuencia me digo que sí a mí misma y no a otra persona: me propongo hacerlo de una forma específica, cada día. Esto me inspira para identificar las áreas en las que podría gastar demasiado de mí misma cuando no quiero, sin agobiarme por comprometerme en una supuesta transformación completa de la vida. No me malinterpretes: me alegra mucho dar a los demás y ayudar cuando tengo tiempo y energía. Pero ahora sólo me aseguro de que no sea a expensas de mis propias necesidades en ese momento.

Invertir en una misma

Tengo una amiga, Michele, cuyo marido, al examinar detenidamente sus finanzas, quería que abandonara su pasión por el Pilates. Al parecer, el estudio de Pilates es caro, y ella paga una cuota mensual que equivale a su abultada factura del cable. Pero Michele va todos los días, logrando la rara hazaña de hacer ejercicio todos los días. "Le dije a mi marido que dejara de ver mi práctica diaria como un gasto y la viera como una inversión", me dijo Michele. "Es mi 'tiempo para mí', sí, pero también es tonificación, estiramientos, trabajo del tronco, respiración profunda y meditación: todas las cosas que cualquier médico te diría que hicieras para la salud y la longevidad. Prefiero gastarme un par de cientos de dólares al mes para envejecer bien, evitar lesiones porque estoy ágil y sentirme menos resentida con las obligaciones familiares porque sé que cada día hay una hora con mi nombre, y sólo mi nombre, en ella. Y voy de verdad al estudio. ¿Es mejor gastarse diez dólares al mes en una suscripción a un gimnasio que no utilizas en absoluto o gastarse más dinero en un estudio en el que prácticamente vives?".

La actitud de Michele da en el clavo. Cree que centrarse en su práctica diaria le resultará menos costoso a largo plazo que los copagos de las recetas, las visitas al médico por dolores y molestias, y pagar para ver a un terapeuta por el estrés o la ansiedad. Está invirtiendo en su salud física, mental y emocional. Su marido no sólo vio la luz, sino que se apuntó a Pilates con ella. Ahora también es algo que nutre su relación.

Si nos pasamos toda la vida siendo reactivos en lugar de proactivos, interesándonos por nuestra propia vida, perdemos oportunidades de expandirnos y crecer. Invertir en ti misma significa que crees en ti misma. Invierte en tus intereses y aficiones, invierte en tu afición a viajar, invierte en ti; cosecharás grandes recompensas, y también lo harán los demás a tu alrededor.

Sentirse con derecho versus priorizarse a una misma

Quiero dejar claro que ponerte en primer lugar implica que existe la posibilidad que alguien te pongan en segundo o tercer lugar. Se trata de una distinción importante que debes recordar cuando decidas qué es un acto de autoprioridad y qué es simplemente ser grosera. Quedarte con el cambio equivocado que te ha dado la cajera porque es dinero gratis, no sujetar la puerta a la anciana que sale del edificio detrás de ti porque tienes que coger un tren o cortar la cola porque llegas tarde a una cita con el dentista no son actitudes admirables de "yo importo". Son actos indecentes, de derecho y no tienen nada que ver con anteponer tus necesidades.

Tu objetivo es admirarte a ti misma. Admírate por las buenas elecciones que haces conscientemente, por el esfuerzo que pones en tu trabajo, por el buen amigo que eres, por el duro trabajo que realizas para conseguir algo que realmente querías. Admírate cuando te defiendas a ti misma y a tus convicciones o cuando decidas alejarte de una relación que no te sirve. Esfuérzate por sentirte orgullosa, porque la opinión que tienes de ti misma es la única que realmente importa. Ama lo que eres y lo que representas. Encontrarás un amor mucho más profundo que cualquiera que hayas conocido antes.

Una inversión con alto rendimiento

Cuando inviertes en una acción, apuestas a un caballo o reservas tu dinero para enviar a un niño a la universidad, estás diciendo que crees en esa acción, caballo o niño, y que esperas un retorno de tu inversión.

Nunca he dudado en gastar dinero para formarme o seguir mis inspiraciones empresariales. Tampoco dudo nunca en tomarme tiempo entre un trabajo y otro para recargar las pilas, centrarme en el crecimiento espiritual y recalibrar los objetivos. Sí, puede que tenga que gastar parte de mis ahorros para hacerlo, pero es una inversión en mí, y yo lo valgo. Si me demuestro a mí misma que estoy dispuesta a invertir en mí, mi sensación de autoestima y confianza en mí misma aumenta exponencialmente. Y cuando te sientes segura de ti misma, el mundo se dará cuenta de tu energía de autoconfianza y, a su vez, también sentirá confianza en ti.

Te insto a que hagas lo mismo por ti. Cuando dejas de decir sí a los demás todo el tiempo y, en su lugar, das la máxima prioridad a tus propias necesidades, eso es hacer una inversión en ti misma. Y es una inversión que da grandes dividendos.

SUGERENCIA PARA EL DIARIO

¿De qué maneras podrías invertir en ti misma y reforzar tu autoestima?

> Escribe en tu diario algunas formas en las que te sentirías bien invirtiendo en ti misma ahora o en un futuro próximo. ¿Te gustaría obtener una certificación especial, contratar a un entrenador personal, hacerte unas fotografías profesionales, comprarte un vestuario nuevo, hacer un curso online? Hay muchas formas de invertir nuestro propio dinero en nosotras mismas para demostrarnos que valemos nuestra propia inversión.

Capítulo 13

Evita la trampa de dar demasiado

¿Has oído la historia de la mujer que hizo de esposa, madre, niñera, mujer de carrera, presidenta de la Asociación de Padres y Madres, entrenadora de fútbol y cuidadora de sus ancianos padres durante prácticamente toda su maldita vida? Con el tiempo engordó un montón, rara vez se reía y tenía muy poco dinero porque se lo "prestaba" constantemente a los demás. Si le sobraban diez dólares, se sentía obligada a echarlos en el bote de caridad que había fuera del supermercado durante las fiestas. Esta mujer planeaba celebraciones de cumpleaños para todos los miembros de su familia, ¡pero en sus cumpleaños se hacía ella misma la cena y recogía la mesa! Incluso rechazó un viaje muy necesario a Florida para reunirse con sus antiguos compañeros de universidad porque se sentía obligada a ayudar en una recaudación de fondos de la Asociación de Padres y Maestros.

Un día, poco después de que su último hijo se fuera a la universidad, se dio cuenta de que había envejecido terriblemente; se había dejado llevar, como suele decirse. No era de extrañar que su marido y ella ya no se relacionaran más allá de que él añadiera cosas a su lista de la compra. Había entrado en la menopausia, sintiéndose vieja, sola y sin ningún propósito. Echando la vista atrás, cada deber que cumplía, cada vez que no expresaba su decepción por no recibir un deseo de cumpleaños o un agradecimiento, cada vez que regalaba su tiempo, su talento, su energía y sus cuidados a otra persona en lugar de centrarlos en sí misma, todo ello iba minando su alma hasta que ya no le quedaba nada.

Odio ser una aguafiestas, pero esta historia no es una exageración. Es lo que ocurre con el tiempo cuando ignoras algo (o alguien) importante. ¿Has visto alguna vez lo que le pasa a una casa que no se mantiene? ¿Un monumento que no se limpia o cuida? ¿Un coche deportivo que no se acondiciona para el invierno? ¡No es bueno!

¿Das demasiado como hizo esta mujer? ¿A quién das y qué das? Averiguar la respuesta puede requerir mucho examen de conciencia y observación.

Dar en exceso está en todas partes

La universalidad de dar en exceso me quedó clara tras leer los escritos de Elizabeth Gilbert, famosa por su superventas de memorias *Comer, Rezar, Amar*. Gilbert escribió en Oprah.com que siempre había dado demasiado, incluso de niña. Pero cuando se hizo rica, se convirtió en una donante excesiva de dinero.

Hacía lo que decía la Madre Teresa, dar hasta que duela, y según Elizabeth acabó doliéndole. "Toda mi vida he sido alguien que da en exceso", escribió en su post "Confesiones de alguien que da demasiado". "A lo largo de los años, he dado en exceso con mi dinero, mis cosas, mis opiniones, mi tiempo, mi cuerpo ('¡Sé que acabamos de conocernos, pero claro que podemos besarnos en el coche de tu primo!')... Especialmente doy en exceso con personas que acabo de conocer ayer por la tarde en la gasolinera".[1]

Vaya, esto me suena. Sobre todo, la parte de ofrecer mis opiniones o consejos. Me apasiona ayudar a los demás, pero puedo dar demasiado apoyo emocional cuando me lo pide prácticamente cualquiera, como si su vida emocional fuera de algún modo mi responsabilidad. En mi vida, dar apoyo emocional en exceso me ha fatigado y, francamente, en algunos casos me ha chupado la vida.

> Puedo dar apoyo emocional en exceso cuando me lo pide casi todo el mundo, como si su vida emocional fuera de algún modo mi responsabilidad.

Encuentro con un vampiro energético

Tuve una amistad de una década con una mujer a la que llamaré Tina. La mejor manera de describir cómo me manipuló emocionalmente sería "deslumbramiento". Me deslumbraba con su apariencia impecable, la gente guapa que la rodeaba, los eventos divertidos y las cenas en restaurantes de moda a los que me llevaba. Tina me presentó a mucha gente (aunque eso no me importaba mucho, pues mi carrera y mi maternidad eran mis prioridades y no tenía tiempo para más gente en mi vida). Tina me enviaba mensajes de texto y me llamaba varias veces al día, y fue prácticamente la principal "amiga" de mi vida durante bastantes años (y utilizo esas comillas deliberadamente).

A medida que pasábamos más tiempo juntas, empezó a tomarse nuevas libertades irrespetuosas, como ponerse exigente conmigo o comentar cosas que yo hacía; me menospreciaba y me criticaba. Empecé a sentir que me trataba como a una niña de compañía para ella. Cuando necesitaba que le diera un consejo, que nunca aceptaba (¡qué frustrante!), esperaba que dejara lo que estuviera haciendo y escuchara sus historias. Quería dominarme y controlarme, y lo hacía con su naturaleza pasiva-agresiva. Los cumplidos por la espalda eran en realidad desprecios. Me hacía escuchar los mismos "problemas" dramáticos que ella nunca hacía nada por resolver, e incluso se metía con mis propias elecciones vitales, a pesar de que yo nunca le había pedido su opinión.

En resumen, ella se excedía y esperaba que yo me excediera. *Chip, chip, chip.*

Finalmente, le hablé de cómo sentía que estaba traspasando los límites y tratándome mal. Pensé que si éramos tan buenos amigos, podríamos mantener una conversación sincera y seguir adelante. Pues bien, eso nunca ocurrió. Al parecer, Tina no soportó que la desafiaran, se puso a la defensiva y pasó al modo de ataque.

Después, Tina intentó hablar mal de mí a amigos comunes. Trató de ponerlos en mi contra, intentando que eligieran partido, como si estuviéramos en la secundaria. Me sentí como una idiota por haber dejado que este tipo de persona controlara tanto de mi valioso tiempo y energía.

Por suerte, nuestros amigos comunes la calaron y no dejaron que Tina influyera en sus sentimientos hacia mí. Acabó haciéndome el mayor favor al eliminarse de mi vida. Perdí a un vampiro de energía y gané amigos de verdad para toda la vida, a los que adoro y que me quieren de verdad. Como se cree que dijo Bernard Baruch: "Sé quien eres y di lo que sientes, porque a los que les molesta no les importa y a los que les importa no les molesta". Desde aquella experiencia, aprendí a no dejar que ninguna persona de mi vida adquiriera tanto control sobre mi atención y mi energía. Ni un novio, ni un amigo, ni siquiera mi propio hijo. (He dedicado un capítulo entero al establecimiento de límites como padres, así que estate atento).

Siete señales de que das demasiado

Conocer las señales de que estás dando demasiado puede ayudarte mucho, sobre todo cuando intentas mantener los límites que estás estableciendo en tu vida. Ponerte a ti primero es una práctica que dura toda la vida, y sin duda podemos volver a caer en nuestros viejos hábitos de dar demasiado. La clave para dar la vuelta a los patrones es detectar nuestro exceso de generosidad al detectar el primer "desgaste".

¿Cómo puedes saber si das demasiado? Según Kara Laricks, casamentera y experta en citas: "Para determinar si das demasiado, empieza por preguntarte: "¿Estoy recibiendo de menos?' A menudo descubro que, en las relaciones, dar demasiado, ya sea en tiempo, disponibilidad, atención, sexo o regalos, es una señal segura de que no estás recibiendo el tiempo, la atención, etc., que deseas en una relación"[2]

Es importante prestar atención a cómo te sientes ante las personas, las situaciones y las conversaciones. Ser empático es una gran cualidad. Pero es muy fácil que las personas empáticas dejen que su atención y su energía sean arrastradas por otras personas. Según la revista Bustle, hay siete formas de tomar nota si estás dando demasiado de ti en tus relaciones.[3] Tanto si las utilizas como directrices, banderas rojas o momentos de claridad, tomar nota de cualquiera de ellas puede ayudarte a trazar una línea en la arena cuando se trata de dar demasiado en tu relación, ya sea con una pareja íntima, un amigo, un compañero de trabajo o un jefe.

1. *No sabes recibir*. Esto puede aplicarse a recibir atención, cumplidos, regalos o la generosidad de otra persona con su tiempo, energía u orientación. Básicamente, esto es un código para "¡no pides ayuda!". Mirando hacia atrás, me di cuenta de que no pedía ayuda cuando realmente podría haberla necesitado, rechazaba la mayoría de los cumplidos y no permitía que los demás estuvieran ahí para mí por miedo de incomodarlos o hacerlos quedar mal.
2. *El entusiasmo de tu pareja por todo lo que hacen se desvanece*. En mis primeros días de noviazgo con Dave, era muy generoso con su gratitud por todo lo que hacía por él y, con el tiempo,

sentí que mi generosidad se convirtió en una expectativa importante de nuestra relación.
3. *Las necesidades de tu pareja siempre son lo primero.* Básicamente, hice el "todo por ellos" por Tina y Dave. Sin embargo, me alegro de haber tenido estas experiencias, porque ahora sé cómo no viviré en el futuro. También reconozco esto como una bandera roja en una nueva amistad y relación. Si todo gira en torno a ellos, me largo.
4. *Te "gusta" todo lo que le gusta a tu pareja.* Aunque yo no padezco este problema, es muy útil para ayudarte a reconocer si estás perdiendo partes de ti misma en una relación. Todos conocemos a la amiga que empezó a juntarse sólo con los amigos de su novio, o a cambiar sus firmes opiniones políticas para alinearse con las de su marido, o a salir de compras con su nueva mejor amiga, aunque odie los centros comerciales. No pierdas el tiempo y no permitas que otras personas te cambien: ¡otra señal estupenda de una bandera roja que podría indicarte que es momento de alejarte!
5. *Estás emocionalmente agotada.* Sabía que esto era cierto en mi caso por mi nivel de energía. Con Dave y Tina, sentí que simplemente me había agotado y que no me quedaba nada para nadie más, y mucho menos para mí misma. No podía dar ni un gramo más de mí misma y me volví letárgica, sufrí problemas de atención y tuve un malestar de bajo grado. Escucha a tu cuerpo; es la señal que te indica cuándo algo no va bien.
6. *Te sientes resentida.* Intenté canalizar mi resentimiento manteniendo una conversación adulta con Tina. Aunque no obtuve el resultado que esperaba, me alegro de haber podido tomar mi resentimiento y hacer algo productivo con él. Hacerlo me ayudó a liberar mi energía y utilizarla para cosas más productivas, ¡como cuidar de mí!

7. *Crees que es tu responsabilidad mantener la relación.* Soy culpable. Bueno, al menos medio culpable. No creía necesariamente que fuera mi responsabilidad mantener nuestra relación, pero sí llevaba la carga. Sentía que tenía que ocuparme de la energía de nuestra relación hasta el punto de que cuando me enfrenté a Dave por la naturaleza unilateral de nuestra relación, él terminó encargándome "ayudarle" a satisfacer mis necesidades. Lo cual sólo significaba que yo seguía cargando con el peso de la responsabilidad de la relación. Era hora de irse.

Si estás constantemente en modo reacción, no controlas tu energía. Conocer tus límites sobre cuánto vas a dar te permite controlar adónde va tu energía y a quién. También te ayudará a determinar la calidad de las personas de tu vida y, naturalmente, a eliminar a las que sólo están interesadas en controlarte a ti y a tu energía/atención, y que no tienen en cuenta tus mejores intereses. En palabras de Iyanla Vanzant, "Cuando empiezas a sacrificarte por otras personas, las conviertes en ladrones, porque te están robando lo que necesitas, y ni siquiera lo saben.[4]

Dar, pero no demasiado

En capítulos anteriores, hablo de cómo perdoné demasiado en mi relación con Dave. Al principio no lo veía, pues confundía mi generosidad con un acto de amor hacia él. Él no me pedía todas las cosas que yo hacía por él. Simplemente estaba condicionada a pensar que sacrificarme era un acto de amor. Cuando das demasiado, es posible que estés buscando maneras de justificar el amor que intentas recibir porque crees que no eres digna sin hacer todo ese esfuerzo, temes ser abandonada o tal vez estás imitando el comportamiento de uno de tus padres o de otro miembro de la familia.

Los que damos en demasiado solemos saber que lo hacemos, así que es importante ir más allá de la aceptación y reflexionar sobre en qué áreas de nuestra vida estamos dando demasiado. De lo contrario, acabaremos siendo aprovechadas y dadas por sentado, como la mujer que describí al principio de este capítulo, y como me ocurrió a mí en mi relación con Dave. Lo digo por experiencia, no desde una perspectiva psicológica.

Está bien entregarse a los demás, pero debes que tener cuidado de no dar demasiado de ti a nadie. Es importante para tu autocuidado y tu amor propio establecer límites claros para ti misma. Tienes que quererte a ti misma más que a nadie y adueñarte plenamente de tu energía. Si tú no la posees, otros lo harán.

Capítulo 14

Desintoxicación de relaciones tóxicas

No puedo ni empezar a decirte lo liberador que ha sido para mi espíritu haber eliminado todas las relaciones tóxicas de mi vida. Ni una sola vez he mirado atrás ni me he arrepentido de la decisión de cortar lazos con aquellos que sólo me hundían. Es a la vez afortunado y desafortunado que haya tenido que cortar lazos con personas cercanas a mí, empezando a los catorce años, cuando me fui de casa, y de nuevo a los dieciséis, cuando abandoné la casa tóxica de mi madre y nunca miré atrás.

Permíteme compartir algunos ejemplos de mi propia vida para ilustrar cómo reconocer las relaciones tóxicas y cómo desintoxicarte de ellas.

Una mejor amiga que no lo era

Decidir romper con la que una vez fue mi mejor amiga, Wendy, con la que pasé mucho tiempo entre los dieciséis y los dieciocho años, me reveló cuánto de ti misma te puede arrebatar un compañero.

Una vez que dejamos atrás nuestra adolescencia, tanto la vida de Wendy como la mía cambió. Wendy se casó y tuvo un par de hijos. Yo también me casé, me trasladé a Holanda y tuve un hijo. Por aquel entonces, sin tecnología, con un océano entre nosotros y las presiones diarias de la edad adulta, nos distanciamos y no conectábamos con mucha regularidad. Pero cuando lo hacíamos, siempre tenía la sensación de que encontraba la forma de hacerme sentir mal o de menospreciarme. Nunca se mostraba positiva ante nada de lo que ocurría en mi vida. Eso, para mí, es una definición de tóxico.

Cuando regresé a Estados Unidos y me instalé en California, recibí una llamada de Wendy, después de más de un año sin hablarnos. Fue su tono, sus preguntas inquisitivas que parecían más bien juicios, sus reacciones a lo que yo decía lo que me hizo sentir que actuaba con superioridad. ¿Sabes cuando, al colgar el teléfono o después de visitar a alguien, tienes la sensación de querer quitarte la mugre de encima? Pues así me sentí yo después de colgar.

Pero después de la última llamada de Wendy, pensé: ¿Por qué mantengo a esta persona en mi vida? ¿Qué valor añade ella a mi vida? No me hace mejor persona, no me aporta nada, ni siquiera me da una buena sensación que llevar conmigo a lo largo del día. Ya no me siento bien conectando con ella. En realidad, no era más que una vieja conexión, no alguien a quien consideraría una amiga de verdad. Así que tomé la decisión de poner fin a toda conexión con ella. Sólo esta decisión me hizo sentir bien, así que nunca me la cuestioné.

Unos meses más tarde, Wendy intentó ponerse en contacto de nuevo. Nunca respondí, y ella se marchó. ¿Adivina qué? Nunca volví a tener esa sensación de que alguien me hiciera sentir "menos". Si hubiera dejado que siguiera en mi vida, habría estado permitiendo que me trataran así. Habría estado poniendo ese tipo de energía en el mundo, y lo único que habría obtenido a cambio es más negatividad. También podría haberle contado mis sentimientos, como hice con Tina, y haberle dado la oportunidad de cambiar su actitud hacia mí, pero mi instinto me decía que ya no teníamos nada en común como para crear una nueva dinámica.

Mi segunda (y última) ruptura con Dave

Como comento en capítulos anteriores, nunca había sentido por alguien el tipo de amor que sentía por Dave, lo que lo hacía increíblemente embriagador. Me enamoré de él con todas mis fuerzas, y durante mucho tiempo pensé en él como una persona con la que podría pasar el resto de mi vida. Me emocionaba incluso sólo con una llamada o un mensaje suyo. Quizá recuerdes que rompí con Dave porque no satisfacía mis necesidades. Pero lo que no revelé fue que en realidad volvimos a estar juntos no mucho después de aquella cena que tuve con Emily, mencionada al principio de este libro.

Mi amiga Emily y yo nos encontramos con Dave y uno de sus amigos en el mismo restaurante donde Emily y yo habíamos hablado de mi ruptura inicial. Los cuatro acabamos hablando en el bar del restaurante. Al cabo de un rato, decidimos ir a bailar. Emily y el amigo de Dave estaban haciendo todo lo posible por mantenernos juntos el mayor tiempo posible aquella noche. Después de muchas horas y bastantes copas, era difícil no sentir la atracción y la química que había entre nosotros. Aunque él era increíblemente encantador y coqueto, fui yo la que hizo el movimiento hacia él, y definitivamente no fue pensado en absoluto. Pero acabamos reconectando aquella noche. Al día siguiente, con la cabeza más sobria, decidimos que sería una buena idea reunirnos y hablar de las cosas.

En mi mente, no había forma de que Dave me dijera nada que me convenciera de que había cambiado de actitud. Recuerdo que le dije a una amiga que la probabilidad de que entrara en razón y pudiera satisfacer mis necesidades sentimentales era probablemente inferior al 5%. Y aun así quedé con él para comer y "hablar". Me presenté sin ningún tipo de expectativas.

Me presenté con toda mi fuerza y autoestima. Me presenté sin necesitar nada de él, totalmente presente y dispuesta a escuchar lo que tenía que decirme, pero esperando que no fuera lo que yo necesitaba oír.

Para mi sorpresa, ocurrió todo lo contrario. Abordó todas mis preocupaciones y dejó claro que quería tener una verdadera relación conmigo, incluso que querían ser compañeros de vida. Yo estaba radiante, tan eufórica y tan convencida de que todos nuestros problemas se habían resuelto y que estábamos preparados para construir una vida juntos. (Ah, falsas esperanzas.)

Al cabo de unos ocho o nueve meses, las cosas iban tan bien entre nosotros que decidimos irnos a vivir juntos. Supusimos que eso llevaría nuestra relación al siguiente nivel o que, de algún modo, se estrellaría y ardería.

Encontramos una casa de alquiler muy chula cerca de donde ya vivíamos los dos y estábamos súper ilusionados con esta nueva y divertida aventura juntos. Me aseguré de comentar lo que me parecían algunas cosas importantes que debíamos tener en cuenta mientras viviéramos juntos, como no irnos a la cama enfadados y dar prioridad a una comunicación clara y abierta para mantener sana nuestra relación. Éstos eran algunos de mis valores de relación. Él estaba de acuerdo con estas cosas, así que pensé que seguramente estábamos preparados para entrar en esta nueva situación de convivencia totalmente equipados con la mentalidad adecuada para superar cualquier cosa.

Apenas un par de semanas después de mudarnos, ya me sentía bastante infeliz. Había estado haciendo mucho para ayudar a Dave con su vida, su casa y su negocio, y no me sentía valorada ni apreciada. Esa sensación de ser invisible o insignificante volvía a aparecer, pero ahora con más frecuencia. La toxicidad había vuelto. Tampoco me sentía mi yo normal, feliz y equilibrada. Mi contenedor de energía se estaba agotando de nuevo.

Para colmo, nuestra vida sexual se esfumó después de la primera semana. Seguí intentando arreglar las cosas sacrificándome. Pero me resultaba muy difícil centrarme en crear mi nuevo negocio, porque no me sentía yo misma. Bueno, ya sabes lo que pasó después. Di la segunda vuelta con el corazón roto por alguien con quien estaba dispuesta a pasar el resto de mi vida (dos veces). ¿Por qué volví? ¿Por qué —sabiendo que había una minúscula posibilidad de que fuera capaz de ser alguien que no era o de dar lo que no es capaz de dar—ignoré mi intuición?

Nos encanta lo familiar (aunque sea tóxico)

¿Has oído alguna vez ese viejo refrán que dice que la gente se enamora de parejas que le recuerdan a alguno de sus padres? Nunca pensé que eso me pasaría a mí, ya que mi padre y yo no tuvimos ninguna relación después de irme de casa. Es difícil sentir amor hacia alguien, o establecer un vínculo con él, cuando le temes como a un dominador que aplasta tu espíritu y no te muestra amor incondicional.

A mí tampoco me importaba mi padre. No le odiaba ni nada parecido. Simplemente pensaba que no debería haber tenido hijos, y no le respetaba por cómo había elegido ser padre. Y, sin embargo, he descubierto que, como humanos, tenemos una especie de vulnerabilidad en nuestro sistema operativo. Tendemos a caer rendidos ante las personas que tienen patrones que nos resultan familiares, a pesar de que pueda haber un montón de banderas rojas sobre esa persona y de que tal vez no satisfaga nuestros valores y deseos fundamentales para las relaciones.

Hay algo reconfortante cuando sentimos un patrón familiar con alguien. Se siente instantáneamente seguro porque es una sensación conocida. Si tuviste una buena relación con tu padre, y luego te encuentras en relaciones con hombres que te recuerdan a tu padre, supongo que no sería algo malo. Sin embargo, sigue siendo bueno ser conscientes de que es nuestra tendencia natural sentirnos cómodos cerca de personas con patrones familiares.

¿Sabías que si sigues sintiendo mariposas en el estómago cuando estás cerca de la persona con la que sales, o cuando te llama o te envía un mensaje de texto, en realidad probablemente no sea algo bueno? Según la experta en relaciones Talia Goldstein, "La gente cree que las mariposas son algo bueno, pero si sigues teniendo mariposas [después de unas cuantas citas], creo que no es algo bueno".

Goldstein continúa: "A veces significa que hay ansiedad o que no estás seguro de una situación. Una buena pareja es alguien que te hace sentir tranquila y cómoda".[1]

Puedo dar fe de ello, ya que Dave y yo tuvimos una relación muy emocionante y divertida. Pero, durante nuestra relación, también experimentaba sentimientos generales de ansiedad, que no era algo normal en mí. También sentía mariposas cada vez que me llamaba o me enviaba un mensaje de texto, algo a lo que tampoco estaba acostumbrada. Pensaba que sólo estaba emocionada por tener noticias suyas. Resultó que esas "mariposas" eran un signo de estrés y ansiedad.

El amor y el sexo liberan dopamina en el cerebro, una sustancia química implicada en la recompensa y la motivación. Me resulta interesante pensar en los drogadictos que se hacen adictos a una droga concreta y siguen consumiéndola, aunque les esté perjudicando. Simplemente son adictos a conseguir esa sensación, esa liberación química en el cerebro que sienta tan bien cuando está ahí. Pero cuando desaparece, el adicto echa terriblemente de menos esa sensación y volverá a consumir sólo para volver a sentir esa buena sensación, a pesar de las consecuencias negativas. Podemos contemplar esa situación y saber que no es buena para el drogadicto.

Cuando las personas a las que queremos consumen drogas, es fácil sentarse y decir: "Deja las drogas, ve a rehabilitación. La liberación de dopamina que sientes cuando consumes drogas está teniendo consecuencias negativas en tu vida". Sin embargo, nadie nos advierte en la vida de la naturaleza altamente adictiva del sexo y el amor. Una vez que nos enganchamos y nos acostumbramos a esa sensación, a esa liberación de dopamina (sí, en nuestro cerebro se liberan las mismas sustancias químicas, ya sea sexo, amor o drogas), nos ponemos las gafas de color de rosa y tendemos a pasar por alto todas las señales de alarma. Nos olvidamos de nosotras mismas, olvidando asegurarnos de que, antes de lanzarnos de lleno a la drogadicción, primero determinamos si esa persona es realmente capaz de satisfacer nuestras necesidades o tiene los valores que buscamos.

Una vez que estamos enganchados, todo lo demás, lo más importante, parece tirarse por la ventana. Así, acabamos siendo adictos al amor, hasta que se nos pasa, y entonces volvemos a ser capaces de ver a la persona por lo que realmente es.

Ahora puedo mirar atrás y ver tantas banderas rojas que deberían haberme advertido de que no siguiera el camino que seguí con Dave. Tantos límites que dejé que ambos cruzáramos. Tantos indicios de que realmente no era capaz de ser la pareja que yo necesitaría para prosperar de verdad en una relación.

Asumo toda la responsabilidad de mi parte en que esto se convirtiera en una relación tóxica. Pero al menos fui capaz de identificarlo y evitar que me consumiera por completo. Sólo tenemos una vida que vivir. ¿Por qué vivirla en una relación tóxica de cualquier tipo?

La desintoxicación puede ser dolorosa

Después de que terminara mi última relación con Dave, juro que sentí como si estuviera sufriendo un síndrome de abstinencia importante. Aunque había tomado una decisión consciente e instintiva de dejar esa relación, mi cuerpo ansiaba tanto esa droga del amor. Sentía que mi corazón tenía un enorme agujero. Mi mente no dejaba de jugarme malas pasadas, haciéndome creer que de algún modo podría aceptar las cosas como eran y volver atrás. Me estaba desintoxicando igual que lo habría hecho de cualquier otra droga.

Pero la verdad era que Dave no me estaba mostrando amor de verdad, al menos no el tipo de amor que necesitaría para tener una relación comprometida con alguien con quien pensaba labrarme un futuro. Tuve que ver la realidad de lo que me estaba mostrando, y diciéndome, durante las pocas llamadas que mantuvimos tras la ruptura: que esa falta de amor era la realidad de nuestra relación. No mostró emoción alguna por la ruptura. Fue amable conmigo, sinceramente. Parecía como si hubiera estado tanteando, intentando ver si aún tenía mis sentimientos a su disposición para seguir jugando conmigo. Pero no me dio ningún indicio de que sintiera algo por mí, de que me echara de menos o de que realmente le importara. Tuve que decirme a mí misma que mi cuerpo sólo ansiaba esa liberación de dopamina que me producía estar "enamorada" y darle tanto amor. Pero el amor ni siquiera era real. Sólo era mi adicción a la descarga química. Una vez que me alejé, la verdad de lo que había allí era difícil de negar. No podía dejar de ver lo que observaba ni dejar de sentir lo que ahora sentía.

En aquel momento, decidí adquirir todo el conocimiento posible sobre mí misma y sobre la relación, y aprender todo lo que pudiera de ella. No quería que mis emociones me controlaran; quería comprenderlas plenamente, así como entender lo que había ocurrido realmente en esta relación. Empecé a escribir en un diario todos los días, investigué todo lo que pude en Internet, conseguí un entrenador de relaciones, leí y releí libros como *Attached* y *The Power of Now*. Me llevó más o menos un mes de búsqueda interior, introspección y dejar que mis sentimientos y emociones se abrieran paso a través de mí. Pero al otro lado, recuperé la paz. Recuperé mi poder. Me recuperé a mí misma.

> No quería que mis emociones me controlaran; quería comprenderlas plenamente, así como entender lo que realmente ocurrió en esta relación.

Superar lo de Dave fue una dura batalla que tardé meses en superar por completo. Pero maldita sea si no volví a sentirme alegre y productiva después de varias semanas. Nota al margen: tuve que bloquear todo contacto con él durante bastante tiempo, porque el contacto con él hacía que mi progreso se viniera abajo por completo. Pero seguí anteponiendo mis necesidades. Y valió la pena. Toda aquella ansiedad, estrés y energía mental negativa desaparecieron. Mi alma sintió la euforia que estaba tan acostumbrada a sentir antes de meterme en aquella situación tóxica. Hice absolutamente lo correcto para mí, y me doy una palmadita en la espalda por haber luchado tanto y haber ganado esa batalla para mí.

Aun así, por muy lógica que fuera, tuve que lidiar con mucho dolor durante meses después de la ruptura. Así funciona la adicción. Con el tiempo, el dolor del síndrome de abstinencia remitió. Pero tengo que decirte que, incluso ahora, pensar en Dave me produce un poco de excitación. Como la que sentirías al pensar en consumir una droga con la que te hubieras divertido alguna vez, pero que dejaste de consumir porque sabes que no era beneficiosa para tu vida.

Al igual que el consumo de drogas, la abstinencia de dopamina puede hacer que tu cerebro te juegue todo tipo de malas pasadas para intentar que te "sientas mejor" volviendo a consumir la droga. Por suerte, soy una persona fuerte y me mantuve fiel a mí misma y a lo que quería en la vida. Sobre el papel, Dave no era ninguna de las cosas que yo quería o necesitaba en una relación. Hacer esa evaluación de las "necesidades relacionales" me ayudó a ver claramente, en blanco y negro, que él nunca compartió mis valores relacionales. (Hablaré mucho más de los valores relacionales en la Parte VI).

Lo que sí me proporcionaba era mucha excitación, ansiedad y familiaridad. Sin embargo, ni siquiera estaba cerca de ser bueno para mí. Era una adicta, dispuesta a hacer todo tipo de cosas para mantener esta drogadicción, en mi propio sacrificio y detrimento, apartándome de mis objetivos individuales, y poniendo mucho de mí misma y de mis recursos en él en lugar de en mí misma, que era donde debía estar.

Cortar los lazos con mi padre

Como recordarás de capítulos anteriores, me enfrenté a mi padre cuando tenía catorce años. Después, básicamente no tuvo mucho que ver conmigo. Cuando me fui a vivir con mi madre, él y yo casi no teníamos contacto.

Cuando crecí y me convertí en una adulta normal y funcional, en madre y en empresaria, mi padre adoptó la rutina de llamarme una vez al año para saludarme, como hace ahora con sus otros cuatro hijos. Sus llamadas siempre me afectaban emocionalmente, recordando mi infancia, los juicios derivados de sus creencias políticas y religiosas, y una sensación general de sentirme pequeña, como si nunca pudiera ser yo misma con él, como si nunca me aceptaran por lo que era.

Un día decidió que me llamaría el día de mi cumpleaños, algo que nunca hacía, y llamó desde un número bloqueado. Cuando contesté al teléfono, me llevé una desagradable sorpresa y me desinflé al instante. Todos esos sentimientos negativos afloraron en mí, como siempre que él llamaba. Me sentí como aquella niña pequeña, incapaz de decir nada para protegerme.

Después de colgar, estaba muy triste y de muy mal humor. Entonces ese gran coraje que llevaba dentro salió de mi pecho. Mi diosa guerrera interior dijo: "Ya basta. Tengo que ponerme firme. Esta es mi vida y no voy a dejar que nadie me hunda así. Así que me dejé llevar por ese sentimiento y no lo cuestioné. Sentí que prefería saltar al fuego y hacer un cambio masivo que aceptar esta energía negativa en mi vida.

No tenía ni idea de lo que iba a decir ni de lo que quería como resultado, pero enseguida cogí el teléfono y marqué su número. Cuando contestó, le dije que cómo se atrevía a llamarme desde un número bloqueado para tenderme una emboscada. También le dije que me había fastidiado el cumpleaños y le pregunté cómo podía vivir haciéndome eso cuando no había forma alguna de que pudiera pensar, por el tono de mi voz durante la llamada, que me alegraba que me hubiera llamado o que estaba disfrutando de la conversación. Y de la forma típica, me dijo rotundamente: "No te preocupes, no volveré a llamarte". Y nunca lo hizo.

Estoy muy contenta de haberme defendido; hacerlo salvó el resto de mi cumpleaños, porque fue estimulante y liberador haber sido yo, mi auténtico yo.

La ligereza del ser

Obviamente, cualquier relación en la que no te digas a ti misma que sí, o en la que des demasiado, es tóxica. De hecho, la mayoría de las personas que conozco son muy conscientes de quiénes son las personas tóxicas en sus vidas. El Dr. Stan Kapuchinski llama a las personas de nuestra vida que nos hacen desgraciados "PDI", o "Individuos con Trastornos de la Personalidad". Según el Dr. Kapuchinski, todos tenemos un PDI en nuestra vida, y permitimos que se queden, por muy tóxicos que sean.

En su libro *Say Goodbye to Your PDI*, el Dr. Kapuchinski advierte: "Las PDI tienen expectativas como 'Nunca me critiques', 'Siempre estás ahí', 'Dame toda tu atención', 'Quítame todo el dolor', 'No te acerques', 'Estás aquí para servirme sólo a mí', y '¡Trátame siempre como extra especial!'". Kapuchinski subraya que nunca podremos complacer a una PDI, así que ¡basta de locuras!

Como aprendí de mis relaciones con Wendy, Dave y mi padre, lo que nos unía era una historia compartida. Creo que la historia es un factor muy importante de por qué tanta gente soporta a sus PDI. Era como si, como teníamos esta historia juntos, me sintiera obligada, incluso obligada, a mantener la conexión.

Sin embargo, después de cada una de estas rupturas con personas tóxicas, me sentía más ligera, más feliz y más alegre. En retrospectiva, puedo ver hasta qué punto esas relaciones tóxicas me habían estado lastrando energéticamente. No sé si habría llegado a conseguir tanto como he podido si esa energía siguiera creando tanta toxicidad en mi vida. Ya no tengo espacio para las relaciones tóxicas. He aprendido lo alegre que es mi vida cuando me libero de ellas. ¡No hay vuelta atrás!

SUGERENCIA PARA EL DIARIO

Desintoxicación

- Reflexiona y escribe las relaciones que tienes actualmente en tu vida y que te hunden en lugar de elevarte.
- ¿Por qué las mantienes en tu vida?
- ¿Qué pasaría si decidieras dejar de comunicarte con esas personas? ¿Las echarías de menos? ¿Tu vida sería mejor o peor si no estuvieran en tu vida?

Capítulo 15

¿Quién teme al gran temible límite?

> Las personas con poca capacidad para establecer límites son susceptibles a la presión de grupo y se acobardan fácilmente.
> — Henry Cloud y John Townsend, *Límites*

Realmente, ¿de qué hemos estado hablando en los capítulos anteriores? Decir que no, no desvirtuar tu alma, ponerte a ti misma en primer lugar, evitar las relaciones tóxicas... todo ello son actos de establecimiento de límites. ¿Te estremeces sólo de pensar en levantar algunos muros o vallas eléctricas alrededor de lo que consideras tu mayor prioridad: tú? Cuando se trata de poner límites, tenemos miedo. Hacerlo podría hacernos parecer insensibles, poco amables, egoístas.

El Dr. Henry Cloud y el Dr. John Townsend escribieron literalmente el libro sobre los límites, *Boundaries: When to Say Yes, How to Say No to Take Control of Your Life*. El libro ha vendido más de cuatro millones de ejemplares, así que podemos afirmar que no estamos solos en nuestra necesidad de ayuda para establecer límites.

Los autores nos piden que pensemos en los límites en sentido físico.[1] El entorno físico está definido por límites concretos, y hay varias explicaciones razonables para estos límites. Por ejemplo, una valla de alambre de espino puede rodear una central nuclear para proteger a la gente de entrar en zonas peligrosas.

Los límites son igual de importantes para la protección emocional y espiritual. Aunque quizá no sean tan claros como los límites físicos, los límites emocionales son igual de necesarios. Me encanta establecer el contexto de los límites físicos porque ayuda a mostrar que los límites son lógicos y no arbitrarios, que cuando establecemos nuestros propios límites emocionales, estamos siendo territoriales sobre nuestro bienestar y ayudando a los demás a ver dónde están sus límites, que suelen estar al otro lado de "la valla". Igual que dar a alguien su espacio personal es algo que todo entendemos, también debería serlo darle espacio emocional. Los límites se diseñan con fines de seguridad y bienestar, por lo que deberíamos sentirnos menos temerosos de los grandes y malos límites; de hecho, agradecidos.

Según Cloud y Townsend, es difícil establecer tus límites o discernir los de los demás porque no siempre es obvio cuándo debes hacerlos cumplir. Pero imponer tus límites no debería hacerte sentir mezquina; de hecho, a la larga te ayudará a sentirte mejor contigo misma. Poner límites es un acto de bondad.[2] Y según Iyanla Vanzant, es un acto de bondad hacia Dios: "Te pones en último lugar. Cómo te tratas a ti misma es cómo tratas a Dios. Así que pones a Dios en último lugar, porque tú eres el representante de Dios en tu vida".[3]

Cómo son los límites

Cuando la mayoría de la gente piensa en "establecer límites", piensa en límites físicos, como quién puede tocarte y de qué manera. Pero hay muchos otros tipos de límites que las personas pueden establecer. El libro de Cloud y Townsend me ha servido de inspiración. Los autores nos empujan a pensar fuera de la caja en cuanto a los límites que queremos ponernos a nosotras mismas. He aquí algunos de los elementos más inusuales de su lista de áreas en las que deberíamos considerar establecer límites:

- Palabras: por ejemplo, a qué decimos que sí y a qué decimos que no
- La verdad: ser honesta sobre quién eres y qué quieres
- Tiempo: tomar decisiones conscientes para dedicar tu tiempo a ti misma y a las personas que te valoran y respetan
- Distancia emocional: tomar espacio cuando lo necesites para aclarar tus ideas
- Consecuencias: asegurarte de que la gente sabe lo en serio que te tomas lo de protegerte y respetarte a ti misma
- Sentimientos: ser consciente de tus verdaderos sentimientos y responsabilizarte de ellos
- Recursos y dones: cómo y cuándo compartes (y no compartes) tu dinero, talentos y dones
- Pensamientos: poner límites a tus pensamientos y no dejar que se desboquen[4]

Para conocer otros límites que podríamos querer establecer, consulta el libro de Cloud y Townsend

Aprender a establecer límites

Como complaciente con la gente, no me gusta especialmente la confrontación; la idea de incomodar a los demás me crea ansiedad e incomodidad. Reflexionar sobre estos ejemplos de límites me llevó a considerar cuándo empecé a ejercer mis límites, aparte de negarme a vivir bajo las normas de mi padre y marcharme de casa a una edad temprana. ¿Cuándo fue mi primer acto consciente de defender mis límites?

Para explicar cómo surgió, necesito aportar algunos antecedentes. Durante los dos años que viví con mi madre, me dejó cartas horribles y psicológicamente abusivas para que volviera a casa. Sus golpes iban dirigidos intencionadamente a destrozarme el alma. Y lo consiguió. Yo era una niña increíblemente sensible que acababa de salir de un entorno cristiano muy protegido. Me habían arrojado a un hogar que era totalmente opuesto a cómo me habían criado. Lloré hasta quedarme dormida tantas noches que acabé insensibilizándome. Sus cartas abusivas me marcaron emocionalmente.

Después de dar tumbos de casa de vecinos a casa de amigos, a los diecisiete años me fui a vivir con mis abuelos maternos durante lo que resultó no ser ni un año entero. Fui la primera nieta de mi abuela y, como ya he escrito, ella fue la primera y única persona que me enseñó lo que es que alguien te muestre amor incondicional. Sin ella, nunca habría sabido lo que era eso. Me considero muy afortunada por haberla tenido a ella y a mi abuelo en mi vida.

Después de haber vivido con mis abuelos durante un mes más o menos, estábamos los tres sentados cenando. Mi abuela me estaba regañando (al menos eso es lo que pensaría un adolescente) por algo, y yo le contesté bruscamente, levantándole la voz y diciéndole que parara.

Al día siguiente recibí una carta mecanografiada de mi abuelo en la que básicamente me decía que había sido muy grosera con mi abuela, que no lo toleraría y que, por lo que a él respectaba, podía marcharme. La carta me golpeó duramente, desencadenando el trauma que había desarrollado al haber sido destinataria de las cartas abusivas de mi madre. De repente, mi único lugar seguro no me parecía estable, y yo necesitaba desesperadamente algo de estabilidad en mi vida. Y realmente necesitaba sentirme segura con mi abuelo.

Leí aquella carta una y otra vez y me di cuenta de que bajo las palabras había alguien que estaba dolido y molesto por mis acciones. Mi abuelo estaba expresando un límite que había establecido, que era que a él y a mi abuela había que hablarles con respeto. También me di cuenta de que probablemente no tenía ni idea del trauma por el que había pasado con mi madre, especialmente mi historia con sus cartas desagradables.

Así que reuní exactamente el mismo valor que había encontrado dentro de mí cuando me enfrenté a mi padre y decidí cambiar el curso del resultado de la carta de mi abuelo, así como mi reacción ante ella. Decidí hablar sobre mis propios límites.

Mi corazón se aceleró. Tuve que luchar contra todos los pensamientos de mi cabeza que me decían que debía ir a lo seguro y no agitar el barco. Sabía que no había vuelta atrás después de decir lo que pensaba. Ensayé bien lo que tenía que decirle antes de enfrentarme a él, para asegurarme de que cubría todas las cuestiones importantes, en lugar de tener un arrebato emocional.

Entré en el despacho de mi abuelo y le pregunté si podíamos hablar un momento, con la carta en la mano. Empecé diciéndole que sentía mucho haberle disgustado cuando le levanté la voz a mi abuela y que no volvería a hacerlo. Luego le pedí que me hiciera un favor: "Si alguna vez tienes algún problema conmigo en el futuro, ¿podrías planteármelo en persona?". Le expliqué lo doloroso que era para mí recibir una carta tan dura de la persona a la que amaba y que había quedado conmocionada por las cartas anteriores de mi madre.

Enseguida mi abuelo me dio las gracias por acudir a él para hablarle de mis sentimientos y me prometió que nunca volvería a escribirme cartas como ésa. También se disculpó por haberme hecho daño y por haber sido tan duro. Su respuesta alentó en mí una determinación de por vida para tomar conciencia de mis grandes límites y expresarlos de forma empática y tranquila (no reactiva), de modo que creara un cambio duradero en una relación. Al hacerlo, creé una relación más amorosa conmigo misma.

Crear límites en nuestra vida profesional

> A modo de anticipo de la Parte IV, ponernos a nosotras mismas en primer lugar y establecer límites también puede tener un profundo impacto en nuestra forma de avanzar en el mundo empresarial. Conocer mi valor y establecer límites que lo respalden me ha permitido convertir mi GED (equivalencia de secundaria) en toda una vida de éxito profesional, agallas implacables, perspicacia empresarial y libertad financiera. El siguiente capítulo profundiza en la importancia de conocer tu valor, en particular por qué es fundamental y a menudo se pasa por alto cuando se trata de la práctica de quererte más a ti misma.

Controlar tus límites

Me resulta difícil saber cuándo se cruzan mis límites y cómo defenderlos, incluso cuando sé lo que quiero que ocurra. Sospecho que muchas personas tienen dificultades en este aspecto.

Una técnica que utilizo para ser más consciente de mis límites y aprender a hacerlos respetar mejor es reflexionar sobre las situaciones en las que se cruzan mis límites. Cuando reflexiono y siento que no salí de la situación sintiéndome en mi poder, sino más bien desinflada, intento encontrar una forma mejor de afrontar una situación similar la próxima vez.

Por ejemplo, hace poco estaba en un restaurante con una amiga, sentadas en la barra, cuando un hombre al que conozco a través de conocidos comunes vino a sentarse junto a nosotras. También conocíamos a un par de personas más del establecimiento. Todos estábamos siendo muy amables, riéndonos y pasándolo muy bien. Entonces procedió a deslizar su mano por mi espalda, aunque muy brevemente, pero de un modo que era como lo haría un novio, como si intentara reclamar su derecho a los que nos rodeaban. No estaba flirteando con él en absoluto. Pero estaba siendo amistosa con él, al igual que todos los demás de nuestro grupo.

Después de que lo hiciera un par de veces, le dije: "Eh, límites, Bob. No soy tu novia, así que no me toques como si lo fuera". Pero lo dije amablemente y con una sonrisa. Se detuvo un momento. Pero no mucho después volvió a hacerlo. Mi mente trabajaba furiosamente preguntándome cómo manejar esto. El hombre no era un desconocido, y conoce a gente que yo conozco, y no quería que la situación fuera más incómoda. Este hombre acabó marchándose antes de que yo llegara a un punto en el que hubiera tenido que ser más contundente con mis palabras y acciones.

El hecho de que saliera de aquella situación sintiéndome un poco impotente me hizo sentir asqueada. Y cada vez que me siento un poco asqueada tras un encuentro con alguien, reflexiono sobre ello para intentar comprenderlo mejor. De lo que me di cuenta fue de que ser amable con los tipos agresivos no funciona. Debería haberle dicho con firmeza: "¡No me toques!". Eso habría enviado un mensaje muy claro, sobre todo a un traspasador de límites como era este tipo. Ahora, me refiero con humor a cualquier hombre que pone a prueba mis límites de forma bastante agresiva como un "Bob de los límites".

Conocía esa sensación "asquerosa" por mis experiencias de infancia. A los niños nos enseñaron a creer que no podíamos poner límites porque cualquier adulto de nuestras vidas podía traspasarlos cuando quisiera. Así que tuve que aprender a prestar atención y dar energía exactamente a cómo me sentía cada vez que no me sentía bien después de un encuentro con alguien.

Tienes derecho a tus límites

Establecer límites ha sido, y probablemente sigue siendo, uno de mis mayores retos. Por eso, cuando siento que resbalo y dejo mis límites vulnerables, recuerdo que tengo que hacer un esfuerzo consciente para ser consciente de mis límites y defenderlos, igual que cualquier pareja o padre cariñoso defendería a su ser querido. Cada vez que defiendo mis límites con éxito, me siento bastante fortalecida.

Cuanto más he prestado atención a los límites, más me desconcierta cómo se ponen a prueba constantemente en nuestra vida cotidiana. Por ejemplo, uno de mis ex novios me envió una vez un mensaje por las redes sociales, después de veinte años sin que tuviéramos contacto alguno. En el momento en que se puso en contacto conmigo, yo estaba saliendo con alguien. Así que, para asegurarme de que mi respuesta se interpretara como platónica, mencioné a mi nuevo novio. El ex y yo intercambiamos un par de mensajes benignos ese día: "¿Estás bien?". "Sí, todo va bien". Estupendo, parecía que habíamos cerrado el círculo de esa conversación.

Cuando me tendió la mano por primera vez, no me había parado a pensar en lo que realmente sentía por su intento de reconectar. Pero no volví a pensar mucho en ello, ya que sentía que el bucle de conversación había terminado y que probablemente sería el final durante otros veinte años o más, por lo que a mí respectaba.

Pero entonces, no mucho después de aquella interacción, hizo un comentario en una de mis cuentas de las redes sociales, como haría cualquiera de mis amigos y familiares. Cuando vi su comentario, lo que sentí en mi cuerpo fue como si alguien no invitado se inmiscuyera en mi espacio personal. Era sólo un comentario en una publicación, así que tenía la opción de ignorarlo. Pero tenía que ser sincera conmigo misma sobre esta sensación.

Mi antiguo yo no habría querido hacerle sentir mal, ni a él ni a nadie. Así que mi antiguo yo habría dejado que ocurriera y no habría hecho nada al respecto. Pero la yo de hoy sabe que tengo que proteger mis propios límites, defenderme y ponerme a mí misma en primer lugar en mi lista de prioridades.

Este ex había cruzado un límite y ahora necesitaba proteger mi espacio personal. Le envié una nota en la que le decía que no éramos "amigos" y que nunca lo habíamos sido. Le recordé que tuvimos una relación que terminó porque violó mi confianza y había sido bastante deshonesto conmigo a lo largo de nuestra tumultuosa relación. Le dejé claro que no tenía ningún interés en intentar fingir que era amiga de alguien de quien, para empezar, nunca lo había sido. Y entonces le desconecté.

Y punto. Mi verdad. Mi poder. ¡Me sentí genial!

Cuando se trata de límites, recuerda que es tu espacio. Tu cuerpo. Tus emociones. Tu vida. Tu energía. Protégelo todo como si tu vida dependiera de ello. Porque así es.

Capítulo 16

Ser dueño de toda tu historia

> Cuando negamos nuestra historia, ésta nos define. Cuando nos adueñamos de nuestra historia, podemos escribir el final.
> —Brené Brown, discurso en la Conferencia Interactiva South by Southwest, 2016

¿Por qué ocultamos quiénes somos? ¿Por qué es necesario que seamos actores en el escenario de nuestra propia vida? Nos ponemos sombreros, interpretamos papeles, decimos cosas que no pensamos y hacemos cosas para apaciguar a los demás. Nunca ha sido tan frecuente esconderse tras falsos pretextos como ahora. Las expectativas de lo que deberíamos haber conseguido a los treinta años; las respuestas que se espera que demos a determinados temas sociales; lo que podemos y no podemos decir sobre nuestras creencias políticas; nuestro aspecto, nuestra forma de comer, de comportarnos... todo está ahí fuera, en todos los medios y en todas las plataformas. Todo el mundo cree que tiene una historia que contar y que todos los demás deberían oírla. Así que publicamos, filtramos, creamos avatares; ofrecemos consejos no solicitados y opiniones desinformadas; reaccionamos y comparamos; nos gusta o no nos gusta; seguimos y eliminamos amigos. Es un poco desquiciante.

Creo que todos tenemos una historia que contar; por eso escribo este libro. Pero si lo que comparto no es la historia real, la historia completa, la buena, la mala y la fea, no creo que merezca la pena escucharla. Porque las historias filtradas no son reales. Lo sé porque me escondí detrás de una historia falsa, temerosa de revelar las partes de mí que estaba segura de que no encajaban en la norma (sea lo que sea lo que eso signifique), o que podrían exponerme como si no fuera suficientemente buena, menos que, un fraude. Mi verdad fue suprimida no por una historia inventada de quién era o por un montón de mentiras inventadas a propósito sobre mi pasado, sino por omisión. Se me dio bien. Inventar una verdad (también conocido como mentir) no está tan lejos de dejar partes solemnes de ti misma fuera de la historia. Tanto si te inventas una nueva historia que crees que colma las expectativas de los demás como si te dejas a ti misma fuera de tu verdad por completo, estás practicando dos pecados cardinales del amor propio: el auto-rechazo y el autoabandono.

Dejar ir la vergüenza

La vergüenza. *Qué asco*. Sólo de pronunciar la palabra me dan ganas de correr y esconderme. La vergüenza se define como "un sentimiento doloroso de humillación o angustia causado por la conciencia de un comportamiento incorrecto o insensato".[1] No es de extrañar que arruine vidas. Todos, en un momento u otro, nos hemos torturado y hemos ocultado nuestra vergüenza, intentando compensarla de formas que, en su mayoría, no son sanas, y metiendo los sentimientos y las experiencias en una caja, negándolos totalmente o, peor aún, adormeciéndolos (también de las formas más insanas de autoabandono).

La aclamada terapeuta matrimonial y familiar Dra. Nadine Macaluso está especializada en lo que se conoce como trauma relacional, reconocido por la Organización Mundial de la Salud como TEPT complejo (TEPT-C). Gran parte de su trabajo y su terapia se basan en la superación de la vergüenza, especialmente la que se desarrolla en la primera infancia como respuesta al abandono, la negligencia y el abuso de los padres.

Aprendo mucho sólo con las publicaciones de Instagram de la Dra. Nae, que recomiendo encarecidamente seguir. Ella describe la vergüenza como el sentimiento de que eres malo, estás roto o no eres digno de amor. "Conduce al miedo a ser visto", escribe en su blog. "De adultos, la vergüenza se manifiesta en sentimientos de soledad, impotencia, desesperanza, ansiedad y depresión. Los adultos experimentan vergüenza cuando rumian sus defectos personales, se centran en sus insuficiencias, creen que no son dignos de amor o no creen que puedan influir en su futuro. La vergüenza es un disyuntor de la alegría, el placer, la conexión y la vitalidad".[2]

Para muchas de nosotras, la vergüenza parece ser una parte aceptada de la vida. Tenemos miedo de que nos descubran por no ser suficientemente buenas —como si fuéramos un fraude en el mundo lleno de personas que lo han hecho todo bien, como si a nadie más en el mundo le hubiera pasado por cosas difíciles, hubiera tenido personas dañinas en su vida o hubiera cometido algún error de vez en cuando. O tomado una mala decisión. ¡Dios me libre!

Solía sentir un montón de vergüenza por el hecho de que el título más alto que poseo es un GED (equivalencia de secundaria). Fui brevemente a la universidad, pero nunca la terminé. La mayoría de mis amigos y compañeros tenían un título universitario, así que temía que mi falta de educación y mis experiencias universitarias similares me convirtieran en una intrusa o les hicieran creer que no estaba a la altura para estar con ellos. Lo más triste de esta suposición era que creía que mi vida y mi carrera no serían estupendas con "sólo" mi GED.

He aquí una cosa sobre evitar conversaciones y fingir todo el tiempo: es agotador. Y a veces el agotamiento hace que ondees la bandera blanca de la rendición, que puede ser lo mejor en determinadas situaciones. "Rendirse" significa dejar de luchar, y la propia palabra tiene mala fama. Mucha gente asume que rendirse es darse por vencido o claudicar, pero ése no es el tipo de rendición del que hablo. Cuando te rindes a una experiencia o emoción, dejas de intentar evitarla o controlarla. Dejé de tratar mi historia y mi verdad como mi matón y dejé de ser una víctima de ello. Fue un cambio de juego.

Normalmente, cuando alguien me preguntaba en qué universidad me había licenciado, eso me provocaba vergüenza, lo que hacía que intentara pasar por alto la pregunta respondiendo rápidamente con algo como "No terminé la universidad" y tratando de desviar el foco de atención con la esperanza de evitar que indagaran más en mi formación académica. Pero eso siempre me hacía sentir que estaba ocultando la verdad, que es que apenas fui a la universidad a la que asistí brevemente. Es más, apenas fui al instituto. Tuve tantos problemas en mi adolescencia que la escuela era lo último en lo que pensaba.

Pero un día decidí aceptar mi historia, y al final no tuve ningún reparo en decirle a la gente que no sólo no tenía un título universitario, sino que el título más alto que obtuve fue un GED. En lugar de esconderme de esta historia, la acepté plenamente porque es mía y es la única que tengo y que tendré jamás. Y ser más abierta sobre la verdad de mi historia eliminó cualquier sentimiento de vergüenza que hubiera sentido antes de abrazarla. Me ayudó a revitalizar mi contenedor de poder.

Cuando empecé a ser dueña de mi historia, empecé a ver el valor de lo mucho que había sobrevivido y logrado a pesar de mis circunstancias. Empecé a sentirme mucho más poderosa. Rendirme a mi realidad me ayudó a descubrir la singularidad y el poder de mi historia por primera vez, y no quería nada más que poseerla. Mi educación y las decisiones que tomé en mi viaje educativo forman parte de mí, y me quiero.

No me malinterpretes. Cuando conozco a alguien nuevo, no empiezo diciendo: "Hola, soy Jenna. Tengo el GED y ningún título universitario". Pero tampoco lo oculto. No cambio de tema si alguien me cuenta historias sobre los viejos tiempos en los partidos de fútbol americano en Clemson ni me siento intimidada cuando conozco a alguien con un máster o un doctorado. Cuando esta parte de mi historia es relevante en una conversación, ahora no tengo ninguna reserva a la hora de compartirla. Y cada vez que la comparto, me siento más orgullosa de mis logros. El éxito de mi carrera y de mi vida se debe a la falta de títulos, contactos o apoyo familiar. Créeme, eso me pertenece tanto como a una olímpica su medalla. Y como soy dueña de mi historia, no tiene absolutamente ningún poder sobre mí. En palabras de Marianne Williamson, "El momento de la rendición no es cuando la vida se acaba, es cuando empieza".[3]

La vergüenza es una creencia autolimitadora

Durante muchos años, pensé en mi GED como mi defecto, mi inadecuación, mi razón para no ser digna de amor y amistad o de conectar con aquellos "más educados" que yo. La Dra. Nae explica que cuando rumiamos como yo lo hacía, surgen afirmaciones basadas en la vergüenza como éstas

- No puedo relacionarme con la gente.
- Soy un fracaso.
- Nadie podría quererme.
- No me quieren.
- No puedo hacerlo.
- No creo en mí misma.
- No soy digna.
- No merezco cosas positivas.
- No puedo cometer errores.
- Tengo que ser perfecta (para que me quieran, acepten, etc.).
- No soy lo bastante buena; no soy suficiente.[4]

Participar en este parloteo negativo, interiorizar la vergüenza, permitir que nos defina y suprimir nuestras historias son ejemplos de lo que en círculos psicológicos se conoce como autoabandono. ¡Nadie habla de esto! Es tan enorme y tiene tanto sentido, sobre todo si intentas con todas tus fuerzas quererte a ti misma y no consigues averiguar cómo.

Según un artículo del sitio web de la Alianza Nacional de Enfermedades Mentales (NAMI), "Esencialmente, el autoabandono es cuando rechazas, suprimes o ignoras una parte de ti misma en tiempo real". Dicho de otro modo, "tienes una necesidad o un deseo que quieres satisfacer, y (a menudo en el acto) tomas la decisión de no satisfacerla".[5]

Valorar tu singularidad

En la Parte II, hablo del autosabotaje y de las cosas que hacemos que nos impiden querernos a nosotras mismas. Esencialmente, todas ellas son prácticas de autoabandono. Por ejemplo, acabas de llegar a casa de un día de trabajo, sintiéndote agotada, cuando te llama una amiga. Quieres darte un baño caliente y acostarte pronto, pero ella necesita que la escuches. Aceptas quedar con ella para tomar una copa y escuchar sus problemas, a pesar de tus planes originales de tomarte un tiempo tranquilo. O el saldo de tu tarjeta de crédito está por las nubes, y cuando tu hermano te pide que le dejes cincuenta, se los das, a pesar de que tienes que empezar a pagar tu propia deuda. O realmente quieres ser peluquero, pero tus amigos piensan que es un trabajo patético, así que decides matricularte en una universidad local, pagando la matrícula de un título desconocido. ¡Esto es autoabandono! Debemos dejar de abandonarnos a nosotras mismas dejando de abandonar nuestras propias historias. Eso significa que debemos eliminar cualquier vergüenza que rodee a esa historia. Una tarea difícil, sin duda.

Puede llevar años de terapia enfrentarse a la vergüenza y dejar de utilizar el autoabandono como mecanismo de afrontamiento, así que, por supuesto, recomiendo la terapia a cualquiera que se enfrente al mismo problema. En la entrada de su blog "La relación entre la vergüenza y el TEPT complejo" la Dra. Nae, superviviente de un trauma relacional y de la vergüenza, comparte algunos consejos sobre cómo empezar a abordar la vergüenza para poder cerrarle el paso para siempre. Para que se produzca el personal, nos insta a aceptarnos a nosotras mismas y a estar abiertos al cambio. Esta es la forma de generar amor propio y autovalidación. Necesitamos desarrollar una "identidad autoafirmativa", mediante la cual nos empoderemos para hacer nuestras todas nuestras imperfecciones y diferencias.[6]

"Aprende a valorar tu singularidad y tu diferencia: son cualidades inherentes que te distinguen y que debes reconocer y saborear", escribe el Dr. Nae. "La validación personal crea un sentido positivo y segura de una misma". Para ello, aconseja que construyamos un testigo interior robusto que pueda observar los pensamientos programados de nuestro crítico interior y elegir no creerlos. "Cultivar un testigo interior es la habilidad de estar presente en el momento", dice.[7]

Eckhart Tolle, en su libro *The Power of Now*, también habla de ser testigo de tus pensamientos para permanecer en la conciencia del momento presente. Creo mucho en el poder del momento presente. Mi viaje ha estado repleto de enseñanzas y prácticas de maestros del budismo zen, la atención plena y la meditación, todos los cuales enseñan a tomar conciencia en el presente, arraigados profundamente en el ahora. Cuando se trata de construir mi testigo interior, el que guarda y vigila el chat—ter negativo, el autoabandono y el autodesprecio que amenazan mi amor propio, he aprendido a calibrar mi energía de diversas maneras. Mi energía es mi guía, mi medicina y mi faro de fuerza cuando se trata de luchar contra la vergüenza. La vergüenza puede sentirse energéticamente en el cuerpo, por lo que estar en sintonía con tu energía es un componente fundamental para afrontar la vergüenza. Nuestra energía física puede darnos pistas y revelar nuestro grado de vergüenza, y puede ayudarnos a estar en contacto con ella en todo momento para intentar mitigar sus efectos sobre nosotros.

Bret Lyon, cocreador y codirector del Centro para la Curación de la Vergüenza, explica cómo afecta la vergüenza a nuestra salud emocional y física cuando escribe: "La vergüenza es una emoción vinculante, que se aferra e interfiere en el libre flujo de otras emociones, como la ira, el miedo y la pena". Trungpa Rimpoché sugiere que Energía + Historia = Emoción. La mayoría de las emociones tienen un ritmo y un camino de expresión naturales. Cuando se expresan plenamente, se libera energía. Podemos abandonar la historia y limitarnos a sentir la energía. Creo que las emociones son expresiones de nuestra energía vital. Sin embargo, si están atadas por la vergüenza, no pueden completarse".[8]

Daniel Siegel y otros han hablado de la importancia de tener una narrativa coherente, una historia que describa y explique lo que ha ocurrido en tu vida y le dé algún sentido. "La vergüenza es una narración coherente, increíblemente poderosa y convincente", dice Lyon. "Pasara lo que pasara, fue culpa mía".[9]

Queremos completar nuestra energía vital, ¿verdad? Igual que queremos que nuestra historia esté completa y no oculta o sobrecargada con el cáncer de la vergüenza. Comprendiendo los conceptos aquí expuestos, he podido calibrar mi energía para tomar el control de mi vergüenza y hacer de la posesión de mi historia una práctica continua de amor propio. Espero que estas ideas te resulten útiles y te inspiren para dar testimonio de tu propia vergüenza.

El poder de una historia fea

Puede que tú también tengas una herida o una lucha que permites que te defina de algún modo, ya influya en tus elecciones y decisiones, en el sistema de creencias que tienes o en las personas con las que te rodeas. Al reprimir las historias hirientes, siguen teniendo un control subconsciente sobre nosotros. Las interiorizamos. Se trata de un mecanismo de defensa natural para sobrevivir, no necesariamente al trauma en sí (aunque puede ser el caso), sino a la vergüenza que se desarrolla como consecuencia del trauma.

Ya se trate de abusos pasados, problemas de salud mental, adicción o un delito penal anterior, la vergüenza siempre está presente. Si intentas ocultar esas historias, al final acabarán poseyéndote, porque la vergüenza es un veneno insidioso que destruirá tu capacidad de amar a los demás, de permitir que los demás te amen y, sobre todo, de amarte a ti misma.

La única forma de adueñarnos de nuestras historias, de ver el valor de nuestras experiencias, errores y defectos, es superando la vergüenza. No debemos apropiarnos sólo de las buenas historias de nuestras vidas. Deberíamos adueñarnos de los fracasos, los remordimientos y las malas decisiones que hemos tomado o de las maldades que otros nos han infligido.

Me gustaría que pensaras en el poder que hay en cualquier parte de tu propia historia que sea fea. Sé que hay poder en las partes feas no sólo porque yo decidí ser dueña de mi historia y salir del victimismo, sino porque también he visto a muchas otras mujeres valientes mostrar su lado vulnerable. Y muchas de las que han sacado a la luz sus historias han sentido un impacto mucho mayor en sus vidas que el que sentí yo cuando fui dueña de mi historia. La franquicia de Bravo TV The Real Housewives es uno de mis placeres "culpables". Sígueme la corriente un momento. Algunas de las mujeres de este programa han podido utilizar su plataforma para liberarse de la vergüenza relacionada con sus circunstancias más traumáticas. En parte, mi decisión de compartir mi historia y mi viaje para quererme más a mí misma se inspiró en otras personas, incluidas algunas de las amas de casa, que experimentaron o revivieron traumas o humillaciones en el programa y contaron al mundo lo que les ocurrió, para reducir el estigma para el resto de nosotras.

- Bethenny Frankel, de *The Real Housewives of New York*, contó que tuvo una infancia traumática.
- Taylor Armstrong, de The Real Housewives of Beverly Hills, compartió su historia de maltrato doméstico.
- Elizabeth Lyn Vargas, de The Real Housewives of Orange County, compartió detalles sobre su infancia en una secta religiosa dirigida por su abuela, donde sufrió repetidos abusos sexuales.
- Kim Richards, de The Real Housewives of Beverly Hills, ha luchado abiertamente contra la adicción a las drogas.

¡Y eso es sólo una pequeña lista!

Estas mujeres de imagen perfecta dejaron de reprimir y fingir y mostraron al mundo que casi todas las personas, independientemente de su trayectoria vital, experimentan vergüenza. La normalizaron. Compartieron mi creencia de que dejar que la vergüenza te ate o liberarte —y liberar a los demás— es una elección. Estoy segura de que sabes qué opción he elegido para mi vida. Espero que hagas lo mismo con la tuya.

SUGERENCIA PARA EL DIARIO

¿Qué partes de tu historia has mantenido ocultas?

- Piensa y escribe cualquier historia que tengas que te haga sentir mal contigo misma y que no te sientas cómoda compartiendo con los demás.
- Escribe lo que crees que los demás pensarían de ti si conocieran esta historia.
- ¿Te ha frenado esta historia en tu vida de alguna manera? Escribe cómo.
- ¿Qué crees que ocurriría si empezaras a adueñarte de esta historia y recuperaras tu poder?

PARTE IV

El negocio del amor propio: transforma tu carrera, aumenta tu riqueza, sigue tu sueño empresarial

Tu autoestima determina tu valor neto.
—Suze Orman, publicación de Instagram, noviembre 6, 2018

Durante décadas, a las mujeres de negocios se las ha representado de todo, desde la secretaria obediente y de ojos muy abiertos al estilo Mad Men, pasando por la chica trabajadora de pelo grande a la que no hay que tomar en serio, hasta la solterona ejecutiva sin hijos y la reina de hielo que se come a su ayudante y viste de Prada. Abundan los estereotipos. Nos han dicho que "actuemos como hombres", y cuando lo hacemos, somos "zorras". Nos han enseñado a romper el techo de cristal, a bailar sobre él e incluso a hacerlo añicos para siempre. ¿Dónde estamos nosotras —la persona, el talento, el espíritu— en todo esto? El hiperesfuerzo y la concentración puestos en encajar, actuar "correctamente" y encontrar la persona adecuada cuando se trata de los aspectos empresariales de nuestras vidas (sí, gestionar un hogar y una cuenta corriente personal también es un negocio) es, en mi opinión, un completo autoabandono, que, como sabemos, no es amor propio.

Algunas mujeres utilizan el trabajo como forma de demostrar su valor, y eso tampoco es amor propio. Tampoco lo es lo siguiente:

- Estar endeudada, gastar demasiado o comprar cosas que no puedes permitirte para complacer o impresionar a los demás
- No tener ahorros suficientes para un fondo de emergencia de al menos seis meses
- Gastar demasiado en los demás (hijos, padres, amigos, filantropía) cuando no tienes tus propias finanzas en orden
- Depender demasiado de los demás para tener seguridad económica

Miedo, falta de confianza y abnegación; éstas son sólo algunas de las razones por las que las mujeres no prosiguen sus esfuerzos profesionales o se autoexcluyen antes de ascender en la cadena de mando. También son las razones por las que muchas mujeres viven por encima de sus posibilidades, sin dar prioridad a su bienestar económico. Quizá estén llenando un vacío gastando dinero o estén persiguiendo la perfección, invirtiendo en innumerables productos que prometen una nueva "realidad" para la mujer imperfecta.

Cuando te sientes bien, beneficias a todos los que te rodean. Cuando te sientes agobiada, mal pagada, con un trabajo sin futuro, sin tiempo ni energía para dedicarte a lo que te apasiona o crear tu propio negocio, endeudada, viviendo al día o gastando dinero frívolamente para estar a la altura de los Jones, invitas al estrés a tu vida. Esa energía gastada en dar vueltas en la cama y tomar demasiados martinis debe reasignarse a las reservas del amor propio. Si el amor propio fuera un banco, lamentarte por un jefe, vivir lamentándote por la empresa que nunca intentaste o por el óleo a medio pintar en el sótano te dejaría sin dinero en poco tiempo.

Esa energía gastada en dar vueltas en la cama y tomar demasiados martinis debe reasignarse a las reservas del amor propio.

No conozco a mucha gente que asocien el amor propio con el trabajo, el emprendimiento o el dominio de un programa de software financiero, pero para mí, dominar el aspecto empresarial de la propia vida es un acto no sólo de amor propio, sino de autorrespeto y autorrealización. Éste es el negocio del amor propio, y lo diseccionamos a lo largo de los capítulos siguientes. El Capítulo 17 trata del amor propio y las carreras profesionales; el Capítulo 18 habla del amor propio y la aptitud financiera. A veces corren paralelos, y otras veces se alimentan mutuamente como ríos.

Capítulo 17

¿Cuánto vales para tu empleador?

He conocido a muchas mujeres increíblemente inteligentes y capacitadas que eran mucho más eficaces en su trabajo que sus homólogos masculinos, pero que cobraban mucho menos porque no se valoraban a sí mismas. He conocido a mujeres capaces de ocupar puestos más altos que los suyos, pero que no conocían su valor y se conformaron con funciones de apoyo. Tú determinas tu valor. Los demás sólo reflejan el valor que tú te das a ti misma.

¿Por qué las mujeres restan importancia a su valor de forma natural, mientras que los hombres hacen lo contrario? Las razones podrían llenar una biblioteca de obras, pero las tres que más he encontrado en mi experiencia, y que están directamente relacionadas con nuestra capacidad de querernos a nosotras mismas, son las siguientes: falta de autopromoción, el dilema del felpudo (asumir tareas que nos limitan) y centrarse en las tareas equivocadas (no promocionables). Permíteme hacerte cuatro preguntas que te ayudarán a evitar estas trampas.

Pregunta 1: ¿Estás dispuesta a convertirte en una autopromotora?

Motivada por escapar del hogar de mi atormentador padre, tenía unas ganas increíbles de ganar mi propio dinero. A los catorce años, presenté una solicitud para trabajar en un restaurante de comida rápida, a pesar de que la edad mínima exigida era de quince años. Me llamaron para una entrevista. Al llevarme a la entrevista, mi padre me dio un consejo inestimable. "Es muy fácil conseguir el trabajo que quieras", me dijo. "Sólo tienes que ir con confianza y, en cuanto los conozcas, en esos primeros segundos, estréchales la mano con firmeza y mirarlos a los ojos". También me aconsejó que les hiciera preguntas, que les entrevistara tanto como ellos a mí. Es una táctica estupenda para mantener tu posición de autopoder cuando buscas un puesto.

Conseguí el trabajo. El refuerzo positivo inmediato me programó para abordar siempre un trabajo con total confianza, sabiendo que cómo me sentía respecto a mis capacidades y la confianza que transmitía marcarían la diferencia entre mi futura competencia y combatirían cualquier duda que me asaltara. También aprendí que, independientemente de los requisitos del puesto, mientras confiara en mi capacidad para realizarlo, no dejaría que mi falta de experiencia me impidiera ir a por él.

Esto no es la norma. Puede que hayas oído la estadística que hizo famosa Sheryl Sandberg en su libro *Lean In* y que se repite en *Confidence Code* y en artículos de prensa, que dice que los hombres solicitan un trabajo cuando reúnen sólo el 60% de las cualificaciones, pero las mujeres tienden a solicitarlo sólo si reúnen el 100% de ellas. Esto es indicativo del poder de nuestras creencias autolimitadoras. Las mujeres tienen la sensación de que tienen que cumplir el 100% de los requisitos del puesto antes de presentar su candidatura.

Gracias a las lecciones que aprendí a una edad temprana, pude avanzar en mi carrera más de lo que lo habría hecho de otro modo. Cuando busco un trabajo, en lugar de marcar casillas de requisitos (que a menudo incluyen un título universitario o, en el caso de mi primer trabajo, un requisito de edad), me imagino haciendo el trabajo o no. "¿Soy capaz?" sustituye a "¿Estoy cualificada?".

Aún no se sabe por qué las mujeres son reacias a la autopromoción. Podría deberse a las normas sociales o al miedo a ser percibidas como engreídas o altisonantes, o a que los roles de género nos han enseñado a no hacernos notar y a ser humildes. En una entrevista que hice a Stephanie Ritz, estratega profesional, en un episodio de mi serie de vídeos y podcast de YouTube *The Jenna Banks Show*, Stephanie dice: "Decir: 'Esto es lo que hice', para asegurarme de que los miembros clave del equipo sepan lo que estás haciendo, es realmente importante porque... esto es algo con lo que los hombres no tienen ningún problema: salir ahí y decir: 'Oye, yo hice esto. Dirigí este equipo. Conseguí este contrato'. Las mujeres no quieren parecer presumidas, no quieren ser las que excluyen a los demás".[1]

Independientemente de por qué lo hagamos, tenemos que dejar de hacerlo. Menospreciar nuestras capacidades y no arriesgarnos bloquea nuestra capacidad de amor propio. Lo peor de todo es que cuanto menos valoramos nuestros dones, menos creemos que existan. De hecho, podemos empezar a creernos nuestras propias mentiras: No somos suficientes, a pesar de los hechos que apuntan a lo contrario. Según un reciente documento de trabajo de la Oficina Nacional de Investigación Económica, las mujeres puntuaban sistemáticamente su rendimiento en un examen más bajo que los hombres, aunque ambos grupos obtuvieran la misma puntuación media.[2]

Por desgracia, nuestra determinación de amor propio se pone a prueba constantemente en el ámbito empresarial. Tengo una amiga que ahora trabaja como directora de distrito en una gran empresa pública. Gana más que muchos hombres que conozco. Vive en un precioso y caro rascacielos de la ciudad, con unas vistas increíbles de los rascacielos. No hace mucho tiempo, ella tenía un rango mucho más bajo. Llevaba años trabajando en esta empresa, trabajando muchas noches hasta tarde y fines de semana en nombre de su departamento para que la vieran como una "buena jugadora de equipo". Supuso que algún día sería recompensada por sus esfuerzos, pero ese día nunca llegó. En cambio, sus jefes fueron ascendidos por el buen trabajo que hacía "el departamento", y ella se dio cuenta de que no había sido más que un felpudo.

Finalmente, frustrada y agotada, convocó una reunión con recursos humanos, totalmente dispuesta a dimitir si no se le reconocía su trabajo con un título y un sueldo. En lugar de esperar a que le reconocieran su trabajo, como había estado haciendo hasta entonces, se puso en modo autoproclamación, enumerando y demostrando las diversas victorias que había conseguido para su departamento. Recursos Humanos no tenía ni idea. Llegó a aquella reunión dispuesta a renunciar si no iban a hacer algo al respecto. Hoy es muy respetada en su organización, la ascienden constantemente a puestos más importantes y casi ha llegado al escalón más alto de la empresa. Y pensar que todo lo que necesitó fue ese gran paso adelante por su parte para hablar y defender su valía, promocionarse y estar dispuesta a marcharse si no la valoraban tanto como ella se valoraba a sí misma.

Cuando tenía veinte años, me contrataron como directora de ventas y marketing de una empresa de productos de oficina, que dependía directamente del director general. El salario no era tan lucrativo como esperaba, pero valía la pena el cambio por el título y el nivel de oportunidades. Al cabo de un año, me di cuenta de que el alcance del trabajo superaba mi remuneración y, tras investigar un poco, descubrí que estaba mal pagada, casi el doble que nuestros competidores. En efecto, el conocimiento es poder. Podría haber permitido que mi falta de educación universitaria me hiciera sentir que debería haberme limitado a agradecer la oportunidad y aceptar lo que me daban. Pero eso habría sido una creencia limitadora autoimpuesta. En lugar de eso, me centré en todas las habilidades que aportaba. Convoqué una reunión con mi jefe, ensayando primero mis viñetas de negociación. Me alegro de haberlo hecho.

Algunas personas ven la negociación como un arte, y mi jefe sin duda era una de ellas. Yo veo la negociación como una oportunidad de comunicar tu valor a ti misma y a los demás. Puse el listón muy alto para un aumento salarial que estuviera más a la par con nuestros competidores, lo que se tradujo en un aumento salarial del 50% (justo lo que yo quería). Un antiguo jefe me había dicho: "Jenna, los empresarios siempre tienen dinero; sólo actúan como si no lo tuvieran". Desde que recibí ese consejo hace mucho tiempo, siempre lo he tenido presente a la hora de negociar. Su dinero no es asunto mío. Mi dinero es mi preocupación.

Pregunta 2: ¿Tienes valor para evitar el dilema del felpudo?

En el Capítulo 12, te cuento la historia de cómo no le hice un café al presidente de la empresa que estaba de visita en nuestras oficinas desde la India. Lo creas o no, asumir las tareas de anfitriona en el trabajo distorsiona la percepción que la empresa tiene de tu valor. Cuando intentas ganarte el respeto y conseguir ascensos, dedicarte a "tareas domésticas" en la oficina, sobre todo cuando te lo piden los hombres, puede perjudicar enormemente tu reputación y tu autoestima. Ayudar a servir la comida en la oficina, ir a buscar café para todos... son formas seguras de convertirte menos en una rompepuertas de la empresa y más en un felpudo. (¿Ves a hombres realizando estas actividades? No.)

No seas el felpudo de la oficina. No te lleva a ninguna parte y va en tu contra. En la edición de 2014 de su libro *Nice Girls Don't Get the Corner Office*, la coach ejecutiva Lois P. Frankel aconseja a las mujeres que, si el jefe hace la petición delante de un grupo, "practiquen decir de forma neutra y no emocional: "Creo que pasaré, ya que lo hice la última vez".[3] Esto te permite recordar al grupo, con suavidad, pero con firmeza, que tu tiempo —y tu valor— se está gestionando mal.

Pregunta 3: ¿Estás dispuesta a decir no a las tareas no promocionables?

Estar centrada es un rasgo encomiable, especialmente en el mundo de los negocios. Pero centrarse en las cosas equivocadas es el camino hacia el cubículo sin ventanas. Lo último que queremos es gastar nuestra energía en tareas que no van a mostrar nuestro potencial y que probablemente no sean las que nos acerquen a nuestros objetivos.

El número de 2017 de la revista American Economic Review publicó una investigación según la cual es más probable que las mujeres se ofrezcan voluntarias y se les pida que hagan tareas que no van a ayudarlas a ascender en sus carreras. El estudio modeló el coste personal de asumir una tarea que otros son reacios a hacer, como redactar un informe, formar parte de un comité o planificar una fiesta de vacaciones. Bajo la presión del tiempo, alguien tenía que ofrecerse voluntario para la tarea, o el grupo perdería dinero. Si nadie se ofrecía voluntario, cada persona cobraría $1. Pero si alguien se ofrecía voluntario, ese voluntario que salvaba el día recibía $1,25, mientras que los demás miembros del grupo recibían $2,00. Tras diez rondas, las mujeres tenían un 48% más de probabilidades que los hombres de ofrecerse voluntarias para una tarea que beneficiaría económicamente más al resto del grupo que a ellas. En general, los participantes por igual no se lanzaban como voluntarios, pero a medida que el reloj avanzaba, era más probable que una mujer tomara una por el equipo y realizara la tarea indeseable.[4]

¡Son estadísticas asombrosas! Hay momentos en la vida de todos en los que la abnegación es un gesto noble cuyos beneficios superan el coste para el individuo. Pero ser rutinariamente altruista en el trabajo a nuestra costa es un autosabotaje profesional. Si te interesa avanzar en tu carrera y crecer profesionalmente, tienes que practicar el amor propio, reduciendo al mínimo el número de tareas que asumes y que no te ayudarán a alcanzar el siguiente peldaño de la escalera.

Pregunta 4: ¿Puedes practicar la autocompasión en tu vida profesional?

La autocrítica y el autodesprecio crean barreras para el avance profesional de las que quizá ni siquiera seas consciente. Cuando estás centrada en ascender profesionalmente, es fácil dejar que el crítico interior ocupe el centro del escenario, diciéndote lo indigna o tonto que eres, en lugar de abrazar al animador interior que te felicita cuando haces un buen trabajo a lo largo del día.

El autoabandono en el mundo profesional se presenta de muchas formas, como centrarse en los momentos negativos y no celebrar los positivos. Encontramos poco tiempo para revisar las pequeñas victorias, hacer balance de lo bueno que hemos hecho en un día o considerar los reveses como oportunidades de aprendizaje. Pero sí nos centramos mucho en los ascensos pasados por alto, los pequeños pasos en falso o los resultados fallidos, y los interiorizamos hasta que nos condenamos al estatus de menos que cero. He tenido muchas amigas que sólo se valoraban a sí mismas si sus jefes o compañeros de trabajo les daban elogios externos. Recuerda: ¡La validación externa que alimenta nuestra brújula interna es un enorme saboteador del amor propio! Hemos hablado mucho de la autocompasión, y cuando se trata de nuestras carreras, aquí es donde la goma se encuentra con el camino. Los neurocientíficos han descubierto una relación directa entre la autocompasión, la resiliencia y el éxito. El Dr. Bryan Robinson, colaborador de Forbes y autor de #Chill: Turn Off Your Job, and Turn On Your Life, escribe: "El amor propio y las autoafirmaciones sirven como expansores cognitivos, permitiéndonos hablarnos a nosotras mismas del mismo modo que hablaríamos a otra persona, de modo que la voz del juicio no sea la única historia que nos contamos a nosotras mismas. Como resultado, el amor propio proporciona el combustible que mejora nuestro estado de ánimo, nuestro rendimiento laboral y nuestros logros.

Hago esto todo el tiempo y nunca supe que tuviera un nombre científico formal. Debido a la lectura que hago en la categoría de espiritualidad, reconozco esta práctica de autoafirmación como bondad amorosa, un principio budista que dirige la compasión y la benevolencia primero hacia una misma y luego hacia los demás. La monja budista estadounidense Pema Chödrön, en su libro *Cuando todo se derrumba*, llama a esto *maitri*, una palabra sánscrita que significa "bondad amorosa y una amistad incondicional con nosotras mismas". Cuando aspiramos a hacer un gran trabajo, ya sea en nuestro empleo, consiguiendo un ascenso profesional o creando nuestra propia empresa, hay formas de asegurarnos de que evocamos el poder del amor amable con nosotras mismas, potenciando nuestra valía y valor, haciendo que sea más probable que nos promocionemos en lugar de restarnos importancia.

Cuando se trata de mostrarme amabilidad amorosa mientras llevo puesta mi gorra de empresa, me gusta pensar con originalidad practicando algunas de las siguientes cosas:

- *Dejar constancia de mis logros.* Una forma tangible y práctica de hacerlo es añadir momentos productivos notables a mi currículum o a mi perfil en LinkedIn. En cuanto a nuestros currículos, tendemos a enumerar sólo los momentos destacados de nuestra carrera, como los títulos de los puestos o la creación de nuevas divisiones, pero ¿qué hay de los beneficios obtenidos este trimestre o las nuevas contrataciones que acabas de dirigir? Se trata de importantes valores añadidos que tendemos a olvidar si no los registramos cuando suceden. ¡Anótalos y siente esa oleada de amor propio!

- *Invertir en mi desarrollo profesional.* Ya lo he dicho antes, pero invertir en ti misma es clave para comunicar a tu espíritu que te quieres y que vales ese amor. Lo mismo ocurre con la inversión en el desarrollo de tus intereses. Ya se trate de un taller de verano para escritores, de un acto para establecer contactos por todo el país o de apuntarte por fin a un seminario con tu líder intelectual favorito, dedicar tiempo a mejorar tus conocimientos —y tus conexiones— no sólo rompe la monotonía, sino que te expone a nuevas ideas y nuevas facetas de lo que eres y te gustaría ser. Además, ¿cómo puedes esperar que otras personas —un empresario, un inversor empresarial— vean tu valía e inviertan en ti si ni siquiera estás dispuesta a gastar tu propio dinero invirtiendo en ti misma? Cuando inviertes en ti misma, refuerzas tu sentido de la confianza en ti misma y tu autoestima. Y ese valor interior brilla realmente en el mundo exterior.
- *Encuentra tu alegría en el trabajo.* Como nos enseña Anita Moorjani en su exitoso libro del New York Times *Dying to Be Me*, nuestro propósito en esta tierra es expresar quiénes somos, amar quiénes somos y divertirnos con la vida. El trabajo no debería sentirse como una sentencia de muerte. No me malinterpretes: incluso las personas que adoran su trabajo tienen días en los que sólo quieren dejarlo todo y vivir en una casita en algún lugar de las Montañas Rocosas. Después de un largo día, reflexiono sobre los diversos encuentros que he tenido: los intercambios de correos electrónicos, la comida que he comido, las reuniones a las que he asistido, el chiste que he oído, etcétera. Y luego escribo una lista (aunque sea breve) de los pequeños momentos de alegría que he sentido y experimentado. Esto es un gran salvavidas mental si te sientes atrapada en un trabajo sin futuro y te ves presionada a permanecer en él para llegar a fin de mes.

Defiende tu valor

Antes de tener mi propia empresa, conseguí un trabajo como directora de división en una empresa de productos de consumo. Se me encomendó la tarea de hacer crecer y gestionar mi departamento, que en el momento de mi contratación aportaba a la empresa unos 3 millones de dólares de ingresos anuales. Aunque el salario base era ínfimo, mi plan de retribución incluía un plan de primas muy incentivado. Como veía un enorme potencial de crecimiento en este mercado y confiaba en mis capacidades para lograrlo, acepté el paquete. El crecimiento no tardó en llegar, y empecé a ganar más dinero del que mis jefes habían previsto. Al cabo de un año, el equipo de dirección ejecutiva me dijo que tenían que revisar mi plan de compensación. ¡El viejo truco del cambiazo!

Le recordé al equipo que, si yo ganaba mucho dinero, ellos también. No les necesitaba; me quedaba sólo por la oportunidad económica. Si cambiaban mi plan, ya no tendría incentivos para quedarme. Cuando les conté esta verdad, no me puse emocional ni a la defensiva; era simplemente lo de siempre. Se trataba de dinero: para mí y para ellos. Se trataba de mantener y defender mi valía, un acto de amor propio.

Por supuesto, se echaron atrás y no volvieron a sacar el tema. Parte de la comunicación de tu valía es la voluntad de alejarte. Al igual que hizo mi amiga que trabaja para una empresa de la lista de Fortune 500, cuando fue a su departamento de recursos humanos aquel día crucial, yo estaba totalmente dispuesta a seguir adelante si estaban dispuestos a devaluarme y menospreciarme, por no hablar de insultar mi inteligencia intentando aprovecharse de mí.

Si hubiera aceptado la devaluación, ¿dónde estaría el límite? ¿Cuándo pararían? ¿Qué mensaje les habría enviado? Debes conocer y defender tu valor para que los demás sepan cómo tratarte. Primero tienes que valorarte a ti misma si quieres que los demás te valoren. Cuando dejé la empresa, mi departamento aportaba más de 12 millones de dólares de ingresos anuales. Y sé que mis habilidades y capacidades fueron las que ayudaron a que este crecimiento fructificara.

Todos queremos tener dignidad y que nos traten con dignidad, y he descubierto que nunca me he sentido más orgullosa y más digna que cuando he logrado la autosuficiencia, a veces en mi carrera, a veces en mis finanzas personales, a veces en ambas cosas a la vez. La relación entre el amor propio y la autosuficiencia es recíproca: Cuanto más amor propio tienes, más consigues; cuanto más consigues, más amor propio tienes.

SUGERENCIA PARA EL DIARIO

Preparándote para promocionarte

Ahora es un buen momento para comprobar cómo te sientes respecto a la solicitud de empleo y a la promoción personal.

- ¿Cómo has enfocado la solicitud de empleo o la promoción hasta ahora? ¿Te has eliminado de la lista de candidatos si no cumplías el 100% de los requisitos? ¿Sientes que tu trabajo y tus logros son bien conocidos en tu empresa?
- ¿Podría beneficiarse tu carrera de algo de autopromoción?
- ¿Cuáles son algunas de las cosas que has aprendido en este capítulo que podrías aplicar para servirte mejor a ti y a tu carrera?
- ¿Qué tareas no promocionables crees que sería bueno que dejaras de hacer en el trabajo?
- Cuando te sorprendes a ti misma menospreciándote por algo que hiciste o dejaste de hacer en el trabajo, ¿cuál sería una forma mejor de manejarte con tu diálogo interno?

Capítulo 18

Devolver lo bueno a las finanzas

Estar bien económicamente es muy beneficioso para tu bienestar y tu autoestima. Pero también es uno de los aspectos de nuestra vida más difíciles de controlar. Una encuesta realizada por Capital One en 2020 reveló que el 77% de los estadounidenses se sienten ansiosos por su situación financiera, el 58% creen que sus finanzas controlan sus vidas en lugar de ser ellos quienes controlan sus finanzas, y el 52% tienen dificultades para controlar sus preocupaciones por el dinero. Añade a esto la realidad de que las finanzas están a la cabeza de la mayoría de las complicaciones entre parejas y, para demasiadas personas, son una fuente de autoestima.

En un mundo en el que es más probable que preguntemos a un desconocido en una fiesta "¿A qué te dedicas?" que "¿Cuáles son tus intereses?", es difícil no envolver nuestra autoestima en cuánto dinero ganamos, el coche que conducimos o la cantidad de ahorros en nuestras cuentas individuales. Puede que el dinero sea la raíz de todos los males, pero también es la podadora que arrasa con las flores de nuestro amor propio. Tanto si perseguimos el dinero para validar nuestra propia valía, como si lo gastamos para probarnos ante los demás o vivimos por encima de nuestras posibilidades para mantener a nuestras familias (por ejemplo, ahorrando para la universidad de los niños que no podemos permitirnos, comprando todo de lujo y de marca porque es lo habitual en nuestra ciudad, haciendo vacaciones caras porque "nos lo merecemos" o comprando productos que creemos que compensarán nuestras imperfecciones y carencias), estamos utilizando el dinero como un velo. Aunque tengamos la sensación de estar llenando nuestro banco de billetes, estamos perdiendo los únicos fondos que pueden sostenernos de verdad: los de nuestro banco de amor propio.

Crear una nueva relación con nosotras mismas en nuestro viaje hacia el amor propio requiere que creemos una nueva relación con nuestras finanzas y que transformemos la forma en que vemos el propósito del dinero en primer lugar.

No seas víctima del autosabotaje financiero

Una definición general de aptitud financiera es tener el dinero que necesitas, cuando lo necesitas. En el blog *Broke Generation*[2] encontré un debate sobre las formas en que la falta de amor propio puede obstaculizar nuestra capacidad de llegar a ser financieramente aptos. He aquí mi interpretación de varias ideas que realmente resonaron en mí:

- *Gastar para sentirse mejor*: Algunas personas toman Cherry Garcia en un mal día; otras se echan la manta a la cabeza y se ponen a ver 90 Day Fiancé. Otros se van de compras por Internet. Se trata de autocalmarse y, oye, ocurre. Perdónate y haz un esfuerzo consciente para detenerte en el momento, reconocer lo que estás haciendo y llamar a un amigo. Lo que debes hacer, en cambio, es mostrarte amorosa y compasiva contigo misma. En el fondo, sabes que el subidón de dopamina que te dará la próxima compra acabará en una espiral de vergüenza cuando te llame el cobrador.
- *Gasto inconsciente que es autosabotaje*: podría escribir un libro sólo sobre este tema. Empezamos a avanzar y, de repente, hacemos algo que nos hace retroceder y no nos damos cuenta hasta que

es demasiado tarde. Es como si tuviéramos miedo de lo que ocurriría si realmente tuviéramos éxito.

- *Comprar para impresionar o copiar a los demás*: Quien diga sí a Pellegrino cuando el agua del grifo está bien, esto es para ti. Eres suficiente sin etiquetas ni pagar la cuenta. Lo único que veo es falta de amor propio cuando me encuentro con alguien que lleva un bolso Louis Vuitton mientras se queja de estar endeudado con la tarjeta de crédito. Sé consciente cuando busques validación y aceptación a través del gasto.
- *No nos creemos merecedoras de la independencia económica*: Nos decimos a nosotras mismas que no estamos hechas para ser uno de las "ricas" del mundo, y esa mentalidad se convierte en gastar habitualmente y actúa como una profecía autocumplida. Si crees que no eres digna de vivir como "los demás" porque obtuviste un GED en lugar de un doctorado, o te estás recuperando de una adicción, o sigues creyendo cosas que te dijeron tus padres cuando eras joven, ¡entiende que nada de eso que te dices a ti misma existe en la realidad! Eres merecedora porque eres un alma que vive en esta tierra, y puedes y debes hacer todo lo posible para convertirte en una gastadora y ahorradora responsable.

Superar este tipo de pensamiento no es fácil. Cuando tenía veinte años, no me preocupaba mucho de mis finanzas. Obtuve límites de crédito decentes en mis tarjetas de crédito y los utilizaba cuando quería ir de compras. Me encontré ahogada por las deudas de las tarjetas de crédito y el pago de un coche que superaba con creces mi sueldo, junto con otras formas de compras gratuitas. Me sentía asfixiada por el estrés monetario diario. Al final, para salvar mi bienestar mental, me declaré en quiebra con sólo veintisiete años. Es imposible sentirte en posesión de tu poder con este tipo de estrés monetario constante lastrando tu energía. En lugar de poseer nuestro poder, ¡lo estamos debiendo por todas partes!

Rendirme a la quiebra fue humillante e increíblemente aliviador. Acepté que iba a pagar un precio muy alto, con un enorme impacto en mi puntuación crediticia durante muchos años, además de la imposibilidad de volver a pedir préstamos fácilmente en el futuro. Seguí siendo responsable de mis actos y luché con todas mis fuerzas para no hacerme la víctima. Arrastrarme desde cero fue una tarea en la que decidí concentrar mi energía conscientemente, al tiempo que rechazaba la vergüenza que intentaba filtrarse en mi reserva de amor propio, o contenedor de poder. Me interesé por cómo ponerme al volante de mi vida financiera. Quería estar en forma desde el punto de vista financiero. Afortunadamente, descubrí los libros y vídeos de Suze Orman, asesora financiera de fama mundial, y me propuse conseguir una buena salud financiera y, con el tiempo, la riqueza.

Asumir la responsabilidad financiera por los demás

Ser cuidadora es una responsabilidad que la mayoría de nosotras no podemos evitar. Desde el coste de criar a niños pequeños hasta cuidar de padres ancianos o llevar a los hijos a la universidad, muchos de nosotros, en algún momento de nuestras vidas, tendremos a alguien que dependa de nosotras. Esto puede ser tan gravoso para nuestra capacidad de amor propio que he dedicado un capítulo entero al cuidado de otras personas. Pero parte del cuidado de los demás consiste a veces en asumir también la responsabilidad financiera por ellos, y eso no sólo puede ser estresante, sino que también puede dar lugar a gastar mal por todas las razones equivocadas.

Cuando te estresas económicamente para que tus hijos vayan a la escuela privada, a la universidad, a actividades deportivas excesivas, o das dinero a los miembros de tu familia cuando te estresa económicamente, no te estás haciendo ningún favor. Todos los que te rodean se benefician cuando tu energía es fuerte. Tienes que ponerte a ti misma y a tu salud financiera en primer lugar. Sólo entonces podrás proporcionar una base sólida desde la que dar amor a los demás, incluidos tus hijos.

Como madre que soy, recuerdo la obsesión rayana en la obsesión que muchos otros padres tenían por la universidad. No hace falta que te hable de la locura que evoca en las personas más cuerdas el ingreso de sus hijos en la universidad. Pensaba que la corrupción de alto nivel de los actores de Hollywood que cometen fraude y soborno para asegurarse de que sus hijos acceden a la universidad "adecuada" sería una llamada de atención, pero aun así hay personas en todo el país que se endeudan de forma insuperable —el tipo de deuda que les enterrará de por vida— para que sus hijos tengan una oportunidad, no sólo de acceder a la universidad, sino a la "adecuada".

Suze Orman, con su estilo característico, echa en cara a los padres sus tonterías. Al comentar una encuesta de T. Rowe Price según la cual el 68% de los padres en general y el 75% de los millennials pensaban que ahorrar para la universidad de sus hijos era una prioridad más importante que ahorrar para su propia jubilación, escribió: "¿Están locos? A los 20 y 30 años es cuando ahorrar [para] la jubilación te da una gran ventaja: décadas en las que tu dinero puede crecer. Esperar hasta los 40 para tomarte en serio el ahorro para la jubilación significa perder muchos años valiosos de crecimiento compuesto".[3]

De la locura financiera a la aptitud financiera y a la libertad financiera: Mi viaje empresarial

Tenía que dejar de mentirme a mí misma. Tenía que dejar de utilizar el dinero para llenar vacíos, para demostrar cosas sobre mí misma, para hacer amigos, para cubrir carencias, para sentir que era "suficiente". Necesitaba quererme más a mí misma: más que la validación externa, más que las falsas pretensiones y mucho más que los subidones fugaces que sentía cuando gastaba dinero que no tenía o gastaba dinero que tenía, pero *lo gastaba por las razones equivocadas*. Una vez que lo hice, mi vida no sólo dio un giro, sino que alcanzó un punto de inflexión que nunca soñé que fuera posible. Activar el negocio del amor propio en mis finanzas personales se correlacionó directamente con mi trayectoria profesional. Por eso estos dos temas se tratan a lo largo de este capítulo. Llegará un momento en que se cruzarán y se alimentarán mutuamente como ríos, porque, entre otros lugares, la autoestima y la confianza provienen de la independencia financiera, y ésta abre caminos y oportunidades que nuestra recién descubierta confianza puede aprovechar.

Después de la bancarrota, me propuse como juego mental ver cuántos puntos podía conseguir que subiera mi puntuación crediticia basándome en las nuevas decisiones de auto empoderamiento y amor propio que tomaba con respecto a mi dinero. Sabía que llevaría tiempo, pero mi objetivo era estar en una posición en la que pudiera empezar a comprar propiedades y a aumentar mi riqueza.

Empecé a ahorrar, asegurándome de tener siempre un fondo de emergencia para seis meses en una cuenta de ahorros. El mero hecho de saber que tenía un colchón de seguridad aliviaba mi estrés monetario. Esto liberó mucha energía y me liberó de la energía negativa que me mantenía cautiva.

> Activar el negocio del amor propio en mis finanzas personales se correlacionó directamente con mi trayectoria profesional.

Pasé a ahorrar aún más, guardando mi dinero en una cuenta que pagara un tipo de interés decente para que mi dinero pudiera ganar dinero. Aproveché la opción 401(k) de mi empleador, invirtiendo tanto de mi sueldo como podía permitirme y asegurándome de obtener hasta el último céntimo de sus opciones de aportación. Presté atención a las inversiones de mi 401(k) y me interesé por las acciones, los fondos cotizados y los fondos de inversión que funcionaban bien. Prometí no volver a pagar intereses por las tarjetas de crédito y cambié el guion para asegurarme de que, en lugar de eso, me pagarían intereses por mi dinero y obtendría recompensas en efectivo por las tarjetas de crédito que pagara todos los meses. Cada paso financiero fortalecedor que daba me hacía sentir bien conmigo misma, lo que se traducía en una mayor confianza y autoestima. A medida que crecía mi autoestima, también lo hacía, como dice Suze Orman, mi patrimonio neto.

Con el tiempo, pude comprar dos propiedades en Atlanta, que convertí en propiedades Airbnb, ambas con beneficios cada mes, todo ello mientras aumentaba mi patrimonio neto y mi riqueza. A medida que aumentaban mis ahorros, tenía más libertad con respecto a mi trabajo, donde vivía y cómo podía pasar el tiempo. Ya sin las ataduras de las deudas, pude dejar mi apartamento de alquiler controlado en Santa Mónica después de diecisiete años y aventurarme en la zona de la bahía de San Francisco. Como tenía libertad para recorrer el país, pude dejar mi cómodo trabajo en una empresa y montar mi propio negocio. Sin tener ahorros en los que apoyarme, nunca habría podido dar ese salto de fe.

Vender el espíritu de la marca

Cuando dejé mi seguro trabajo corporativo cerca de la ciudad en la que había vivido casi toda mi vida adulta, no tenía ni idea de lo que iba a hacer. Pero sólo sabía que no me sentía bien en mi cuerpo cuando estaba en el trabajo. Me sentía tóxica. Tenía una sensación realmente intranquila, como si algo no fuera bien, y había llegado el momento de hacer un cambio importante en mi vida. Sinceramente, poco después de dejarlo, la vida no era bonita. Durante aproximadamente un mes, estuve deprimida y luego preocupada y ansiosa. Me di un tiempo para pensar, curarme y sentarme con mi miedo. Estaba bien, confiaba en mi instinto, pero no te diré que no tuve ataques de pánico. Tras hacer examen de conciencia y permitir que el ruido de mi cabeza saliera de mi mente y mi cuerpo, me sentí despejada. Decidí que volvería a intentar montar mi propio negocio.

Mi objetivo era sentirme bien, amar lo que hacía por trabajo y vivir la vida que quería vivir.

Antes había tenido mi propia empresa, vendiendo productos promocionales a clientes de la industria del entretenimiento, trabajando para estudios de cine y televisión como Sony Pictures, Paramount y USA Network. Y me encantaba hacerlo. Antes de eso, fui socia de una empresa de juegos de mesa que cofundé. Uno de nuestros mayores logros fue conseguir un acuerdo de licencia para nuestro juego que dio lugar a que se fabricaran millones de unidades para las comidas infantiles de Arby's y se incluyeran en ellas.

Toda mi experiencia empresarial me resultó increíblemente valiosa, así que ya sabía lo que era poner en marcha un negocio desde cero. Y ya tenía mucha experiencia en el negocio de los productos de marketing (productos promocionales). Pero tenía la idea de hacerlo de otra manera. Antes de crear mi empresa en 2012, la mayoría de las empresas que vendían productos de marketing lo hacían a la antigua. Empleaban a representantes de ventas que tenían una base de clientes con los que se reunían en persona, llevándolos a almuerzos y conduciéndoles a sus oficinas para las reuniones.

Mi corazonada era que los ocupados directivos millennials no querían salir de su oficina para comprar productos de marketing. Las tendencias de venta se estaban trasladando a Internet, así que creé un sitio web y aprendí las últimas prácticas de marketing online. Mi primer cliente fue NASDAQ. El cambio a Internet hizo que mi negocio fuera nacional en lugar de regional y permitió un contacto más activo y la creación de relaciones a través de correos electrónicos, contenidos web, blogs y redes sociales.

Durante los primeros años de funcionamiento del negocio, lo hice a toda máquina, trabajando en gran medida por mi cuenta. Pero empecé a sentirme un poco agotada después de trabajar muchas horas al día y los fines de semana. Así que me propuse crear un equipo de apoyo asequible. Las ventas crecieron muy bien cada año mientras yo empezaba a trabajar cada vez menos en el negocio, confiando en mi equipo para la mayoría de las tareas empresariales diarias. El nuevo tiempo libre me permitió ir a explorar el mundo y viajar más de lo que lo había hecho en el pasado.

En 2019, me pidieron que fuera ponente invitada en una convención de marketing B2B en Los Ángeles. Nunca había sido ponente y siempre he tenido un gran miedo a hablar en público. Decidí decir que sí y preocuparme por cómo me enfrentaría a ese miedo cuando llegara el momento. Poco después de esa oferta de orador, recibí una postal por correo en la que me invitaban a un seminario sobre cómo vender tu negocio. Realmente no había pensado en vender mi negocio en aquel momento, pero como siempre he invertido en mí misma y sentía que éste sería un tema que me enriquecería, fui al seminario. Me alegro mucho de haberlo hecho, porque me despertó la curiosidad sobre el valor de mi empresa. La primera llamada que hice fue a una agente de negocios, Lisa, que valoró mi empresa en unos $320.000, basándose en las normas bancarias actuales de la SBA. Como precio de catálogo, no me parecía aceptable, sobre todo porque el negocio se había convertido prácticamente en un ingreso pasivo para mí y crecía a un ritmo constante año tras año.

Sabiendo lo que sé sobre negociación, y con la firme convicción de mi valor y mi valía, así como la información recién adquirida que recibí en aquel seminario, le dije a Lisa que aceptaría una oferta no inferior a $500.000. Ésa era mi cifra mágica para dejar marchar a mi bebé, porque me daría una gran oportunidad de estirarme de nuevas maneras y empujarme en nuevas direcciones.

Llevaba un tiempo sumida en la rutina y sin sentirme desafiada. Me gusta superar mis límites, vivir la vida al máximo y optimizar todo mi potencial. Pero en ese momento no sentía que me estuviera desafiando a mí misma, sino que me estaba surfeando la ola que yo misma había construido.

Mi empresa no tenía activos físicos: ni inventario, ni oficina, ni equipos. Si vendía la empresa por $500.000, tendría dinero en el bolsillo. Pensé que, si la vida me daba la oportunidad de hacerme con medio millón de dólares, lo tomaría como una señal de que me esperaba algo más.

Ya había estado pensando en escribir este libro e inspirar a otros hablando en público. Me convertí en una participante activa para ayudar en el lanzamiento de Lisa. Me centré en las empresas que sabía que encontrarían valor en adquirir la mía y pedí a Lisa que las solicitara. Y le dije estrictamente que el precio no era negociable.

Lisa era la intermediaria empresarial ideal con la que trabajar. Consiguió muchos interesados muy rápidamente. Pero saber que yo no era negociable le permitió eliminar a muchos prospectos. Aproximadamente un mes después, Lisa recibió la llamada de un interesado de Carolina del Sur. El posible cliente ya tenía una empresa familiar en el mismo sector y le impresionaron y animaron mis números, mis estados de pérdidas y ganancias y la rentabilidad general de la empresa. Tenía una oficina, con empleados caros, mientras que mi modelo virtual podría llevarle hacia el futuro.

Se ofreció a pagar el precio que pedía y, como no había ningún préstamo bancario de por medio, no tuvimos que enfrentarnos a ningún escrutinio bancario sobre la valoración. Para mí, era una señal de que estaba en el camino que debía seguir. El comprador era un gran tipo, un gran padre de familia, una persona muy íntegra y con la que era un placer hacer negocios, y me valoraba mucho a mí y a mi negocio.

Acepté la oferta.

Antes de cerrar la venta, fui a la conferencia en la que iba a ser ponente invitada. Para mi agradable sorpresa, no tuve ningún miedo escénico y realicé mi presentación sin problemas. Lo que fue aún más inspirador fue mirar a los ojos de la gente del público y ver cómo les afectaba lo que yo contaba. Vi cabezas que asentían y sonrisas por todas partes. Fue inspirador e instructivo. Conocí una versión de mí misma que no había conocido antes. Después de la presentación, la gente se acercó al stand para decirme lo mucho que resonó mi charla.

Fue un momento crucial para mí. Superé un miedo tan grande al subirme al escenario, y lo vencí. No es que no estuviera nerviosa, pero aproveché esa energía nerviosa y me mantuve arraigada en la fe de que estaba bien preparada. Me encantó la inyección de energía que recibí al estar en el escenario, creer en mí misma y en mi mensaje, y compartir la motivación para inspirar a los demás. Esto me demostró que podría hacer más de lo mismo en mi futuro.

En ese momento, ya estaba en proceso de cierre para la venta de mi negocio y faltaban sólo un par de semanas para el cierre definitivo. Es increíble recordar el momento en que se produjo mi primera oportunidad de hablar en público y la inesperada venta de mi empresa.

Fue tan hermoso y universalmente armonioso. Sabía en mis entrañas que era lo correcto.

Tu dinero, tu control

Quiero mucho a mi abuela. Como ya he escrito antes, es el único miembro de la familia que estuvo realmente a mi lado cuando era más joven. A ella y a mi abuelo les fue bastante bien; ambos tenían ingresos, vivían frugalmente y ella invertía su dinero con prudencia, aunque con cautela. También era bastante generosa con el dinero cuando se trataba de miembros de su familia (mi abuela controlaba los hilos de la bolsa). Como éramos bastante pobres cuando yo era pequeña, si no hubiera sido por ella, nunca habría tenido aparato de ortodoncia, ni gafas cuando las necesitaba, ni ropa nueva en vez de ropa usada, e incluso me ayudó a comprar mi primer coche.

Pagaba la educación universitaria de sus hijos y nietos, enviaba un buen cheque a cada miembro de la familia por cada cumpleaños o cualquier otra ocasión de celebración, y se hacía cargo de las facturas para viajar y visitar a sus queridos familiares, pagando hoteles, cenas familiares y cosas por el estilo.

Pero cuando me hice mayor y pude cuidar de mí misma, ella siguió queriendo ser esa fuente de apoyo financiero para mí. Yo, naturalmente, lo rechazaba porque nunca quise que un desequilibrio de poder interfiriera en nuestra relación. Me di cuenta de que quienes aceptaban su generosidad a veces también sentían cierto resentimiento hacia ella, como si inconscientemente pensaran que su dinero le daba derecho a algún tipo de poder sobre ellos. Presté mucha atención a lo que consideraba un patrón de relación tóxico y simplemente me negué a participar. Eso obligó a mi abuela a tener conmigo un nivel de respeto que no tenía con muchos de los demás miembros de la familia. Nuestra relación acabó siendo la más estrecha porque era real, honesta y no se basaba en un desequilibrio de poder. Ninguna cantidad de dinero habría bastado para sustituir la valiosa relación que pude forjar con ella.

SUGERENCIA PARA EL DIARIO

¿Cuál es tu relación con el dinero?

Haz un inventario de tus finanzas personales y comprueba dónde te encuentras en relación con la consecución de tus objetivos financieros.

- ¿Cuáles son tus objetivos económicos actuales?
- ¿Cómo vas por el buen camino para alcanzar tus objetivos financieros?
- ¿En qué aspectos podrías mejorar para alcanzar tus objetivos financieros?
- Si tienes estrés financiero, ¿qué crees que podrías hacer para empezar a eliminarlo?

¿En qué medida priorizas el ahorro para tu jubilación y tus propias necesidades económicas frente al ahorro para la universidad de tus hijos o la ayuda económica a los demás?

PARTE V

El equilibrio entre cuidar de ti misma y cuidar de los demás

Cuidar adopta muchas formas: desde ayudar a familiares y amigos mayores, discapacitados o enfermos, hasta atender las necesidades de una familia joven. Muchas de nosotras ni siquiera nos consideramos cuidadoras y, por tanto, no reconocemos la validez o la necesidad de comprobar nuestras propias necesidades y estados de ánimo. Negar nuestro papel de cuidadores es una pendiente resbaladiza hacia el agotamiento, el estrés y la incapacidad de equilibrar nuestras vidas.

Aunque la definición formal de cuidador suele referirse a las personas que prestan cuidados a seres queridos ancianos o enfermos/discapacitados, yo utilizo el término para abarcar todas las formas de cuidado y apoyo a cualquier persona que se considere dependiente, incluidas:

- Los 85 millones de madres de Estados Unidos
- Casi la mitad (47%) de los adultos de entre cuarenta y cincuenta años que tienen un progenitor de sesenta y cinco años o más y crían a un hijo pequeño o mantienen económicamente a un hijo adulto (de dieciocho años o más).

- Los que cuidan de los 41 millones de estadounidenses de cinco años o más que tienen necesidades especiales

Además, según Family Caregiver Alliance, "unos 44 millones de estadounidenses prestan cada año 37.000 millones de horas de cuidados "informales" no remunerados a familiares y amigos adultos con enfermedades o afecciones crónicas. Los cuidadores familiares, sobre todo las mujeres, proporcionan más del 75% de los cuidados en Estados Unidos".

Todos hemos oído decir a las azafatas de vuelo que "tomen primero el oxígeno". Por ese mismo principio he querido dedicar varios capítulos a la relación entre el cuidado de los demás y el amor propio. Según mi experiencia, cuanto más amor propio practicaba, mejor cuidadora me volvía; cuanto mejor cuidadora, más amor propio experimentaba.

El Capítulo 19 es un debate general sobre el cuidado de una misma y de los demás. El Capítulo 20 se centra en una de las áreas en las que es más difícil alcanzar el equilibrio: la paternidad. Estos capítulos no borrarán en absoluto tus preocupaciones por tus padres ancianos, tu adolescente caprichoso o tu niño pequeño con necesidades especiales, pero espero que te inspiren para encontrar formas de recordarte a ti misma que amar a los demás es amarte a ti misma, del mismo modo que amarte a ti misma es amar a los demás. Recuerda: tu amor es tu poder, así que cuando cuidas de los demás, debes conservar algo de tu amor por ti misma.

Quiero ayudarte a difundir ese amor y a conservar ese poder para lograr lo que yo llamo el equilibrio del amor. Cuando se consigue este equilibrio, te vuelves menos resentida, cansada, impaciente, obligada y te autoinculpas, que es lo que tu ser querido se merece en primer lugar.

Lo mejor es que cuando practicamos el amor propio, enseñamos a los demás, en particular a nuestros hijos, a hacerlo por sí mismos. Y ése es el mayor regalo, porque es la clave de una vida feliz y plena. El objetivo de cuidar es nutrir a los demás y mantenerte conectada con las partes más profundas de ti, y no olvidar la responsabilidad que tienes contigo misma. Encontrar un equilibrio entre dar a los demás y respetarnos a nosotras mismas es lo ideal. No tienes que disculparte por lo que eres o por cómo te sientes. Eres digna de amor. Y sin duda eres digna de tu propio amor.

Capítulo 19

Autocuidado y cuidado

> Sólo podemos amar a los demás tanto como nos amamos a nosotras mismas.
> —Brené Brown, Los dones de la imperfección

¿Es contraintuitivo pensar que puedes cuidar a los demás —a tus hijos, a tu pareja, a tus padres ancianos— y seguir llena de energía y amor por ti misma? Todos queremos cuidar y apoyar a los que queremos y nos necesitan. Pero con demasiada frecuencia caemos en la trampa de redirigir completamente a los demás el tiempo, la energía y el amor que también deberíamos mostrarnos a nosotras mismas. Sacrificarte a ti misma, tu tiempo, tus pasiones, tu paz mental y tu autocuidado en lugar de a los demás no es sinónimo de cuidar. ¿Por qué creemos que ambas cosas se excluyen mutuamente, que, si nos atrevemos a cuidar de nosotras mismas, de alguna manera no estamos proporcionando los cuidados adecuados a los demás?

¿Por qué cuidas de los demás?

Dado que millones de estadounidenses no se reconocen como cuidadores, podemos caer en trampas de amor propio que sabotean nuestra capacidad de querernos más a nosotras mismas. Hay varias razones, reveladas por las siguientes preguntas, por las que anteponemos a los demás y permitimos que nuestras responsabilidades como cuidadores consuman nuestra energía y capacidad para llenar nuestros propios bancos de amor propio, o contenedores de energía:

- ¿Te sientes obligada, avergonzada por un hermano o amigo, o culpabilizada por algo que te enseñaron cuando eras más joven? De este modo, puede que estés cuidando como forma de ser validada o de encontrar aceptación o amor extrínsecos.
- ¿Estás tan acostumbrada a decir que sí todo el tiempo para alimentar tu propia enfermedad de agradar que te encuentras cuidando de casi cualquiera que te lo pida o espere que lo hagas?
- ¿Envuelves tu identidad en el cuidado a expensas de definir tus propias pasiones, objetivos o sentido de ti misma?
- ¿Cuidar de otros es una forma de llenar un vacío o de evitar enfrentarte a tus propias dificultades o problemas?

Esto no quiere decir que ninguna de las razones por las que prestas cuidados esté mal o bien, pero es importante identificar si alguna de ellas es una motivación clave. ¿Por qué? Porque si no somos conscientes de las razones por las que elegimos hacer lo que hacemos, estos motivadores pueden convertirse en saboteadores del amor propio, de lo que hablo extensamente en la Parte II.

Aquí es donde perdemos el equilibrio. Por ejemplo, decir que sí es algo noble; sin embargo, decir que sí el 100% de las veces, renunciando a tu propio tiempo para reponerte, es un gran saboteador del amor propio. El objetivo es conservar suficiente energía buena para cuidar a alto nivel. Conocer nuestras motivaciones nos recuerda que debemos reservar suficiente amor, cuidado y poder para nosotras mismas. Este nivel de autoconciencia nos mantiene controlados y equilibrados, disminuye la posibilidad de resentimiento y nos hace conscientes de cuándo nuestro equilibrio puede verse amenazado. Lo mires por donde lo mires, plantéate si estás utilizando los cuidados como una forma de sabotear tu deber de quererte más a ti misma.

La Generación Sándwich

El término "generación sándwich", acuñado en 1981 por la trabajadora social Dorothy A. Miller, se refiere a los hijos adultos de ancianos que están "emparedados" entre el cuidado de sus propios hijos y el de sus padres ancianos. Según el sitio web A Place for Mom (Un lugar para mamá), "el cuidado en alternancia a largo plazo es cada vez más frecuente a medida que envejece la población. El aumento de la esperanza de vida, unido a la inseguridad económica, hace que muchos mayores necesiten cuidados familiares. Al mismo tiempo, los millennials tienen hijos más tarde que sus padres baby boomers y de la Generación X, lo que da lugar a más hogares multigeneracionales".[1]

Cuidar de dos generaciones no sólo es agotador física y económicamente, sino que pone a los cuidadores entre la espada y la pared emocionalmente. Los cuidadores tienen que tomar decisiones difíciles, que pueden provocar una ansiedad y un sentimiento de culpa de proporciones gigantescas. No es raro que las mujeres tengan que elegir entre su hijo y su progenitor. ¿Un partido de fútbol de un hijo o quedarse en casa para estar con un padre que tiene demencia? ¿Un recital de danza o una cita con el médico? ¿Tener que renunciar a las reuniones de padres y profesores porque un pariente anciano se ha caído? ¿La matrícula universitaria o el cuidado de ancianos?

Pero no todo está perdido, como afirma la Alianza Nacional de Cuidadores: "El cuidado multigeneracional suele dar lugar a familias muy unidas y a sólidos sistemas de apoyo. Los niños que crecen en hogares de generación sándwich tienen la ventaja de crecer tanto con sus padres como con sus abuelos, mientras que los familiares mayores pueden disfrutar del tiempo con sus nietos. En los hogares multigeneracionales, los abuelos pueden ayudar con el cuidado de los niños, y más tarde esos niños pueden ayudar a cuidar de sus seres queridos ancianos."[2]

Rellenar tu recipiente de energía cuando cuidas de otros

Dado que cuidar es una de las muchas formas en que gastamos energía, vigilar el nivel de nuestro contenedor de energía es fundamental para nuestro viaje hacia el amor propio. La vida es un dar y recibir, y a veces cuidar de los demás —hijos, padres, amigos, compañeros de trabajo, parientes— puede parecer un drenaje de nuestra energía. Restablecer el equilibrio de lo que tomamos a lo que damos significa gestionar el estrés que conlleva nuestro papel de cuidadores.

La pérdida de tiempo personal y de intimidad, el aislamiento social, la ansiedad constante y los cambios en la dinámica de las relaciones suelen ser algunos de los factores estresantes que experimentan los cuidadores. Pregúntale a cualquier madre primeriza que se encuentre de repente encerrada sin conversación con adultos, o fíjate en la confusión del cambio de papeles que experimentan algunas mujeres al asumir de repente un papel más de "crianza" de un progenitor anciano o discapacitado. Podemos ver cómo estos factores pueden agotar insidiosamente nuestra energía para querernos a nosotras mismas. Enfrentarse a las raíces del estrés es un acto de amor propio. Para afrontarlas

> Las personas de tu vida te necesitan y merecen estar al cuidado de una persona con un contenedor de energía lleno.

- *Pide ayuda.* Tanto si necesitas mantener una conversación con tu cónyuge o pareja parental sobre la redistribución del cuidado de los niños y las tareas domésticas, como si necesitas hablar con un hermano u otro miembro de la familia sobre cómo equilibrar el cuidado de los padres, pedir ayuda es algo que te debes a ti misma. Cuidar no es un martirio, y si se difumina la línea que separa ambas cosas, podrías encontrarte cuidando por razones equivocadas. Las personas de tu vida te necesitan y merecen estar al cuidado de una persona con un recipiente lleno de energía. Reflexiona: es mucho mejor estar presente con tu energía al máximo algunas veces que hacerlo siempre con la mitad o menos. Admitir que estás cansada, agotada, impaciente y que necesitas un descanso no es un acto de debilidad, sino todo lo contrario. Pide ayuda.

- *Comparte tus sentimientos.* Muchas personas han descubierto que los grupos de apoyo son una maravillosa fuente de energía. Además de proporcionar apoyo mutuo, los grupos pueden ser una fuente de información y educación, ya que compartir ideas es una parte importante de la comunidad. Las clases para mamás que permiten a las mujeres desahogarse, descubrir que no están solas y aprender a compadecerse de sí mismas también pueden ser un gran intercambio de trucos de vida, remedios caseros y estrategias de crianza que te ayuden a sentirte de nuevo con poder y control.
- *Mejora tu relación.* Las investigaciones han demostrado que cuanto más positiva sea tu relación con la persona que recibe los cuidados, menos estrés experimentarás. No tengas miedo de hablar de lo que te preocupa. Al hacerlo, puede que le des a la otra persona la oportunidad de hablar, algo que ella misma podría haber estado deseando en secreto. Si es necesario, busca ayuda psicológica o, en caso de conflicto, busca a un tercero que medie.
- *Sal de tu burbuja.* Acércate a la gente, haz nuevos amigos, inicia conversaciones. Si es posible, sacude la rutina tuya y de quien estés cuidando. Sí, puede resultar molesto coger al pequeño para dar un paseo hasta el estanque de los patos, pero te alegrarás de haberlo hecho. No rehúyas las visitas. No tienen por qué ser una fuente de estrés ni requerir un gran despliegue de comida o energía. De hecho, las investigaciones demuestran

que las personas que tienen visitas más frecuentes y breves declaran niveles de estrés más bajos. De nuevo, se trata de romper la monotonía y deshacer la sensación de que vives en una isla tú solo, ¡porque no es así!

- *Considera la posibilidad de compartir los cuidados.* Todos conocemos el concepto de coche compartido, que consiste en compartir las tareas de conducción de nuestros hijos, así que ¿por qué no probar el cuidado compartido, cuando varios cuidadores se turnan para cubrirse unos a otros, o contribuyen al coste de contratar a un cuidador? He visto que esto ha tenido mucho éxito para algunas madres de niños pequeños. Encontraron a una estudiante licenciada en educación primaria que necesitaba un trabajo, y juntaron fondos una vez a la semana, para que la niñera pudiera cuidar a cinco de sus hijos mientras ellas atendían sus necesidades de cuidado personal. Yo, personalmente, compartí los cuidados con mi vecina, que era la madre del mejor amigo de mi hijo. Las dos éramos madres solteras, así que nuestras necesidades de autocuidado se cubrían con el apoyo mutuo que nos proporcionábamos.

Acepta tus imperfecciones

Un consejo más para ayudarte a encontrar el equilibrio entre el amor propio y el cuidado: Evita la trampa en la que podemos caer de vincular tu autovaloración a lo bien que crees que estás proporcionando cuidados. En el capítulo siguiente, hablo de cómo tuve que luchar contra el sentimiento de fracaso cuando la trayectoria vital de mi hijo dio un giro repentino. Si actúas en el papel de cuidador, probablemente hayas luchado con el mismo problema.

Superar la sensación de fracaso cuando sentimos que hemos defraudado a un ser querido no es fácil, pero merece la pena trabajar duro para llegar a ese lugar en el que te das cuenta de que no eres perfecta. Esperar que alguna vez lo serás no es un acto de amor propio, sino de autocastigo. Esta visión poco realista puede dejarnos siempre estresados, lo que agota nuestro contenedor de energía y mina nuestra capacidad de presentarnos ante los demás en un estado de amor (o energía plena).

Sin embargo, hay algunos cambios mentales en los que podemos trabajar para evitar los pensamientos negativos y rellenar nuestros contenedores de poder. Puede que estos cambios mentales no resulten fáciles y probablemente requieran un refuerzo constante, pero la siguiente tabla muestra algunas de las autopalabras saboteadoras que hay que detectar en el momento.

Fracaso percibido	Autoconversación saboteadora	Realidad
Nos quedamos cortas frente a un ideal imaginado	"No lo hago tan bien como fulanito". "¿Cómo es que no tengo las cosas tan claras como ella? "No estoy hecho para esto". "Mi padre/madre/hijo/cónyuge estaría mejor con otro cuidador".	Comparar y contrastar no es amor propio.
Hemos cometido un error	"Metí la pata". "Debería haber tenido más paciencia". "¿Por qué no hice más?" "¿Cómo no vi que había un problema?"	La culpa no te llevará a ninguna parte.
No podemos solucionar un problema grave, como un problema de salud potencialmente mortal	"Puedo hacer que él/ella/ellos mejoren, siempre que me esfuerce más/lea más/practique más".	No tenemos poder sobre las enfermedades debilitantes. Tu presencia en sus vidas es suficiente.

Un poco de humildad hace mucho. Acepta tus defectos. Edúcate y empodérate, pero no tengas expectativas poco realistas. Conservarás energía —la energía que necesitas para hacer cosas por ti misma, como meditar, planificar comidas sanas y hacer ejercicio, practicar la autocompasión, buscar ayuda y apoyo en otras personas y participar en autoconversaciones y afirmaciones positivas, de modo que puedas recordar tus propios objetivos, cumplir tu propio propósito y animarte con el hecho de que en ninguna parte se dice que porque atiendas a los demás tu vida deje de ser valiosa.

Valórate a ti misma, valora a los demás

Cuidar no significa que tu vida deje de importar más allá de los cuidados que prestas. Cuidar no te somete a absorber las malas decisiones, los errores y las consecuencias que experimenta un niño u otra persona dependiente. Cuidar, cuando es equilibrado, puede mejorar tu vida y enriquecer tu relación contigo misma y con los que cuidas: Con un número cada vez mayor de personas atrapadas entre hijos y padres ancianos, una sociedad cada vez más castigada por los problemas de salud mental y las adicciones, y una generación de hijos en edad adulta que no consiguen despegar debido a las deudas, la falta de oportunidades laborales o el malestar general, me temo que demasiadas mujeres creen, como yo creí una vez, que tienen que sacrificarse para gestionar los obstáculos y los retos de sus seres queridos.

SUGERENCIA PARA EL DIARIO

Cómo cuidar de ti misma mientras cuidas de los demás

> Como cuidadora, ¿has renunciado a algunas de las cosas que antes te gustaba hacer para cumplir lo que consideras tus obligaciones como cuidadora? Si es así, enumera algunas de las cosas a las que has renunciado.
>
> ¿Qué podrías hacer para empezar a cuidar mejor de ti misma y de tus necesidades tanto como cuidas de los demás?

Capítulo 20

Perder y encontrar el amor propio a través de la maternidad

Cuando di a luz a mi hijo, Vincent, sólo tenía veinte años. Era muy joven y vivía en el extranjero, en Holanda. Trabajaba en un empleo que me resultaba insatisfactorio y no tenía muchos amigos, por lo que creía que la única razón para hacer algo era cumplir lo que yo pensaba que eran mis deberes de esposa y madre. En pocos meses, caí en una depresión de baja energía. La confusión y el descontento, unidos a las hormonas fluctuantes y a la falta de sueño, me convirtieron en una sombra de la persona que era y me amurallaron de la persona que quería ser. Mi contenedor de energía no sólo estaba vacío, sino que se estaba oxidando y agrietando. No tenía aficiones propias, no practicaba ningún autocuidado y la relación con mi marido era tumultuosa.

Había confundido el autoabandono con la paternidad. Demasiadas mujeres permiten que conceptos erróneos sobre la crianza gobiernen sus vidas, vaciando su contenedor de poder hasta que ya no tienen energía para quererse a sí mismas, lo que irónicamente las convierte en cuidadoras menos capaces. La bloguera Shelly Stasney, MEd, en su blog This—n—That Parenting, habló de los conceptos erróneos que tenía y que le hicieron perderse en su papel de mamá. Son tan universales que sé que yo misma he pensado exactamente lo mismo. Shelly dijo que pensó en cualquier combinación de los siguientes pensamientos. Quizá también hayas tenido pensamientos como estos:

- Hacer algo sólo para mí sería egoísta.
- Servir a mi familia es mi propósito.
- Oraré para salir de esta depresión.
- Mis hijos llegaron más tarde. Hice mucha "vida" antes de que llegaran.
- Mis hijos son jóvenes. Me necesitan todo el tiempo".

En última instancia, toda mi perspectiva sobre cómo ejercer de madre se transformó y, así, he evitado muchos de los típicos escollos y trampas asociados al cuidado de otras personas. En mi caso, aprendí a navegar por el periodo único y delicado de la paternidad, cuando un hijo alcanza la mayoría de edad. Aprendí (en muchos casos, por las malas) la importancia de permanecer individualizada y no envolver mi identidad y autoestima en mi hijo, sus elecciones, sus éxitos, sus decisiones (para bien o para mal) y sus prioridades. Tener amor propio significa que, incluso después de traer al mundo a otra alma hermosa y cuidarla y ser su madre, cumples con tu deber de asegurarte de que cultivas el don de tu propia vida divinamente dada. El olvido de una misma y la abnegación no son herramientas adecuadas para cuidar de los demás. Deja que te cuente la historia.

No puedes controlar el viaje de tu hijo

Créeme, soy culpable de intentar hacer de mi hijo la persona que yo quería que fuera, en lugar de guiar a la persona que había nacido para ser. Lo hice con dinero, juicios, amenazas y amor duro. Me consumía tanto la forma en que se estaba convirtiendo y el reflejo que eso era de mí, que me perdí a mí misma y mi cordura. E irónicamente, cuanto más le imponía mis expectativas, más perdía una parte de nuestra relación y de nuestro vínculo. Hizo falta una tragedia para mostrarme que hay un camino mejor.

Vincent estudiaba a tiempo completo en la Universidad Estatal de California, especializándose en producción de cine y TV, que era su pasión. Es un videógrafo y editor de talento, y ganaba mucho dinero trabajando en proyectos de vídeo por cuenta propia para los que grababa con su costosa cámara de vídeo y editaba en su lujoso MacBook Pro. También trabajaba como operador de cámara para una empresa de helicópteros, grabando persecuciones policiales e incendios forestales para las cadenas de noticias locales. Con sólo diecinueve años, Vincent era la persona más joven que la empresa había contratado nunca. Una vez me envió un mensaje de texto para decirme que estaba en un helicóptero filmando incendios forestales que se estaban emitiendo en directo en la CNN. Como madre orgullosa, lo sintonicé para verlo.

Se acercaba su vigésimo primer cumpleaños y el festival de música Coachella. Le hacía ilusión ir y disfrutar de toda la música en directo y salir con la hija mayor de mi novio y sus amigas. Yo estaba emocionada por él.

Cuando volvía, Vincent me llamó. Cuando contesté, estaba deseando que me contara los detalles del festival y de su experiencia. Pero lo que oí al otro lado del teléfono no se parecía en nada a mi hijo. No era coherente y divagaba como si estuviera drogado. Le pregunté si se había drogado mientras estuvo allí. Al principio, dijo que había tomado Molly/Éxtasis. Más tarde me dijo que había tomado hongos y éxtasis. Al menos creía que era éxtasis. Había conocido a unos tipos, unos completos desconocidos, que le dieron una pastilla y se la tomó. Era la primera vez en su vida que confesaba que se drogaba. Enseguida llamé a su padre, que vivía en Los Ángeles, no muy lejos de Vincent. Le pedí que por favor se pusiera en contacto con él y conmigo. Esperaba que todo fuera bien cuando dejara las drogas.

Eso nunca ocurrió.

De hecho, las cosas empeoraron. Durante los días siguientes, no hizo más que divagar. Iba a clase, pero luego me decía tonterías por teléfono. Alucinaba y oía voces. Todo mi mundo se detuvo. Cogí un vuelo de Atlanta, donde acababa de comprar una casa nueva la semana anterior, a Los Ángeles. Cuando llegué, recuerdo que le miré a los ojos y vi que la luz había desaparecido. No le reconocí. Estaba absolutamente angustiada y fuera de mí por la pena, el estrés y la ansiedad. No entendía en absoluto lo que estaba pasando. Sabía que tenía que ser fuerte y responsable e intentar ayudarle a mantener su vida, y al mismo tiempo necesitaba conseguirle la mejor atención médica.

Mi hijo adelgazó mucho. Dejó de cuidar su higiene, no se duchaba ni se lavaba la ropa. Dejó de preocuparse por su aspecto, dejó de hacer nada con su pelo y dejó de afeitarse. Tuvo que dejar la escuela y perdió su trabajo. Cada vez iba a peor. Hablaba con él por Skype a menudo, así que lo tenía a la vista. Un día, empezó a hacer movimientos corporales involuntarios, como garrapatas. Le temblaba la cabeza y se le movían los brazos. Presa del pánico, llamé a su padre y le pedí que lo llevara a urgencias, ya que yo estaba al otro lado del país, en Atlanta. Le diagnosticaron síndrome de Tourettes con psicosis. Aunque este diagnóstico me rompió el corazón, sentí cierto alivio porque al menos encontrábamos algunas respuestas. Y había esperanza de que quizá la medicación le proporcionara alguna ayuda.

Los medicamentos ayudaron a estabilizarlo un poco, pero Vincent nunca volvió a la normalidad. Se matriculaba en clases en la universidad local, pero las abandonaba porque no podía pensar con claridad ni concentrarse. Los escáneres cerebrales mostraron que no le pasaba nada en el cerebro ni en el cuerpo. Con el tiempo, el diagnóstico de Tourette no pudo verificarse; los movimientos involuntarios cesaron poco después de su estancia en el hospital. Pero, por desgracia, cuando aún vivía solo, Vincent decidió dejar de tomar la medicación. Durante este tiempo sin medicación, anunció que quería hacer couchsurfing por todo el país, lo que le llevó a desprenderse de su apartamento de alquiler controlado y de todo lo que poseía, incluido su caro equipo de videografía y su coche. Sus abuelos, que vivían en Holanda, intervinieron y le preguntaron si quería quedarse con ellos una temporada.

Aceptó la oferta y se fue a su casa sin nada, salvo su ordenador portátil, al que, en un estado psicótico no medicado, dio un puñetazo que lo destruyó. Absolutamente atónitos por su comportamiento y sin saber qué hacer, sus abuelos le dijeron que tenía que volver a EEUU, medicarse y estabilizarse. Pero ahora no tenía un hogar al que volver. Se fue a alojar en el apartamento de una habitación de su padre, lo que no duró mucho.

Mi novio y yo nos ofrecimos a que se quedara con nosotros. En ese momento, Vincent volvió a estabilizarse con la medicación, así que hubo algunos progresos en ese frente. Durante el tiempo que estuvo con nosotros, se hizo evidente que era capaz de realizar trabajos básicos. Así que, al cabo de unos meses, llegamos a un acuerdo: Vincent sería bienvenido a vivir con nosotros con la condición de que consiguiera algún tipo de trabajo, a tiempo parcial o completo, siempre que siguiera siendo productivo.

El trato consistía en que debía que tener un trabajo en el plazo de unos meses. Mi novio y yo le ayudamos a averiguar qué tipo de trabajos podía solicitar, le ayudamos a redactar su currículum e intentamos reforzar su confianza. Realmente quería quedarse con nosotros, y con sus capacidades limitadas, parecería que su única esperanza de trabajo en su estado actual sería trabajar en el sector de la alimentación o hacer algún tipo de trabajo manual o de fábrica. Tendría que aprender a aceptar que ésa era su nueva realidad, al menos en las circunstancias actuales.

Mi novio, que es muy familiar, tuvo la amabilidad de ayudarle y le llevó en coche a varios restaurantes y tiendas de comestibles de la ciudad, esperando mientras mi hijo rellenaba las solicitudes. Quería animar y motivar a Vincent, pues pensaba que dándole apoyo masculino tendría más posibilidades de llegar a él.

Un par de meses después, a Vincent le ofrecieron un trabajo a tiempo parcial en una heladería, detrás del mostrador. La única advertencia era que, debido a las normas de funcionamiento de la franquicia para la preparación de alimentos, tenía que recortarse la barba a una longitud de unos dos centímetros o menos, o afeitársela del todo. Quiso rechazar el trabajo de inmediato porque dijo que le había llevado mucho tiempo dejarse crecer la barba, que en aquel momento medía entre 15 y 20 cm. A mí la barba me parecía bastante desaliñada, pero las barbas más largas eran la moda entre los jóvenes de la época. Le recordamos que el tiempo corría y que su estancia con nosotros terminaba en un par de semanas, a menos que consiguiera un trabajo.

Su elección estaba clara: volver a dormir en el sofá del apartamento de su padre, o afeitarse la barba para poder aceptar el trabajo y quedarse con nosotros en una casa acogedora con dormitorio propio. Tras meditarlo durante un par de días, Vincent optó por no aceptar el trabajo y no afeitarse la barba. Ese fue el momento en que tuve que luchar contra el impulso de hacer lo que creía que debía hacer un padre, es decir, luchar contra él para que se afeitara la barba, decirle lo decepcionada que estaba o ceder y ampliar el plazo. Sentía que, si hacía eso, me consumiría la incapacidad de mi hijo para convertirse en un adulto responsable. Empezaba a sentirme consumida por la idea de que, de algún modo, había fracasado como madre. Pero en lugar de eso, elegí quererme más a mí misma. Que se afeitara la barba no era decisión mía, y que no se la afeitara no era en modo alguno una medida de mi capacidad como madre cariñosa. Me quería lo suficiente como para poner un límite.

Así que le comuniqué a su padre la decisión de nuestro hijo y le dije que Vincent ya no podía quedarse con nosotros. Su padre se enfadó bastante con Vincent y le dijo que, como consecuencia de su arrepentida decisión, tampoco sería bienvenido a quedarse con él. Así que ahora nuestro hijo no tenía adónde ir y aceptó su destino. Comprendió que en cuanto su avión aterrizara en Los Ángeles, se quedaría sin casa. Yo estaba dispuesta a dejar que esto ocurriera y a no intervenir, con la esperanza de que tal vez eso le ayudara a cambiar de mentalidad tras tocar fondo. Pero eso nunca ocurrió.

El mejor amigo de Vincent, al que conoce desde que tenía dos años, le pidió a su madre que recogiera a mi hijo en el aeropuerto y le dejara dormir en su sofá. Ellos también vivían en un pequeño apartamento de dos habitaciones y un baño. Así que allí se quedó mi hijo. Y allí ha estado desde entonces.

Enviaba dinero cada mes a la madre del amigo y le pedía que no se lo dijera a Vincent; no quería que se sintiera desmotivado para asumir su responsabilidad. Pero tampoco quería que ella tuviera que hacerse cargo de sus gastos de alimentación. Su padre y sus abuelos también le daban algo de dinero para poder salir adelante. Con el tiempo consiguió un trabajo a tiempo parcial en una cafetería y ganó algo de dinero por su cuenta. Se matriculó en la universidad comunitaria al menos un par de veces más, y en ambas ocasiones abandonó antes de completar ninguna de sus clases.

Tomé esta señal del universo para dar un paso atrás y entrar en un estado de aceptación. Podría haber optado por seguir intentando responsabilizarme de su vida y sus resultados, intentando controlar las cosas y obligarlas a ser como yo las imaginaba para él. Pero él y yo íbamos por caminos completamente distintos en la vida. Y por mi propia paz mental, y por la paz en general, tuve que trasladar toda la energía que había estado dedicando a intentar arreglarle a mí y a mi vida, y centrarme en el propósito de mi propia vida.

Tampoco le hacía ningún bien a nuestra relación estar enfadada con él todo el tiempo por tomar lo que yo consideraba malas decisiones vitales. Y tampoco le ayudaba a él. La vida que alguna vez esperé que tuviera, las oportunidades que había intentado ofrecerle, todo eso había desaparecido. Mi visión de su futuro no tenía nada que ver con lo que iba a ser su vida. Su vida era su vida, su camino era su camino, y yo tenía que liberarle de eso.

Y eso es lo que hice. Eso fue hace más de tres años y medio, mientras escribo este libro. Desde entonces, a Vincent le han aprobado pagos mensuales por discapacidad, tiene el seguro médico del estado de California, que es gratuito para los que no ganan mucho dinero, y le subvencionan la comida. Acepta plenamente su suerte en la vida. Pero se ha dado cuenta de que necesita ganar un poco más de dinero para mantenerse, así que desde entonces trabaja a tiempo parcial en un restaurante. En un golpe de suerte, la madre de su amigo se casó y se mudó, dejando su apartamento amueblado a Vincent y a su amigo.

> Su vida era su vida, su camino era su camino, y yo necesitaba liberarle de eso.

Vidas diferentes, mentes diferentes, perspectivas diferentes. Como su madre, he optado por dejar de pensar que sus elecciones vitales me representan de algún modo. La antigua yo habría intentado por todos los medios que viviera una vida a la altura de los estándares que yo quería para él, todo el tiempo estafándole, imponiéndole la culpa y creando un estrés innecesario en nuestras vidas. Ahora me doy cuenta de que ésa es una forma de ver la vida de mi hijo basada en el ego. Como menciono en el Capítulo 5, los escritos de Deepak Chopra me introdujeron en el concepto "basado en el ego". Como él mismo dice: "Toma la decisión de renunciar a la necesidad de controlar, a la necesidad de ser aprobado y a la necesidad de juzgar. Esas son las tres cosas que el ego está haciendo todo el tiempo."[2]

Cuando practico el amor propio, no permitiría que otra persona me impusiera sus elecciones, así que ¿por qué iba a pensar que mi hijo debería aceptar mis elecciones por él? Ese tipo de enfoque externo de mi energía sería un gran saboteador de mi práctica del amor propio.

También me aparté por completo de la gestión de sus asuntos médicos. Lo curioso es que, en algún momento, él mismo tomó la iniciativa respecto a su atención médica, sus medicamentos y sus necesidades dentales. Hizo falta que yo me retirara para que por fin desarrollara algún tipo de preocupación y capacidad de decisión por su propia vida y bienestar.

Lucha contra la culpa materna

Acepto a Vincent tal como es, le quiero incondicionalmente y me doy cuenta de que no hay absolutamente nada de lo que sentirse culpable. La culpa parece ser una emoción muy común en las madres que puede controlarnos fácilmente e impedirnos vivir nuestra mejor vida. De alguna manera, a lo largo de las generaciones, las madres hemos permitido que nuestra culpa sesgue nuestras responsabilidades maternales de forma que nos obliga a criar a nuestros hijos hasta la edad adulta y a responsabilizarnos de sus vidas como si fueran nuestras.

A lo largo de mi vida he visto cómo se desarrollaban situaciones similares con innumerables madres de hijos adultos. Hace poco conté la postura que adopté con mi hijo a una amiga que también tiene un hijo adulto con algunos problemas de salud mental. Se había sentido increíblemente agobiada y un poco desesperanzada, pensando que cuidar de su hijo adulto, que a pesar de sus problemas seguía siendo capaz, sería su destino de por vida. Y esto le provocaba mucho estrés y ansiedad, dejándola sin energía y sintiéndose desesperanzada. No la trataba con amabilidad y abusaba verbalmente de ella.

La comprensión de nuestro mecanismo de culpabilidad, de la realidad de que todas tenemos nuestro propio destino, dio a mi amiga una renovada sensación de poder. Su hijo tenía otras opciones además de ella; ella sólo tenía que ver esas otras opciones y decidir por sí misma la vida que quería vivir.

La vida de nuestros hijos no es nuestra vida. Y como madres, no estamos destinadas a vivir sus vidas por ellos ni a responsabilizarnos totalmente de ellas. El poeta, escritor y autor de El Profeta Kahlil Gibran escribió conmovedoramente:

Tus hijos no son tus hijos.
Son hijos e hijas del anhelo de la Vida por sí misma.
Vienen a través de ti, pero no de ti.
Y aunque están contigo, no te pertenecen.[3]

Mi hijo está contento. Está seguro. Está alimentado. Ha vuelto a la escuela y está aprendiendo de nuevo. Tiene todas las necesidades básicas de la vida y más. Y nuestra relación es mucho mejor ahora. Estoy segura de que él no preferiría vivir conmigo, en una situación en la que yo estuviera estresada, abatida y baja de energía todo el tiempo. Porque eso es exactamente lo que ocurriría. No puedo estar cerca del estado de ánimo en el que él vive sin que me afecte negativamente, aunque sea la energía de mi propio hijo. Su visión de la vida y mi visión de la vida son totalmente diferentes. Y como yo soy mi máxima prioridad, tengo que velar por mí y por mi felicidad, ante todo. No puedo preocuparme por lo que creo que los demás puedan pensar de mí, actuar en función de ello y, posteriormente, ponerme en una situación que redunde en mi propio perjuicio.

Mi hijo no me pertenece. Él es su propia persona, su propio individuo único, con su propio camino en la vida. Lo mejor que puedo hacer por él es escucharle, darle amor incondicional, no juzgarle, animarle —aunque sea en las pequeñas cosas de la vida— y darle consejos con moderación y sólo cuando me los pida. En realidad, este comportamiento se siente más auténticamente como un cuidado, del tipo que está destinado a darse, lo que me ha aportado paz y me ha permitido seguir prosperando en mi propia vida, libre de culpa.

Una trampa en la que caemos como madres es creer que tenemos que moldear a nuestros hijos para que sean otra persona, alguien que no son. También creemos que los hijos son un reflejo de nosotras, y cuando lo personalizamos hasta ese punto, es una línea recta hacia el fracaso. Con muchas lágrimas, un corazón profundamente cargado y numerosas recaídas, finalmente logré dejar de proyectar mi reflejo en mi hijo. Una vez que lo hice, por fin pude conseguir proporcionarle el nivel de cuidado que se merecía: uno que no lo sobreprotegía, que le mostraban una aceptación y respeto absolutos, y que le otorgaba su derecho a decidir por sí mismo. Creo que le serví mucho mejor que si le hubiera controlado con mi dinero y mi poder, con la culpa o la vergüenza, todo lo cual me habría resultado más fácil que dejarle marchar.

Cuando le dije a mi hijo que quería hablar de nuestro recorrido para un podcast y le pregunté si estaría dispuesto a hacerlo, aceptó con entusiasmo. Dijo que estaba orgulloso de mí y de todo lo que estaba consiguiendo, incluido escribir este libro. También dijo que no estaba en desacuerdo con cómo había llevado nuestra relación; cree que dejarme llevar y no personalizar sus decisiones vitales fue lo mejor para los dos.

La paradoja de la paternidad

> El objetivo de la crianza no es decir a nuestros hijos lo que tienen que hacer, sino prepararlos para la independencia, para que no necesiten apoyarse en nosotros para tomar cada decisión ni buscar nuestra aprobación a cada paso. No deben ser gobernados por nosotros, como nosotros no debemos ser gobernados por ellos. Sin embargo, demasiados de nosotros incumplimos esto. Cuando lucho contra la culpa que atraviesa mi cubierta protectora de amor propio, recuerdo las palabras que Marvin G. Knittel, EdD, escribió para Psychology Today. Espero que también te ayuden a ti: "Somos los adultos que siempre seremos el 'satélite' en el que se centra el GPS de nuestros hijos. Siempre estaremos ahí para ellos. Les daremos poder, pero no les controlaremos. Hablaremos con ellos y siempre respetaremos sus decisiones, aunque no estemos de acuerdo".[4]

Sé un modelo de amor propio

Espero que ya sepas que quererse a una misma no es ser egoísta. Pero, por alguna razón, cuando se trata de nuestros hijos, esa lógica se va por la ventana. Sin embargo, si hemos de ser modelos de conducta, ¿no es una de las mejores lecciones enseñar a nuestros pequeños a cuidarse a sí mismos, a valorarse por encima de los demás? Si quieres que tus hijos sientan realmente que se valoran a sí mismos, tienes que ser un modelo de conducta aprendiendo primero a quererte a ti misma.

"Nuestro objetivo último al criar a nuestros hijos es darles los medios para conocer, aprender y experimentar el éxito y la felicidad; el amor propio está en la raíz de esos rasgos" escribe Susan Roulusonis Pione en su artículo "Amor propio vs. crianza: No es lo uno o lo otro".[5] Señala que los niños aprenden primero con el ejemplo que les damos como padres. Si no nos mostramos amor propio a nosotras mismas, nuestros hijos aprenderán que el amor propio no importa. Buscarán la validación externa en cada una de sus acciones, como expongo en el Capítulo 5. Para llegar a ser verdaderamente autosuficientes, los niños deben practicar el amor propio.

Lo repetiré una vez más: Querernos a nosotras mismas no es egoísmo. Puesto que nos aseguramos de que tenemos suficiente de nosotras mismas para dar, el amor propio es un acto desinteresado. Pione continúa: "La única manera de enseñar a tus hijos a ser felices es ser feliz tú misma, y eso empieza con el amor propio".[6]

SUGERENCIA PARA EL DIARIO

¿Cuál es tu visión de la paternidad?

- ¿Cómo ves actualmente tu papel de madre?
- ¿Afecta alguna vez la culpa a tu forma de criar? Si es así, ¿cómo?
- ¿Cómo podrías ser un mejor modelo de amor propio para tus hijos?

PARTE VI

Comprométete Contigo Misma
Cómo enraizarte en tu poder personal

El mayor compromiso que debes mantener es tu compromiso contigo mismo.
—Atribuido a Neale Donald Walsch

En la primera película de *Sexo en Nueva York*, la famosa publicista Samantha Jones, acompañada de sus tres fabulosas amigas de toda la vida, asiste a una subasta en Nueva York, donde se venden las joyas de una mujer de la alta sociedad después de que su novio multimillonario la echara a la calle sin contemplaciones, dejándola sin un céntimo. Samantha se apresura a reunir a sus amigas en torno a una vitrina para contemplar embobada un anillo de diamantes en forma de flor. "Cuando lo vi en el catálogo, le dije a Smith que esta flor es la esencia de mí, única en su especie, llena de fuego", dice Samantha con ojos brillantes llenos de promesas.

Tras mudarse a Hollywood con su novio, Smith, para ser su publicista a tiempo completo mientras él se abría camino hacia la celebridad de la lista A, Samantha estaba ansiosa por "gastar algo de mi dinero de Hollywood duramente ganado".

Decidida a comprar este anillo para ella, Samantha abre la puja en $10.000, pero inmediatamente es rebatida por una misteriosa mujer, que presumiblemente recibe instrucciones de un pujador al otro lado de un teléfono móvil.

Frustrada, Samantha se enzarza en una rápida guerra de pujas, hasta que el anillo se vende por $55.000. "Yo pongo el límite en cincuenta", le dice Samantha a su amiga Carrie, que consuela a Samantha frotándole la rodilla.

De vuelta en Los Ángeles, Smith sorprende a Samantha con un paquete especial por su quinto aniversario, explicándole que quería regalarle algo verdaderamente especial. Samantha abre la caja y allí está, el anillo de flores que perdió en la subasta. Ella lo acepta amablemente, con una advertencia: "Es un anillo hecho de diamantes, no un anillo de diamantes". Aunque gentil, a la expresión de Samantha le falta algo: satisfacción. Quería comprar el anillo para ella, y los espectadores tenemos la sensación de que, para Samantha, el anillo de flores no era una joya, sino una declaración de su compromiso consigo misma: un símbolo de sus logros y una celebración personal de su alma. A pesar de las intenciones de Smith, el anillo había quedado reducido a una simple joya. Samantha lo sabía, y los espectadores también.

Al final, hacia el final de la película, Samantha hace balance de su vida y se da cuenta de que no la reconoce del todo. ¿Había cambiado poco a poco ella misma, o había alterado su vida para adaptarla a la de su novio? Decide dejarle, y cuando lo hace, esto es lo que le dice "Voy a decir lo único que no se debe decir. Te quiero... pero me quiero más a mí. Llevo cuarenta y nueve años en una relación conmigo misma, y eso es en lo que tengo que trabajar ".[1]

En un reciente viaje de vacaciones, me surgió un tema similar. Vi un anillo que me encantó. Me llamaba, aunque mi cerebro me respondía que era demasiado caro. Pero sentí que me lo merecía, que quería gastar mi amor en mí, y el anillo era un símbolo de ello. Así que lo compré. Cada vez que miro ese anillo cuando está en mi dedo, siento tanto amor y aprecio por mí misma. Me encanta haberlo comprado para mí. La sensación que tuve al dármelo a mí misma fue mucho mayor que si me lo hubiera comprado otra persona.

Si el anillo me lo hubiera comprado un novio o amante, podría haber sentido algún tipo de obligación hacia esa persona, y en el caso de que dejáramos de vernos, puede que no volviera a ponérmelo nunca. O si la relación hubiera terminado, y yo hubiera conservado el anillo, la energía que había detrás de él no tendría un peso positivo de cara al futuro, y estaría guardado en un cajón.

Mi anillo, el que compré para mí, es para toda la vida; no se puede devolver ni quitar. Eso es lo que representa el verdadero compromiso. El compromiso con una misma es el único compromiso que perdura en este mundo.

Los capítulos siguientes tratan sobre la creación de formas de comprometerte contigo misma para afirmar tu amor propio y hacer del autocompromiso una parte saludable de tu estilo de vida de amor propio. En el Capítulo 21, leerás sobre cómo prestar atención a tu cuerpo. El Capítulo 22 habla de cinco pequeños pasos que puedes dar para dirigir tus patrones de pensamiento hacia el amor propio. El Capítulo 23 explica cómo dar forma a tus relaciones conscientemente y, en el Capítulo 24, aprenderás a responder en lugar de reaccionar. El Capítulo 25 trata sobre el perdón. El Capítulo 26 explica cómo crear un bucle de amor propio y, por último, en el Capítulo 27, abrazarás a tu diosa guerrera interior.

Capítulo 21

Primero, estate quieta (¡presta atención a tu cuerpo!)

> La clave es estar en un estado de conexión permanente con tu cuerpo interior: sentirlo en todo momento.
> —Eckhart Tolle, El poder del ahora

La única manera de sentir realmente nuestro verdadero yo, de adueñarnos de nuestra energía y celebrar nuestra historia, consiste mantener la atención en el cuerpo. Tenemos que ser conscientes de no dejar que nuestra mente nos succione la energía. Nuestro pensamiento crea literalmente nuestra realidad. Al pensar en algo, le damos nuestra energía. Tenemos el poder de dar o no importancia a los pensamientos. Quita esa atención (o energía), y —¡voilá!— lo que estés pensando deja de existir. Por eso mi forma de pensar ha evolucionado con el tiempo a "Si no le das peso, no importa", porque ya no tiene el peso de tu atención.

Me di cuenta de lo poderosa que es nuestra atención. Como escribió Deepak Chopra: "Aquello en lo que pones tu atención se hace más fuerte en tu vida. Aquello a lo que quites tu atención se marchitará, se desintegrará y

> Si no le das peso, no importa", porque ya no tiene el peso de tu atención.

desaparecerá".[1] Es como cuando alguien te llama de improviso cuando acabas de estar pensando en él. Ése es el poder de tu atención. Es la razón por la que las oraciones tienen poder. Nuestra energía tiene poder. Eres poderosa, más poderosa de lo que realmente crees. Como dice la aclamada autora Marianne Williamson: "Nuestro miedo más profundo no es que seamos inadecuados. Nuestro miedo más profundo es que somos poderosos sin medida. ¿Es nuestra luz, no nuestra oscuridad, lo que más nos asusta"? Tienes el poder de crear tu mundo como quieras, ya sea de forma consciente o inconsciente (como funcionamos la mayoría de nosotros). ¿No preferirías crearte un mundo basado n elegir lo que realmente quieres potenciar, en lugar de ser reactivo, dejando que tu atención sea arrastrada de un lado a otro por distracciones constantes o apaciguando las necesidades de los demás?

Si no estás en contacto con cómo se siente tu energía, siempre la estarás regalando, porque no sabrás el valor de lo que posees. No conocerás tu valor, tu valía y tu poder. Quieres contener parte de tu energía y utilizarla para tu propio contenedor de poder. Cuando mantienes siempre parte de tu energía dentro de tu cuerpo, te das poder a ti misma. Una vez que te acostumbras a la increíble sensación de sintonizar con tu energía, sientes la diferencia cuando desaparece.

No puedes fijarte en nada si siempre estás revoloteando. Necesitamos ser observadores de nuestra energía. En un mundo en el que siempre estamos conectados a dispositivos, en el que nuestras mentes y cuerpos corren hacia lo siguiente, en el que nos distraen o entretienen a todas horas del día, la observación es un arte perdido. Se trata de un problema generalizado, no sólo para ti, sino para todo el mundo. Aprender a contemplar, observar y escuchar para recuperar la paz sólo ocurre cuando empezamos por la quietud.

Aceptar la quietud

¿Te has dado cuenta de que quizá tengamos alergia a la quietud?

¿Has esperado alguna vez en la consulta del médico durante horas o sentado en el coche esperando a que acabe el entrenamiento de béisbol de tu hijo? ¿O esperar en la cola de la farmacia, que cada vez pone más a prueba nuestra paciencia? Éstas son oportunidades para la quietud, pero en lugar de ello perdemos la cabeza, quejándonos del tiempo perdido, odiando a la persona que tenemos delante, que sólo está allí para tomar su medicación para la tiroides, y sintiéndonos inquietos, intratables, cabreados. Nos sentimos obligadas a dirigir nuestra energía hacia la acción en lugar de hacia la quietud.

En mi propia vida, he tenido que trabajar duro para reajustar mi perspectiva sobre la quietud y aprender a ver que los momentos en los que me sentía atascada o atrapada eran en realidad oportunidades para la quietud y la claridad. Cuando no estaba aprovechando las largas colas en la caja del supermercado, creé nuevos hábitos para dedicar "tiempo de quietud" a mi vida. Y no lo hice dándole duro a la esterilla de meditación ni comprando gongs y solicitando yoguis caros. (¡Aunque descubrí el yoga y cambió mi vida para siempre!) Para mí, hacer demasiado es exponerse al fracaso. Así que empecé poco a poco. Aprendí a parar unos minutos aquí y allá durante el día cuando podía, ya fuera en mi escritorio, en el coche, haciendo cola o simplemente estando sola en casa y entre una actividad y otra. Me tomaba de diez a quince minutos después de levantarme por la mañana o antes de acostarme por la noche para sentarme en silencio y trabajar en aquietar mi mente y mi pensamiento, concentrando toda mi energía en mi cuerpo, simplemente sintiendo mi energía.

Por supuesto, siempre hay días en los que ni siquiera yo puedo convencerme de que me baje del borde. Pero esos días locos son exactamente los días en los que busco la naturaleza para tomarme el tiempo de estar quieta, sentirme a mí misma, sentir mi ser y ponerme en contacto con mi verdadero yo, que está por debajo de las divagaciones de mis pensamientos. Para ayudarte a salir de tu cabeza, intenta escuchar atentamente tu respiración, concéntrate en el sonido del viento que sopla entre los árboles o en el gorjeo de los pájaros. Mientras tanto, siente la energía de tu cuerpo. Los estudios demuestran que la naturaleza tiene un efecto nutritivo. Estar en la naturaleza, a veces incluso contemplándola desde lejos, puede elevar la cognición, aumentar el estado de ánimo y bajar la tensión arterial.

Sintoniza con las molestias de tu cuerpo

Lo que me resultó increíblemente útil cuando empecé a sentir mi energía fue el yoga. Algunos tipos de yoga se centran en el trabajo de la respiración y en sentir distintas partes del cuerpo —enviar tu energía a distintas partes del cuerpo, no sólo en hacer una serie de ejercicios. Después de practicar esto durante un tiempo, empiezas a darte cuenta de la poderosa sensación de la atención de tu energía, y puedes empezar a aprender a controlarla. Muy pronto te resultará más fácil reconocer cuándo estás prestando toda tu atención a fuentes externas o a todo ese pensamiento constante en tu cabeza. Si te interesa probarlo por ti misma, puedes encontrar un tutorial en vídeo fácil de seguir en mi sitio web: https://jenna-banks.com/moving-your-energy

Cuando dejas de pensar y mueves esa energía hacia otras partes de tu cuerpo, empiezas a sentirte más viva y conectada con tu cuerpo. Mejor aún, si puedes mantener parte de esa atención en tu cuerpo en todo momento, empiezas a sentirte más tú de verdad. Esto requiere mucha práctica. Probablemente me llevó años, pero finalmente lo conseguí. Ha supuesto toda la diferencia del mundo para mi bienestar y mi conexión conmigo misma.

Tú no eres tu pensamiento

> Nuestro pensamiento basado en la vergüenza consume mucha de nuestra energía. Básicamente atrapa una tonelada de energía en un bucle de pensamiento incesante, haciendo que parezca que somos nuestros pensamientos. Ciertamente, yo solía pensar que era igual a todo lo que ocurría en mi mente. Como en el "pienso, luego existo" de Descartes, no podía ver la separación.

Puedo asegurarte de que tú no eres tu pensamiento. Eres la energía que con demasiada frecuencia queda atrapada en tu mente pensante. Es tu energía la fuente de tu poder y de tu alma, no tus pensamientos.

Cuando empiezas a sintonizar con la energía de tu cuerpo, que es tu verdadero yo, puedes empezar a ser consciente de cuándo sientes malestar o una sensación general de inquietud. Al igual que sabes lo que te hace feliz, tienes que sintonizar con cualquier sentimiento de infelicidad, malestar, ansiedad y estrés. Cualquier sentimiento que no sea de felicidad es una señal de que estás en el camino equivocado para ti.

Recuerdo que durante mi relación con mi exnovio Dave, dejé que se cruzara un límite importante y no me defendí como debía. No mucho después de aquel incidente, tuve una terrible sensación de ansiedad punzante en el pecho. Era tan pesada que casi me quemaba. La sensación se volvió tan agobiante tan rápidamente, que decidí buscar la ayuda de un terapeuta.

Estoy muy agradecida por haber decidido hablar con un terapeuta. Rápidamente, descubrió que la sensación física era consecuencia de no proteger mi poder y mi límite. Después de la sesión, hablé de ello con mi novio. Tras comprobar por sí mismo lo mucho que me había afectado su comportamiento, abordamos el tema, y la ansiedad remitió en los días siguientes.

He hablado mucho de cómo he aprendido a sintonizar con mi cuerpo para detectar cualquier tipo de sensación de malestar. Es mi indicación de que algo no va bien en mi vida, y de que tengo que prestarle atención y resolverlo. Puede ser una sensación de depresión, ansiedad, estrés; sea lo que sea, ya no dejo que ninguna de esas sensaciones me domine. Me limito a observarlos y a llevar a ellos el poder de mi atención. Elimino cualquier juicio que pueda tener sobre la sensación; sólo le presto atención y no me aferro a ningún pensamiento o emoción. Honro cualquier sensación que haya en mi cuerpo prestándole atención. Recuerdo que soy más que mis pensamientos, especialmente los de vergüenza. En lugar de ello, me centro en ser testigo de mis pensamientos, de modo que sintonizo con mi energía y permanezco en mi poder, en lugar de dejar que mis emociones me resten poder.

Me doy cuenta de que esos sentimientos sólo me están indicando que algo va mal en mi vida. Mi objetivo es sentirme feliz y en paz, no sólo parte del tiempo, sino todo el tiempo. Así que, si siento algo que no sea paz o felicidad, tengo que prestarle atención y averiguar qué puede estar causándolo, en lugar de atribuirle una emoción o personalizarlo. Desde que estoy en sintonía con prestar atención a lo que siente mi cuerpo, soy capaz de tomar mejores decisiones para mi vida, más rápido que nunca.

> Si tengo una nueva relación, la energía agotada es mi señal para tomarme un respiro y evaluar cómo me siento realmente respecto al rumbo de la relación.

Por ejemplo, en las relaciones nuevas, solía ignorar cuando sentía mucho estrés, ansiedad o malestar general. No son sentimientos que estoy acostumbrada a vivir, ya que generalmente me siento muy bien. Solía pasar por alto esos sentimientos negativos, suponiendo que estaban causados por algún factor externo al que yo atribuía el sentimiento, como el estrés por una situación de dinero.

Pero me he dado cuenta de que, si de repente experimento sentimientos negativos inusuales, entonces hay algo que me está embotando y agotando la energía. Si estoy en una nueva relación, la energía agotada es mi señal para tomarme un respiro y evaluar cómo me siento realmente respecto al rumbo de la relación y si está añadiendo valor a mi vida o restándoselo.

SUGERENCIA PARA EL DIARIO

Prestar atención a tu cuerpo

- Escribe hasta qué punto sientes que estás en sintonía con la energía de tu cuerpo.
- ¿Qué podrías empezar a hacer hoy para ayudarte a conectar mejor con tu propia energía?
- Piensa en las cosas a las que sueles prestar mucha atención, como preocuparte por lo que los demás piensen de ti o tal vez intentar conseguir la atención positiva de otra persona. ¿Qué pasaría si simplemente dejaras de prestar atención y energía a esas cosas?
- ¿Dónde puedes empezar a tomarte pequeños momentos de quietud, cesando todos los pensamientos y poniendo tu atención en tu cuerpo, a lo largo del día?

Capítulo 22

Cinco pequeños pasos de gran impacto

Muchas de las ideas de las que hablo en este libro requieren trabajo —duro trabajo emocional— para cambiar los patrones de pensamiento de tu vida actual por el nuevo pensamiento de una vida de amor propio. Afortunadamente, sin embargo, también hay algunas cosas más sencillas que puedes hacer para ayudar a realizar ese cambio. Permíteme hablarte de cinco de ellas, empezando por la más fácil.

1. Adopta un emblema

Como cualquier tipo de compromiso requiere un recordatorio consciente y trabajo, el anillo que me compré mientras estaba de vacaciones me recuerda lo importante que es mostrarme amor a mí misma con regularidad. Ahora me encanta comprarme pequeños regalos, como flores con regularidad, para hacer precisamente eso. En mi cumpleaños me compré un ramo precioso y caro, y significó mucho para mí. Puede parecer un pequeño gesto, pero en realidad marca una gran diferencia. ¡Me demuestro a mí misma lo mucho que valgo para mí!

Quiero que te sientas inspirada para demostrarte a diario cuánto vales para ti, y que encuentres formas de reforzar tu compromiso contigo misma. Hacerlo no tiene por qué requerir cosas materiales en absoluto, pero a veces un emblema ayuda. Yo veo mi anillo como mi emblema de amor propio. Me recuerda, sobre todo en los días en que vacilo, que me tengo en gran estima, y cuando lo recuerdo, es más probable que elija cosas que alimenten mi bienestar y me sirvan bien. Citando el sitio web Spirit of Water: "Estamos bendecidos por nuestra capacidad de alcanzar una comprensión profunda con sólo mirar los símbolos.... Simplemente conocemos los significados que hay detrás de las imágenes. Una sola mirada a un símbolo puede transformar la conciencia, los comportamientos, la comprensión y el bienestar. Los símbolos que contemplamos nos cambian para siempre ".[1]

Leer este libro es en sí mismo un símbolo de tu compromiso contigo misma. Estás sacando tiempo para leerlo, para contemplar algunas de las ideas, para hacer un trabajo interno. ¡Sorprendente! Decorar tu mesa de centro con este libro podría convertir al propio libro en tu emblema. La portada, el título, el hecho de que te hayas comprometido con él se convierte en tu recordatorio diario de que tú eres tu prioridad, de modo que cuando sales de casa para matar dragones, sabes que estás comprometida contigo misma, sin juicios ni vergüenza, para ganar el día.

Los emblemas tienen muchas formas. He aquí algunas ideas:

- *Arte corporal*: Probablemente la expresión más extendida del amor propio y el compromiso con una misma sea el arte corporal, o tatuaje. Tengo una amiga que se ha tatuado un par de pequeños corazones en la muñeca para recordar su compromiso de quererse a sí misma, ante todo.

- *Diploma de vida*: En lugar de escribir una lista de cosas por hacer, escribe una lista de tus logros y mándala diseñar y enmarcar profesionalmente. Coloca el diploma de tu vida en la pared y reafírmate cada día.

- *Bendición*: Cuelga un mantra en la pared de tu entrada. Cada día, cuando salgas de casa y entres en ella, míralo, tócalo;

recuerda tu valía. (Esto es especialmente útil los días que llegas a casa sintiéndote derrotado).

- *Adopta una mascota*: Tenía una amiga que, después de que su marido rompiera su matrimonio y se llevara a su gato, adoptó a su propio gato, llamándolo Mío, porque, como ella decía: "Es mío, todo mío". Mío se convirtió en el recordatorio de mi amiga de que podía tomar el control de una situación que durante demasiado tiempo la había estado manejando. Como amante de los perros y antigua propietaria de mascotas, creo en el poder de los animales de compañía, no sólo en los beneficios empíricos para la salud, sino también en el componente espiritual de una conexión tan profunda. Cuando conectas profundamente, ese vínculo se convierte en un símbolo y un recordatorio de tu valía y de lo mucho que añades valor a la vida de tu compañero.
- *Sé una piña*: Me topé con esta cita hace un tiempo, y me hizo pensar que añadir algunos objetos de piña por mi casa son buenas insignias que tener: "Sé una piña. Mantente erguida, lleva una corona y sé dulce por dentro".
- *Exhibe una pieza de poder*: Tendemos a recordar sólo las cosas malas y a olvidar las buenas que hacemos. Esto tiene que acabar. Elige un objeto o encuentra algo de tu pasado que te recuerde un momento en el que tuviste poder personal, te sentiste segura y a gusto en tu piel, o lograste algo importante para tu vida. Una amiga tiene un abrecartas en su escritorio que le recuerda un momento en que fue ascendida; otra lleva placas de identificación como símbolo de su valentía al servicio de nuestro país; otra amiga bronceó el primer par de zapatos de su bebé y los coloca al lado de su ordenador. Mirar piezas de poder como éstas te recuerda quién eres; te enraízan en tu esencia y te devuelven el amor propio que

quieres plasmar. Las piezas de poder afirman que sigues siendo esa persona, digna de amor y celebración.

2. Date un capricho

Esto también podría llamarse autocuidado, pero para mí, conecto mejor con este concepto como tratarme a mí misma. Lo que hagas para tratarte variará de una persona a otra en función de lo que te guste. Hemos hablado de la compra del anillo que hice en mis vacaciones, pero puedes darte otros mimos. No hay nada que hable más alto del autocompromiso que programar tiempo para comprometerte literalmente contigo misma en el momento.

A mí me encanta un masaje de pies de vez en cuando. He descubierto que un masaje en todo el cuerpo no me hace tan feliz como un masaje en los pies. Así que cuando siento que me vendría bien un poco de mimo, reservo uno. También sé que me encanta escuchar música a lo largo del día. La música me alegra el alma. Cuando me doy cuenta de que he abandonado la práctica de escuchar música durante el día, no me siento tan feliz. Cuando mi estado de ánimo no es tan bueno como sé que puede ser, pienso: "¿Qué me hará sentir mejor? La música es ese remedio instantáneo para sentirme bien.

Cuando estoy en una tienda comprando ropa, nunca me siento culpable por derrochar en lo que me hace sentir bien. Esto también va unido a la inversión en una misma. Cuando tienes buen aspecto, te sientes bien, y esto sólo tiene consecuencias positivas en tu vida.

Ahora bien, hay que tener cuidado para reconocer si comprar es intentar llenar algún tipo de vacío emocional. Esto no es sano en absoluto. Si tus compras te sacan de tus posibilidades económicas, no es un capricho ni una situación saludable.

Siempre se pueden encontrar formas de ir a la moda que se ajusten a tu capacidad económica. He encontrado tanto placer comprando en TJ Maxx como en boutiques de lujo, por una sexta parte del coste. Y me resulta muy gratificante ahorrar dinero al mismo tiempo.

3. Deja de decir "lo siento"

Por alguna razón, muchas mujeres tienen una tendencia natural a querer disculparse por todo. Te deprimes a ti misma cuando dices "lo siento" todo el tiempo. ¿Por qué lo sentimos tanto? Si los hombres hicieran esto todo el tiempo, probablemente la mujer los vería como débiles, inseguros o inexpertos. Entonces, ¿cómo crees que nos hace parecer el hecho de disculparnos innecesariamente?

Probablemente este tema debería incluirse en el capítulo sobre deshacer viejos condicionamientos, pero me pareció que merecía su propio enfoque. Al saltar rápidamente a "lo siento" o "lo siento" por cada pequeña cosa que hacemos, incluso al hablar en el trabajo, adoptamos un papel sumiso. Básicamente, le estamos diciendo al mundo que sentimos ser nosotras mismas; nos estamos devaluando. ¿Cómo se supone que van a valorarnos los demás si nos estamos disculpando constantemente?

Sé que al principio puede resultar difícil dejar de hacerlo. Es como decir: "Bien, ¿cómo estás?" como respuesta por defecto a "Hola, ¿cómo estás?". No significa nada, sin embargo, lo decimos a la primera. Para empezar a reeducar tu cerebro y dejar de disculparte, he aquí algunas estrategias:

- Anota mentalmente cada vez que digas "lo siento" cuando no hayas hecho nada malo. Luego deja de decirlo. Tu crítico interior querrá juzgarte por no decirlo, pero tú te opondrás, comprometiéndote contigo misma y con tu competencia. Poco a poco empezarás a darte cuenta de que no lo echas de menos cuando dejas de decirlo. El efecto secundario de no decirlo es que empiezas a construir tu poder personal.

- Si tienes que pedir perdón, intenta decir "perdón" o "por favor, discúlpame" en lugar de "lo siento". Lo siento y perdón son dos cosas distintas. Decir perdón es mucho más relevante para la situación.
- Si alguien dice algo que te provoca empatía, en lugar de decir "lo siento", considera "siento mucho que te haya pasado eso".
- Si cometes un error personal, intenta decir "uy" en su lugar.
- Si tienes una idea que te gustaría compartir en la sala de juntas o quieres plantear un punto de vista contrario, en lugar de empezar con el despectivo "Lo siento", di "Tengo una idea" o "¿Qué te parece esta solución?".

4. Deja de lado el perfeccionismo

En un episodio de *Shark Tank*, Barbara Corcoran hizo una crítica constructiva a una empresaria diciéndole que su afán de perfección le impediría alcanzar el verdadero éxito en los negocios. Continuó diciendo que ella misma tuvo que aprender que el 80% era suficientemente bueno, y que esa creencia le permitió hacer crecer su empresa.

Esto me impactó mucho. El perfeccionismo nos impide disfrutar de nuestros logros. El perfeccionismo también puede hacernos procrastinar. Esto se debe a que, según Brené Brown, autora superventas de *Los dones de la imperfección* y *Atrévete a liderar*, el perfeccionismo no es la clave del éxito. Más bien, las investigaciones demuestran que intentar ser perfecto resta logros y está relacionado con la depresión, la ansiedad, la adicción y la parálisis vital o el desaprovechamiento de oportunidades. "El miedo a fracasar, a cometer errores, a no cumplir las expectativas de la gente y a que nos critiquen nos mantiene fuera del ámbito en el que se desarrolla una competencia y un esfuerzo sanos", afirma Brown.[2]

Cuando aprendemos que no pasa nada si algo es suficientemente bueno, podemos dejar la tarea que tenemos entre manos y pasar a lo siguiente. Se abre el progreso a un nivel mucho más rápido. Me di cuenta de que necesitaba pasar de la mentalidad de que todo fuera "perfecto" a la de que fuera "suficientemente bueno", o de lo contrario nunca sería tan productiva como me gustaría. Una vez que asimilé el concepto de "suficientemente bueno", pude hacer crecer mi negocio. Me centré en dar en el clavo en el 80% de lo que hacía, lo que también me impidió esperar la perfección de los empleados. Ahora era capaz de aceptar las imperfecciones de los demás, lo que me permitía dejar ir y contratar a otros para que mi negocio pudiera escalar, aplicando la regla del 80 por ciento a sus logros.

No es de extrañar que la gente utilice el perfeccionismo como protección contra esa asquerosa palabra —ya estamos otra vez—: la vergüenza. Cuando sentimos vergüenza, nos autoabandonamos, cuando lo que realmente necesitamos es seguir autocomprometidos. Según Brown, nos volvemos adictos al perfeccionismo porque cuando finalmente experimentamos vergüenza, culpa o juicio, creemos que es porque no fuimos lo bastante perfectos. "En lugar de cuestionar la lógica defectuosa del perfeccionismo —escribe Brown, nos atrincheramos aún más en nuestra búsqueda de parecer y hacer todo lo justo."3

Cuando me encuentro cayendo en esta trampa, aquí es donde entra en juego el "suficientemente bueno" como una forma estupenda de recuperar el equilibrio.

Brown continúa: "En realidad, el perfeccionismo nos lleva a sentir vergüenza, juicio y culpa, lo que a su vez nos lleva a sentir más vergüenza, juicio y culpa: Es culpa mía. Me siento así porque no soy suficientemente bueno ".4

5. Sé amable con tu cuerpo

Si no cuidas de tu cuerpo, ¿dónde vivirás?

—Atribuido a Kobi Yamada

Cuidar mi cuerpo afecta a mi energía. Hay ciertas cosas que nuestro cuerpo necesita para hacernos sentir bien física y emocionalmente. Cuidar nuestro cuerpo es mostrarnos amor a nosotras mismas. Si estamos desaliñados todo el tiempo o no practicamos una higiene constante, le decimos al mundo que nos hemos dado por vencidos, mostramos una falta de compromiso con nosotras mismas. Decimos: "No valgo mi tiempo ni mi energía, y tú deberías sentir lo mismo hacia mí".

Lo que siento por mi cuerpo afecta a mi nivel de confianza. Cuando estoy en mi peso y forma física deseada, me siento bien en mi cuerpo. No se trata de cómo me perciban los demás. Se trata de lo bien que me siento conmigo misma. Cuando estoy contenta con mi cuerpo, disfruto más de la moda, me siento más segura en situaciones sexuales y me siento más completa como persona.

Pero cuidar tu cuerpo va más allá del peso físico y la apariencia. También es cómo lo tratas por dentro. Sé que después de beber demasiado, básicamente pierdo casi todo el día siguiente recuperándome. Dependiendo de cuánto haya bebido la noche anterior, al día siguiente puedo sentirme ansiosa, aletargada y muy improductiva. También como fatal cuando hay alcohol de por medio. Si lo hago con demasiada frecuencia, empiezo a sentirme mal conmigo misma en general y entonces comienza un ciclo de sentirme simplemente asquerosa. Y puede convertirse en un círculo vicioso.

Beber te hace sentir como si no te importara nada en el mundo, al menos de momento. Pero al día siguiente, te miras al espejo y te enfadas contigo misma por no haber resistido la tentación. He descubierto que cuando puedo romper el ciclo durante unos días, puedo empezar a sentirme orgullosa de mí misma por ser buena con mi cuerpo. Me tomo un momento para reconocer que he tomado mejores decisiones en los últimos días y evalúo y reconozco lo bien que me siento. Mi piel parece considerablemente más sana, duermo mejor y tengo más energía para hacer ejercicio. También tomo nota mentalmente de que esta buena sensación dura todo el día y es algo que prefiero al momento temporal de disfrute que puede producirse por beber demasiado.

Lo mismo ocurre con la comida. Nuestro cuerpo funciona a un nivel mucho óptimo cuando comemos alimentos integrales y eliminamos los que nos causan problemas. Mi norma general es intentar evitar los alimentos procesados y los que tardarían más de una semana en caducar —en volverse incomestibles— tras permanecer en la alacena o el frigorífico. No es que no me permita comer galletas, crackers u otros alimentos envasados de vez en cuando, pero no forman parte normal de mi dieta y los como con moderación.

He descubierto que las dietas no me funcionan. Si siento que no se me permite comer algo, eso hace que lo desee aún más. Puedo comerlo si quiero, pero si pienso en cómo me sentiré después o en lo mucho que puede alejarme de mi peso corporal óptimo, esta mentalidad me ayuda a tomar mejores decisiones.

Ahora me apetece comer alimentos sanos. Siento que mi cerebro se ha reconfigurado para buscar alimentos naturales y sanos. Me emociono cuando veo una bonita ensalada llena de verduras y hortalizas multicolores. Mi cuerpo sabe que se va a sentir bien después de comerlas.

Ahora, en el supermercado, cuando paso por delante de la sección de helados, lo que antes era una vieja tentación y una respuesta automática de antojo se sustituye por saber que lo bien que me siento es más importante que lo bien que sabe. Básicamente, el azúcar era una adicción que superé abandonando el hábito de comerla. Esa adicción fue sustituida por la adicción a la buena sensación que tengo cuando como alimentos sanos e integrales.

Sin embargo, quiero hacer una advertencia: cuidar de nuestro cuerpo no significa que debamos descuidar nuestras necesidades emocionales cuando se trata de él. Como mujeres, muchas pasamos gran parte de nuestras vidas rechazando nuestro cuerpo por lo que no es. Esto me resultó evidente cuando mantuve recientemente una conversación con una amiga mía. Actualmente, pesa unos nueve kilos más de lo que pesaba hace unos años, pero en aquella época realizaba mucho trabajo físico. Su peso reducido era insostenible en el mundo real. Pero para ella, esos "nueve kilos menos" son su "peso ideal".

Aunque mi amiga ha estado ocasionalmente en el peso de "nueve kilos menos" en el pasado, la mayoría de las veces su peso ha estado por encima de su peso ideal. Y como no está cerca de su peso ideal, con frecuencia menosprecia su cuerpo y vive en un modo de autorechazo. Hace poco tuvo otra de estas conversaciones de autorechazo conmigo, y me di cuenta de que no sólo no se está mostrando amor a sí misma, sino que se está tratando de una manera que nunca pensó que estuviera bien que alguien más nos tratara (especialmente un novio, amante o amigo) simplemente por nuestra diferencia de peso.

Cuando me di cuenta de esto, me entristecí por ella. Entonces me di cuenta de que yo hago exactamente lo mismo. Me castigaba mentalmente cuando subía de peso y hablaba y sentía negativamente sobre mi cuerpo. Por las conversaciones que he mantenido, creo que muchas mujeres caen en este patrón. De alguna manera, creemos que castigarnos es bueno para nosotras. Pero en realidad no funciona así. Castigarnos a nosotras mismas no es una buena motivación, nunca nos hará perder peso y, además, va en contra de nuestro amor propio. Sólo pensar en toda la energía negativa que enviamos a nuestro cuerpo con regularidad es realmente desgarrador.

Desde que me di cuenta de esto, he hecho un esfuerzo consciente para dejar de castigarme por aumentar de peso. Estos periodos de aumento de peso son momentos en los que necesito ser amable conmigo misma y perdonarme por desviarme de mis hábitos habituales de alimentación y ejercicio.

La vida pasa. Y del mismo modo que esperamos que nuestra pareja no nos eche en cara que hemos engordado (o adelgazado) ni que nos quiera menos por nuestro peso corporal, deberíamos darnos a nosotras mismas el mismo cariño y aceptación pase lo que pase. Tenemos que querernos tanto por dentro como por fuera, y esto incluye nuestro cuerpo.

Por eso, cada vez que pienso en mi sobrepeso, me perdono y busco formas de amar mi cuerpo. He descubierto que en realidad no es difícil hacer el cambio en mi enfoque. Sólo tenía que ser consciente de lo que me estaba haciendo y elegir conscientemente una forma más amorosa de tratarme. Y realmente, ¿cómo podemos esperar que los demás amen nuestro cuerpo con cualquier peso si ni siquiera lo amamos nosotras mismas?

Ahora que he adoptado este enfoque respecto a mi cuerpo, me doy cuenta de que no ha cambiado mi motivación para seguir intentando alcanzar mi peso ideal cuando me desvío del camino. Pero cuando me salgo del camino, ya no me siento mal conmigo misma.

Practicar con pequeños pasos

Mi objetivo en este capítulo era proporcionar suficientes sugerencias sencillas para que cualquiera que lea este libro encuentre al menos una a la que pueda decir sí. ¿Qué crees que te funcionará a ti? ¿Tienes o podrías comprar o crear un emblema para simbolizar tu compromiso contigo misma? ¿Hay algo que podrías hacer hoy para darte un capricho porque crees que mereces tu aprecio? ¿Crees que por un día podrías eliminar "lo siento" de tu vocabulario, excepto cuando tuvieras la culpa? ¿Eres una perfeccionista que podría probar lo que es vivir con un "suficientemente bueno"? ¿Puedes hacer hoy una cosa nueva para cuidar de tu salud?

Como sin duda sabrás, hay algunos cambios asociados a aprender a quererse más a una misma que no son fáciles y que puede llevar mucho tiempo dominar. Pero espero que estas ideas te ayuden a progresar rápidamente en algunas áreas, ¡y también a inyectar algo de diversión en la ecuación!

SUGERENCIA PARA EL DIARIO

Tratarte mejor

- ¿Cuándo fue la última vez que te diste un capricho? ¿Qué puedes hacer para mimarte esta semana?
- ¿Qué crees actualmente sobre el perfeccionismo? ¿De dónde crees que viene esa creencia?
- ¿Qué tipo de autoconversación te haces sobre tu cuerpo? ¿Le das a tu cuerpo tu amor o energía negativa?

Capítulo 23

Da forma a tus relaciones conscientemente

Cuando nos comprometemos con nosotras mismas, debemos ser conscientes de las personas importantes con las que también nos comprometemos. Esto tiene mucho que ver con el establecimiento de límites, pero va mucho más allá. Elegir una pareja para una relación es una de las decisiones más importantes que podemos tomar, pero tendemos a hacerlo con anteojeras. Ya sea que estemos cegadas por una intensa atracción química, encontremos algo familiar y seguro en una persona, o nos dejemos llevar por una pareja que cumple todos los "requisitos", es fundamental que pongamos más atención y seamos realmente conscientes de con quién decidimos comprometernos. Tenemos que ser conscientes no sólo de quiénes son esas personas y por qué nos atraen, sino también de si están alineadas con los valores que consideramos fundamentales en nuestras vidas.

Recuerdo un momento poco después de romper con Dave. Estaba muy dolida. Decidí que necesitaba más consejos y orientación de los que podía darme a mí misma. Quería comprender mejor cómo las cosas habían ido tan mal en primer lugar. Así que me metí en Internet en busca de respuestas y aterricé en un artículo escrito por alguien de un sitio de coaching para relaciones llamado Relationship Hero.

Había hecho terapia tradicional tras una ruptura anterior, y eso me ayudó a comprender mejor esa relación en concreto, lo que me atrajo de ella y por qué acabó fracasando. Pero el coaching de relaciones fue una experiencia muy diferente, porque el coach se centra específicamente en cómo actúas e interactúas cuando estás en una relación con otra persona. Los coaches utilizan herramientas más específicas del coaching que de la terapia, como descubrir creencias limitantes. Utilizando las hojas de trabajo de iniciación que me envió Relationship Hero, pude ver inmediatamente que tenía problemas de abandono, desconfianza y abnegación de los que ni siquiera era consciente. También aprendí que tenía que permitirme ser más vulnerable en las relaciones.

Con la ayuda de mi coach, pude descubrir que había estado cayendo inconscientemente en patrones conocidos en las relaciones, eligiendo a personas que eran controladoras y que me permitían no tener que ser vulnerable, con lo cual me sentiría "segura". Pero lo que me parecía "seguro" o "familiar" también desencadenaba todos mis patrones de supervivencia, incluida la necesidad de ser fuerte en una relación. Cuando era fuerte, me sentía segura, porque era un patrón que conocía.

> Que tengas química con alguien no significa que sea adecuado para ti.

También aprendí cuáles eran mis "valores relacionales", así como a detectar las banderas verdes (las que me decían que debía seguir adelante en la relación) y las banderas rojas que me daban pistas sobre si alguien mostraba realmente los valores que yo tenía en alto.

Había pensado erróneamente que, si tenía química con alguien y parecía una persona lo bastante decente, eso bastaría para darle una oportunidad. Que tengas química con alguien no significa que sea adecuado para ti. De hecho, lo que crees que es química podría ser sólo la comodidad que sientes por los viejos patrones que se presentan. Con la ayuda de mi coach de relaciones, repasé e identifiqué mis valores, los valores de mi relación y lo que necesitaba de mi pareja para cumplir mis valores.

Me quedó claro que mi última pareja no poseía casi ninguno de los valores clave de la relación que yo realmente necesitaba. De cara al futuro, era mi trabajo y mi responsabilidad asegurarme de que elegía mis relaciones conscientemente. No basándome únicamente en la química o el atractivo. Ni siquiera sólo en el amor. Sí, el amor es importante, y también lo es la conexión, y nos basamos en ambos en nuestras relaciones, pero esto me hace pensar en esa canción de Patty Smyth y Don Henley, "A veces el amor no basta". Sé que esto es cierto, especialmente en mi relación con Dave.

Tres preguntas para elegir pareja

A la hora de elegir a nuestras parejas íntimas, Tony Robbins sugiere que nos hagamos tres preguntas, ninguna de las cuales tiene que ver con el amor o la atracción:[1]

1. *"¿Pueden cumplir el compromiso?"* Una amiga mía salió una vez con un tipo diez años más joven que ella. Y aunque practicaban sexo apasionado y se divertían increíblemente juntos, ella sabía que quería casarse y tener hijos en los dos o tres años siguientes. Desde luego, a su edad (veinticuatro años) no era capaz, ni económica ni emocionalmente, de comprometerse. Aunque mi amiga sentía algo por este chico y se lo estaba pasando como nunca —y percibía que él también se estaba enamorando de ella, decidió que él no podía asumir el compromiso, no el que ella estaba dispuesta a asumir, así que rompió con él.

2. *"¿Cumplirán bien el compromiso a largo plazo?"* En los negocios, eres consciente de que los candidatos a un puesto de trabajo se venden mucho y bien en el proceso de la entrevista, pero, pregunta Robbins, ¿están sus objetivos alineados con el

trabajo? En el caso de mi amiga con el novio más joven, puede que estuviera preparado para asumir el compromiso de ser una pareja y padre, pero lo que Robbins sugiere es pensar en el largo plazo. ¿Sería capaz de quedarse? ¿De ayudarla a mantener a su familia? ¿Habría repercusiones si él no se comprometiera auténtica y al 100% con el plan? Por supuesto, nadie tiene una bola de cristal, pero veo el valor de hacerse esta pregunta.

3. *"¿Encajamos bien como equipo?"* Robbins trabaja mucho para ayudar a los empresarios a incorporar nuevos empleados que no sólo sean capaces de hacer el trabajo, sino que permanezcan en él porque sus objetivos y aspiraciones personales encajan bien con los de la organización. Sugiere hacer lo mismo al considerar una pareja. Si tanto tú como tu pareja enumeran sus necesidades en orden de prioridad y sus dos primeras necesidades son las dos últimas de la otra persona, Robbins duda de que sigan siendo felices como pareja. Este concepto de "compatibilidad de equipo" fue algo en lo que trabajé mucho a la hora de averiguar cuáles eran los valores de mi relación. Ahora sé que debo controlarme a lo largo del camino, sobre todo en las nuevas relaciones, y asegurarme de que soy fiel a mí misma, a mis necesidades y a los valores de mi relación. Si en algún momento siento que algo no va bien, tengo que ser consciente de ello y abordarlo de inmediato. (Hablo más sobre la comunicación de necesidades en la siguiente sección).

Ahora valoro mucho mi tiempo y mi energía. Si voy a dejar que alguien entre en mi espacio, al que concedo un gran valor, ahora tengo las herramientas que necesito para elegir conscientemente a una persona que realmente se ajuste a mis valores de relación.

Valores fundamentales

Poseer creencias básicas similares es fundamental si quieres que tu pareja y tú se sientan conectados, protegidos, seguros y gratificados. Algunos ejemplos de valores de relación son, entre otros

- ambición
- cuidado familiar
- intimidad
- generosidad
- fitness
- comunicación
- destreza
- prosperidad
- fiabilidad
- autodisciplina
- afecto
- sensibilidad
- lealtad
- honestidad
- perdón
- empatía
- inteligencia
- gratitud
- orden
- autenticidad
- sofisticación
- moderación
- salud emocional
- honor
- devoción
- optimismo
- valor

Comunica tus necesidades

Muchas de nosotras tenemos demasiado miedo de hablar y decirle a alguien lo que necesitamos de él. De hecho, he descubierto que el miedo a comunicar las propias necesidades es una de las principales razones por las que las mujeres fingen los orgasmos. Cuando las mujeres hacen esto, no dan a su pareja la oportunidad de poner de su parte. Intentan que su pareja se sienta bien sacrificándose a sí mismas.

Siempre he sido una gran comunicadora de mis necesidades en las relaciones. Y en todas las relaciones, mis parejas siempre han apreciado esto de mí. Casi siempre que planteaba mis necesidades, la otra parte estaba agradecida por asegurarse de saber qué era lo que necesitaba, y yo conseguía satisfacer más mis necesidades. Obtuvieron de mí una guía clara para asegurarse de saber cómo me siento en ese momento, en lugar de verse sorprendidos por emociones negativas más adelante, cuando no se satisfacen mis necesidades silenciosas.

He descubierto que es especialmente importante comunicar los sentimientos que pueda tener, justo en el momento del incidente. Esto da a mi pareja la oportunidad de comprenderme cuando la situación está fresca, en lugar de no tener ni idea de si hay algún problema y que éste salga a la luz mucho más tarde, cuando el incidente ya ha pasado.

"¿Qué pensarán de mí?" debe dejarse de lado para alcanzar la felicidad, dice Joseph Campbell. Cuando no comunicas tus necesidades, estás enviando el mensaje de que lo que necesitas no importa. Eso es lo contrario del autocompromiso.

Comunicar tus necesidades te hace sentir bien. Si no estás acostumbrado a hacerlo, al principio puede darte un poco de miedo, sobre todo si te gusta complacer a la gente o te preocupa cómo puede interpretar la otra persona que digas lo que piensas. Pero una vez que te enfrentes a ese miedo y te des cuenta de lo sano y bueno que es para ambas partes, ya no dejarás que ese miedo te detenga.

Tómate tu tiempo para estar a solas cuando lo necesites

Cuando vives con alguien, o simplemente estás cerca de alguien todo el tiempo, puede ser muy difícil tener una opinión clara y objetiva sobre cómo te sientes exactamente respecto a la relación. Cuando hay un sentimiento subyacente de incomodidad sobre la relación o te sientes un poco inquieta con tu pareja y no puedes precisarlo, tomar un espacio para ordenar tus sentimientos es una de las mejores maneras que he encontrado de ponerme en contacto con la parte más profunda de mí. Ésta fue otra lección que tuve que aprender por experiencia.

Mi relación más larga fue con un hombre llamado Jerry que era más de una década mayor que yo. Cuando conocí a Jerry, me había mudado hacía poco y estaba dispuesta a extender mis alas.

Jerry era un hombre de familia, parecía muy estable y seguro, y tenía una sonrisa atractiva y gregaria que te hacía sentir que todo iba a ir bien. Yo había sido muy independiente toda mi vida, así que un hombre me hiciera sentir que todo iba a ir bien era algo que supongo que necesitaba en aquel momento.

Aunque me sentía atraída por él y sentía amor por él, siempre tuve algunas dudas. Su comportamiento controlador, así como su falta de aptitud económica, eran un poco desagradables. También me parecía que pretendía ser muy importante. Tenía un ego exagerado que siempre me resultó un poco molesto, una falta total de conciencia de sí mismo. También me ocultaba su situación económica, lo que me preocupaba un poco cuando consideraba nuestro potencial juntos a largo plazo. Pero decidí pasar por alto esos problemas al principio, ya que también era muy amable conmigo, me mostraba amor y atención, y era una persona muy estable.

Como acababa de mudarme, vivía sobre todo de mis ahorros mientras intentaba poner en marcha un nuevo negocio. Él también era un empresario que trabajaba desde casa, como yo. La relación se volvió bastante intensa y pronto me pidió que me fuera a vivir con él. Tras mis dudas iniciales, acepté. Estaba acostumbrada a ser super independiente, pero estaba dispuesta a arriesgarme y darle una oportunidad a esta relación. (Nota al margen: insistí en contribuir a su hipoteca para asegurarme de que, por el mero hecho de vivir en su casa, no hubiera un desequilibrio de poder subyacente entre nosotros).

Como no llevábamos mucho tiempo juntos antes de mudarme, llegué a conocerle mucho mejor mientras vivía con él. También me familiaricé más con mi sensación subyacente de que las cosas no estaban exactamente donde yo quería que estuvieran. No me sentía con la misma alegría de siempre. Mi energía siempre se sentía un poco mermada, a diferencia de cuando vivía sola. Me di cuenta de que ya no me gustaba lo que veía de mí misma cuando me miraba en el espejo. Y cuando me relacionaba con extraños, incluso con la cajera del supermercado, sentía que quería esconderme.

Una primavera nos fuimos de vacaciones exóticas. Había estado muy estresado con su aventura empresarial y había actuado de forma un poco errática. Su pequeño equipo ejecutivo, todos ellos viejos amigos suyos, empezaron a ponerse en su contra e intentaron destituirlo como director general de su propia empresa. (Independientemente de las razones que me diera sobre sus amigos traidores, tenía dudas sobre su versión de los hechos. ¿Por qué se volverían contra él sus antiguos amigos sin motivo?)

Mientras estábamos de vacaciones, Jerry soltó la bomba de que teníamos que alquilar su casa —donde vivíamos los dos— por motivos económicos. Dijo que el plan consistía en mudarnos a un minúsculo piso de alquiler de su propiedad que necesitaba urgentemente una reforma. Yo estaba en estado de shock. La conmoción provenía del hecho de que no me estaba respetando como compañera, algo que antes me preocupaba. Si me hubiera respetado como compañera, no daría por sentado que me parecería bien y que le acompañaría a donde le llevara la vida. Y me había estado ocultando su situación económica. La única razón por la que me lo decía ahora era que estaba arruinado. Había puesto todos los huevos de su inversión en la misma cesta, una terrible decisión financiera para alguien de su edad.

Definitivamente, no estaba de acuerdo con vivir en aquel pequeño apartamento. Había trabajado demasiado y me había ido lo bastante bien en la vida como para no tener que vivir así. Y ahora conocía su verdadera situación, la que me había estado ocultando. Ya tenía muchas dudas sobre el rumbo de nuestra relación y sobre cómo me sentía en general. Decidí que necesitaba alejarme y tener algo de espacio. Aún tenía dos propiedades de alquiler en Airbnb en la Costa Este, así que reservé una estancia de dos semanas en una de ellas para tomarme algo de espacio y pasar tiempo con mis amigos.

Le dije a Jerry que no me llamara ni me enviara mensajes de texto, que necesitaba espacio para reflexionar y pensar sobre la situación en la que se encontraba. Probablemente debería haber seguido el consejo del Dr. Wagner (como se indica en las páginas siguientes) y haber utilizado más diplomacia en mis frases, pero él accedió de todos modos. Poco después, empezó a hacerme sentir culpable por ello, como si le debiera algo. Dijo que estaba pasando por un momento difícil en su vida y que cómo me atrevía a necesitar espacio cuando era él quien estaba "pasando" por algo. Sin embargo, no dejé que me avergonzara ni que controlara mi decisión, cosa que él intentó por todos los medios.

Mi tiempo a solas me permitió pensar con mucha más claridad. Hablé las cosas con mis amigos y tuve tiempo para contemplarlas en paz, sin que Jerry intentara influir en mi decisión. Por fin pude volver a sentir mi energía por primera vez en bastante tiempo. Sentí una hermosa sensación de paz y claridad.

Cuanto más pensaba en su situación y en cómo sus elecciones vitales estaban afectando negativamente a mi vida, más me daba cuenta de que yo no era responsable de él. También supe que su trayectoria vital no era la que yo quería para mí. Su historia no era la mía. Tenía una visión diferente de mi vida, pero me encontré viviendo sólo la suya.

Hacer espacio para ti

> El alma necesita más espacio que el cuerpo.
> —Atribuido a Axel Munthe

Puede que te resulte incómodo plantear a tu pareja la clásica petición de "necesito espacio". También es posible que tu pareja reaccione un poco negativamente si se siente amenazada de algún modo. Pero la verdad es que, si no están dispuestos a darte el espacio que necesitas para descubrir tus sentimientos, están siendo controladores, inseguros o algo más (¿envidiosos tal vez?), que no tiene nada que ver con que hagas lo que es mejor para ti.

Si tu pareja te quiere de verdad, te dará la libertad de ser quien eres. La verdad es que si vuelves con él habiendo elaborado tus sentimientos y pensamientos sobre la relación, estarás en una situación mucho mejor. Pero si has descubierto que estás en una relación que no satisface tus necesidades y no te llena como persona, entonces es mejor haberlo descubierto cuanto antes.

Es fácil dejarse llevar por el ritmo de tu pareja y no querer cambiar las cosas. Pero seguir con lo que conoces simplemente por miedo a lo desconocido no es vivir una vida que satisfaga tus necesidades, y no te permite crear la historia de tu vida como realmente quieres que sea. No es indicativo de amor propio.

Tomarse un espacio no tiene por qué ser un caso federal

El dicho "No es lo que dices, sino cómo lo dices" es 100% cierto en el caso de explicar a un ser querido que necesitas espacio. Si eres consciente de cómo expresas la petición, puede que el rechazo disminuya significativamente o desaparezca por completo. La terapeuta matrimonial y familiar Talia Wagner aconseja que formular tu petición de la forma correcta marca la diferencia entre la resistencia y que tu ser querido apoye tus necesidades e incluso piense utilizar el tiempo para su propia introspección y crecimiento.

"Si lo pides de manera amable y cordial y destacas que es algo que los dos necesitan y de lo que se beneficiarían, se consigue mucho", dijo Wagner a HuffPost. "Cuando das esta noticia en tono acusador o frustrante, el mensaje rara vez se recibe".[3]

Así que en lugar de decir: "Me siento sobrecargada y completamente agotada entre el trabajo, los niños y todo lo demás", lo que podría provocar una pelea porque probablemente tu pareja se sienta igual, intenta hacer hincapié en que tu pareja también podría beneficiarse. Podrías decir algo como: "Creo que a los dos nos vendría bien tomarnos un poco de tiempo para nosotros".

Cuando te tomes un espacio para ti, quizá te resulte útil hablar con tus amigos o familiares sobre cómo te sientes. A veces podemos encontrar más claridad hablando con otras personas cercanas.

Utiliza tu tiempo privado para observar cómo te sientes —emocional y físicamente. ¿Te sientes mejor cuando controlas tu espacio? ¿Dices cosas como: "Hace semanas que no duermo tan bien" o "No recuerdo la última vez que me reí tanto"? ¿La gente elogia tu sonrisa o tu comportamiento? ¿No te apetece el alcohol o la comida reconfortante como te apetecía antes de tomar tu espacio? ¿Empiezas a ver a tu pareja con otros ojos? Si empiezas a sentir que tu energía se eleva y tienes una perspectiva mejor de la que has tenido en mucho tiempo, es señal de que has perdido demasiado de ti misma en esa relación. No olvides que este trabajo personal es aplicable a todas las relaciones diferentes, desde tu compañero de piso hasta tu jefe o tu madre.

Cuando te hayas tomado todo el tiempo que necesites, o todo el tiempo que puedas, y sigas sin estar seguro de qué es lo mejor para ti, intenta volver a tu situación. Pero esta vez, hazlo en un estado en el que intentes estar presente en cada momento en lugar de caer en viejos patrones de comportamiento inconscientes. Cuando vuelvas a tu situación, intenta no juzgar nada de lo que haga tu pareja como bueno o malo. No te apegues, reacciones ni personalices. Simplemente observa, haz preguntas y deja que respondan desde su verdad. Intenta hacerlo sin enfadarte con ellos, hacerles sentir culpables o juzgarles. Lo que tú digas puede influir en lo que ellos digan. Debes observar objetivamente lo que obtienes de ellos. Sé el testigo. Si te preguntan qué estás haciendo, puedes decirles simplemente que te estás tomando un tiempo para reevaluar dónde estás en la vida y que estás reflexionando sobre la relación.

El objetivo es ser objetivo y no reaccionar. Limítate a ser testigo. ¿Cuál es su comportamiento? ¿Te está mostrando amor? ¿Está siendo controlador? ¿Evaden la pregunta o te la devuelven? ¿Se alejan? ¿Intentan infundirte miedo o dudas, o te hacen sentir culpable o avergonzada por quererte más? ¿Qué te dice su lenguaje corporal? ¿Está hinchando el pecho intentado agrandarse? ¿Se encoge de apatía?

Una vez que observes lo que están haciendo, sigue haciendo preguntas y sigue aceptando esas respuestas. Sigue haciendo más preguntas hasta que sientas que eres capaz de ver la verdad de "lo que es" y quién es realmente esa persona, cuáles son sus motivaciones, cómo se ha formado su lente. En última instancia, si quieres amor, intimidad, comprensión o cualquier otro valor de relación que sea importante para ti, tienes que decidir que no vas a aceptar menos para ti. En resumen, no todas las relaciones en las que nos metemos están

Capítulo 24

Aprende a responder en lugar de reaccionar

En el capítulo anterior, te hablo de Jerry, el hombre mayor con el que salí durante varios años. Aunque tuvimos una buena relación, decidí dejarlo porque sus elecciones vitales no coincidían con las mías. Sentí que había dado demasiado de mí misma y que mi energía se había agotado. Antes de romper con Jerry y después de tomarme un tiempo a solas con él, volví a su casa para ver si podíamos encontrar la manera de solucionarlo. Pero lo que ocurrió es un ejemplo de lo que ocurre cuando una persona no responde, sino que reacciona sin pensar ni preocuparse por las consecuencias.

Jerry había estado bebiendo más que nunca, y se comportaba mal cuando bebía demasiado. Se suponía que estábamos intentando salvar nuestra relación, y él se limitaba a cavar una tumba aún más profunda adormeciéndose con el alcohol, una solución reactiva en sí misma. Recuerdo que en una discusión le dije que me preocupaba que hubiera invertido todos sus ahorros en su empresa en dificultades, sobre todo cuando no tenía ni fondo de emergencia ni ahorros para la jubilación.

Me replicó de manera airada, despotricando sobre cuánto más ganaba su ex que yo y de otras cosas que no tenían nada que ver, jugando al ojo por ojo, que para mí no se basa en absoluto en la razón. Cuanto más reaccionaba así, menos ganas tenía de intentarlo.

Uno o dos días después, estaba leyendo en el sofá. Probablemente se había bebido una botella entera de vino él solo durante la cena en menos de una hora. Decidí no tomar vino esa noche. Pasó a mi lado y dijo que se dirigía fuera a limpiar el jardín. No respondí, porque a él le gustaba pensar en voz alta todo el tiempo, y no me pareció que lo que decía mereciera una respuesta.

Lo siguiente que supe fue que volvió a la casa furioso, llamándome zorra porque no había reconocido lo que había dicho. Nunca había visto ese lado de él. Además de insultarme, empezó a gritarme a la cara. Ambas cosas no las había hecho nunca. Me asusté, pues sentí que incluso podría atacarme.

Temí por mi seguridad, así que intenté quedarme en el sofá y reservar un billete de avión para salir de allí. Continuó gritándome en la cara, así que me trasladé a un dormitorio y cerré la puerta. Era importante para mí mantener la calma y no devolverle los gritos. Créeme, cuando tienes miedo, es aún más difícil luchar contra ese instinto de huida, no dejar que la adrenalina se apodere de ti e inhiba una respuesta adecuada. Pero yo quería responder en lugar de reaccionar. Sabía que reaccionar sólo empeoraría las cosas. Entró a la fuerza en el dormitorio, todavía gritando sin sentido, haciéndome sentir extremadamente insegura. Así que llamé a la policía.

Nunca había experimentado algo así en mi vida. Y menos de Jerry, después de todos los años que pasé con él. Cuando llegó la policía, procedió a decirles que yo no vivía en esa casa (aunque todos mis efectos personales estaban allí) y que tenía que abandonar su casa inmediatamente. Mi perro y yo nos dirigimos a un hotel cercano. Mientras conducía hacia allí, me enviaba mensajes de texto diciéndome que me estaba bloqueando. Además del shock de la situación, también sentí un poco de alivio porque por fin iba a haber una resolución en esta relación. También sentí que, una vez más, era el universo el que me daba ese empujón no tan sutil, haciéndome saber que la relación había llegado a su fin y que era hora de seguir adelante.

Al día siguiente cambió completamente de opinión. Es increíble lo que ocurre cuando pasa el tiempo y tienes espacio para procesar la situación (y recuperar la sobriedad). Me suplicó que volviera y me quedara en casa, e incluso que durmiera en la habitación de invitados. Dijo que comprendía que habíamos terminado, pero que al menos debía pasar los días que me quedaban en casa antes de mi vuelo. Era una respuesta racional. Pero me quedé en un hotel cercano. Durante los días siguientes, Jerry fue amable conmigo, como de costumbre, y me ayudó a empaquetar cajas para enviarlas a mi casa del Este. Insistió en llevarme al aeropuerto, donde nos despedimos. Me fui sabiendo que nunca volvería. Sus reacciones me mostraron los lados de él que me hicieron estar segura de que nunca volvería a mirarle de la misma manera. Un par de semanas después de marcharme, cuando pudo sentir que probablemente me había perdido para siempre, rompió a llorar por teléfono como nunca antes había oído llorar a un hombre. Me confesó que su comportamiento de aquella noche era uno de los mayores remordimientos de su vida. Por supuesto, me sentí mal por él por el dolor que sentía. Pero no dejé que eso afectara ni un solo momento a mi propia decisión sobre mi vida. Unos días después, tras beber una noche, volvió a comportarse fatal. Corté la comunicación definitivamente, hice una ruptura limpia y nunca miré atrás.

> Si quieres vivir una vida que ames, tienes que amar las decisiones que tomas.

Si quieres vivir una vida que ames, tienes que amar las decisiones que tomas. La mayoría de nosotras no nos damos cuenta de cuántas decisiones tomamos de manera automática en nuestro día a día y que luego terminamos lamentando. Actuamos por impulso, dejándonos llevar por la reacción del momento, cuando deberíamos aprender a responder de forma más consciente y reflexiva. Como se cree que señaló Ravi V. Melwani: "Los sabios responden. Los necios reaccionan. El sabio piensa y luego actúa. El necio actúa y luego se arrepiente".

Elegir responder en lugar de reaccionar

Supongamos que vas en coche al trabajo y alguien te corta el paso. Puedes elegir permitir que esa situación te altere, o puedes elegir no dejar que te altere. Realmente es una elección. Yo elijo vivir mi vida sintiéndome lo mejor posible a lo largo del día. Y también elijo no dejar que el comportamiento de otra persona se interponga en mi felicidad. Elijo centrarme en responder a las situaciones en lugar de reaccionar ante ellas, como se resume en la siguiente tabla.

Reacción	Respuesta
Basado en el miedo	Reflexiva
Defensiva	Razonable
Las emociones están en control	Observa las emociones
Sin razón	Capaz de influir en los resultados
Instintivo, de la mente subconsciente	Controla la situación
Visión a corto plazo	Visión a largo plazo

Tal como supe con Jerry, ser reaccionaria al comportamiento de otra persona hace que ésta controle tu energía. Dejas que esa persona gobierne tu autonomía. Este gobierno puede conducir a la manipulación emocional, que puede hacer que te comportes de formas que normalmente no te comportarías, reaccionando a sus emociones. Pero como eres tú quien se compromete y reacciona, no puedes evitar pensar que tus reacciones son tú.

Casi todos los días me encuentro con personas que intentan hacerme sentir de una determinada manera haciéndome reaccionar, ya sea para quedar bien conmigo con un cumplido o para conseguir que participe en su forma tóxica de pensar con algún tipo de discurso negativo.

Afortunadamente, soy tan consciente de la emoción que otra persona intenta provocar, que puedo elegir cómo reaccionar en lugar de reaccionar de inmediato en función de la emoción que surja. Esa emoción no soy yo, ya que no procede de un lugar consciente. Responder y no reaccionar requiere atención, pensamiento y consideración. Cuando necesites responder, podrás hacerlo desde un sentimiento de fuerza y confianza, lo que te ayudará a mantener tu compromiso contigo misma y con la forma en que quieres vivir tu vida.

Para aclarar la diferencia entre reacción y respuesta, la coach ejecutiva certificada Melissa Eisler utiliza la analogía de un cachorro. En su sitio web, Eisler escribe: "Las reacciones son como un cachorro [no entrenado que ladra a todos los perros que ve, salta a todos los vecinos que pasan, y luego... se come *tu* cena. Las respuestas son más parecidas al perro adulto... bien adiestrado que viene cuando le llamas, ladra sólo cuando hay motivo para ladrar y espera pacientemente su golosina".[1]

Tomar las riendas

Requiere entrenamiento en atención plena y mucha práctica, pero si consigues adquirir el hábito de no reaccionar de inmediato (aunque sólo sea para hacer una pausa y respirar un segundo) ante una situación cargada emocionalmente, estarás en condiciones de ser fiel a tu naturaleza. En el espacio que creamos en esa pausa antes de reaccionar a un desencadenante, podemos observar tanto lo que lo provocó como nuestra reacción inmediata. ¿Por qué me siento así? ¿Por qué quiero devolverle el daño a esta persona? ¿Qué hay en lo que acaba de decir que me pone a la defensiva? ¿Tengo miedo? ¿Creo que tiene razón? ¿De qué tengo miedo? Si tiene razón, ¿por qué me molesta de esta manera? Volver a tomar las riendas comprometiéndote contigo misma en el momento, en lugar de atacar, te coloca en una posición de poder, de modo que puedes seguir comprometida con ese poder.

En el último capítulo hablo de tomar espacio. Todas merecemos espacio para proteger nuestros límites, pero también para resolver las cosas y crecer a partir de ellas. La próxima vez que sientas que estás a punto de reaccionar en lugar de responder, Eisler aconseja crear ese espacio. "Añadir esa pausa —esa capa de observación, espacio, atención plena o como quieras llamarla— al momento en que notas que estás desencadenado puede significar la diferencia entre fortalecer o romper una relación, entre que un hijo, amante, colega, empleado o vecino se aleje sintiéndose apoyado o menospreciado", escribe. "Ese espacio podría significar unas cuantas respiraciones profundas mientras permites que la reacción se desvanezca e invitas a tu equilibrio a volver. O podría significar tomarte un día o una semana para enfriarte y reducir la carga de tu respuesta emocional. Cada persona y cada situación requerirán una forma distinta de hacerlo. Tomarte un poco de espacio cuando te sientas provocado te dará tiempo para tomar una decisión consciente sobre tu siguiente paso".[2]

Capítulo 25

Perdona

> Perdonar no es sólo ser altruista, es la mejor forma de interés propio.
> —Arzobispo Desmond Tutu, *No hay futuro sin perdón*

He tenido que lidiar con el perdón muchas veces en mi vida: con mi padre, con mi madre, con mi ex marido, con mi propio hijo. Haber crecido en una fe en la que te enseñan que Dios sólo te perdona si haces penitencia hizo que me resultara más difícil perdonar a las personas más cercanas en mi vida por herirme y desatenderme. Durante mucho tiempo, pensé erróneamente que el perdón les liberaba de sus actos, lo cual no es cierto en absoluto.

Mucha gente confunde el perdón con la absolución. El doctor Fred Luskin, especialista en perdón, fue entrevistado por Michele Matrisciani para su libro *Whole*. Dijo: "Perdonas para que no te capturen un trozo de tu vida. Tu cerebro está ocupado por un padre muy, muy malo. Perdonas para que tu progenitor ocupe menos parte de tu cerebro a medida que tu vida avanza".[1]

Dejar ir la negatividad

En capítulos anteriores, he hablado mucho de la autocompasión y el autoperdón, pero ¿qué hay de dejar ir los rencores que guardamos hacia los demás? Cuando nuestra atención se desvía hacia los demás, especialmente en forma de energía negativa, eso se convierte en energía que no retenemos para comprometernos con nosotras mismas. No nos centramos en nosotros, salvo para rumiar nuestro victimismo.

Si somos capaces de perdonar y dejar ir el resentimiento y el rencor, habrá más espacio en nuestro corazón para la compasión y el amor. Aferrarse a los rencores sólo nos perjudica al final, no al revés. ¿Por qué querría alguien conscientemente hacerse daño continuamente?

Recuerdo que, cuando tenía poco más de veinte años, ocupaba un puesto de ventas y una compañera de trabajo me robó un cliente potencial de gran valor. Era algo novata en ventas, y lo que hizo iba en contra de las normas que la mayoría de los vendedores formados saben seguir. Cuando me quejé a mis compañeros y a mi jefe, todos me dijeron que debería darle un pase libre, ya que era nueva, por no mencionar que todos eran hombres y ella una rubia despampanante. Aunque ella y yo nos habíamos hecho bastantes amigas antes de eso, sabía que yo estaba muy disgustada, dolida y enfadada por la situación. Recuerdo que retuve ese enfado durante muchos días, incluso semanas.

Y un día me di cuenta: La única persona que sufría con ese enfado y resentimiento era yo. Mi colega parecía seguir con su vida sin preocuparse de nada. Entonces, ¿por qué me estaba causando tantos trastornos en mi vida?

Perdonar a otra persona no significa que el acto no estuviera mal, que no duela o que se olvide. Pero era decisión mía cómo quería sentirme respecto a la situación, hasta qué punto iba a permitir que me controlara, porque cuando no puedes perdonar, no tienes el control.

El Dr. Luskin escribió en su libro *¡Perdonar es sanar!: Libérese de los rencores y experimente los beneficios* que guardar rencor es peligroso para nuestra salud. El Dr. Luskin ha dirigido investigaciones sobre el perdón en la Universidad de Stanford y ha demostrado el poder que tiene el perdón en la mente, el cuerpo y el alma. Dice que se ha demostrado que el perdón reduce la depresión, aumenta la esperanza, disminuye la ira, mejora la conexión espiritual, aumenta la autoconfianza emocional y ayuda a sanar las relaciones.[2]

¡El perdón puede eliminar las excusas!

> Mucha gente no perdona para poder poner excusas por no vivir una vida plena. "Cuando no quieres curarte, necesitas un enemigo, necesitas una excusa", dijo el Dr. Luskin. "Digamos que eres una persona malhumorada. Es muy fácil decir: 'Bueno, estoy malhumorado porque mi padre me arruinó la vida'. Si no, te quedarás atascado haciendo el trabajo que tienes que hacer para dejar de ser una persona malhumorada. Una vez que el duelo típico sigue su curso (quizá a lo largo de unos años), lo único que te queda es tu vida. Tienes que averiguar cómo quieres vivirla con más éxito. No importa lo que haya pasado".[3]

Una vez que me admití a mí misma que me sentía como una mierda por esta batalla interna que mantenía con mi colega, me di cuenta de que aferrarme a la ira y al resentimiento era algo que estaba eligiendo. Pero la ira y el resentimiento continuos sólo me estaban afectando a mí y a mi energía de forma negativa, no a la otra persona. ¿Por qué iba a traer conscientemente esa energía a mi vida aferrándome a un rencor así?

Decidí que tenía que dejar ir la negatividad. Y la forma de hacerlo era encontrar el perdón. Siempre hay más de una forma de ver una situación. Decidí intentar ver la situación desde el punto de vista de la otra persona. Quizá no tenía intención de hacerme daño. Quizá se sintiera justificada por la postura que adoptó conmigo. Quizá simplemente no entendía las reglas del mundo de las ventas.

Tras aquella epifanía, todo cambió a mejor para mí. Nunca me permitiría aferrarme a ningún sentimiento negativo hacia alguien porque sabía que sólo era yo haciéndome daño a mí misma. Estoy muy agradecida por haber aprendido esta lección muy pronto en mi vida, porque unos años más tarde tuve que hacer frente a una situación tremenda.

Se trata de ti, no de ellos

Bien entrada en la edad adulta, recibí un correo electrónico de mi madre con uno de los mensajes más crueles que jamás me había escrito. En él decía cosas verdaderamente horripilantes. Aquella carta fue como un cuchillo en el pecho. Aquel día me sacudió el mundo. Realmente sentí que intentaba aniquilarme. Me permití sentir toda la emoción de aquel ataque. Lloré —no, gemí— probablemente más de lo que lo había hecho nunca durante el tiempo que había vivido con ella en mi primera adolescencia. También sentí que intentaba incitarme a algún tipo de respuesta, como si me estuviera sondeando para intentar sacarme una reacción negativa y hacerme entrar en su mismo juego.

Pero yo había elegido en la vida no dejar que los demás me absorbieran en sus patrones de comportamiento. Sencillamente, no participo.

Tras dejarme sentir la herida y el dolor de esa carta y dejar espacio para que se calmaran las emociones, sentí un poco de alivio al saber que ella acababa de ayudarme a tomar una decisión que cambiaría mi vida: La eliminé de mi vida. Protegí mis límites y preservé mi poder personal. Y todo esto lo hice perdonándola. Al mismo tiempo, también causó estragos en la vida de otros familiares míos. Tenía que estar sufriendo mucho para no poder tener ningún tipo de conexión normal con ninguno de los familiares de su vida. Con esa perspectiva, ¿cómo podía no perdonarla? Me imaginé que debía de estar lidiando con un montón de conflictos internos y negatividad para arremeter así contra los demás. Ella era la que realmente sufría y se estaba perdiendo lo que podrían haber sido las relaciones más cariñosas y solidarias de su vida.

Pero el hecho de que eligiera perdonar a mi madre no significa que tenga que elegir seguir permitiéndola entrar en mi vida. Ella no era capaz de ser nadie más que quien era, y yo tenía que aceptarlo.

En *El Cerebro de Buda*, Rich Hanson y Richard Mendius enseñan un ejercicio llamado Diez Mil Cosas. Se utiliza para ayudar a ampliar nuestra perspectiva poniéndonos en el lugar de otra persona y analizando qué podría estar influyendo en sus acciones. Cuando lo utilicé con mi madre, sucedió lo siguiente. Me pregunté si había "diez mil cosas distintas" que pudieran haber llevado a mi madre a escribirme un correo así.

Consideré las realidades de su vida, como sus responsabilidades, el estrés diario, sus demonios personales, etc. Tuve que preguntarme si sabía mucho sobre la infancia de mi madre. ¿Tenía algún trauma secreto que yo desconociera o que nadie supiera? ¿Creció en una época en la que la salud mental no se reconocía ni se comprendía? Cuando era más joven, ¿no pudo obtener la ayuda que podría haber obtenido si fuera mayor de edad hoy en día? Tuve que considerar cómo procesaba mi madre las conversaciones, las críticas y las interacciones cotidianas. Siendo una persona muy creativa, ¿podrían las excentricidades de mi madre haber ido en detrimento de su personalidad a la hora de relacionarse con los demás? ¿Podría ser algo relacionado con el ADN?

La cuestión es que considerar la plétora de cosas que informan (o no informan) a una persona te ayuda a desprenderte de tus propias percepciones y a ser más objetivo. Te das cuenta de que nada de esto tiene que ver contigo. Este ejercicio es un acto de compasión, incluso de empatía.

Después de comprometerme conmigo misma, dejé que mi madre se fuera de mi vida. Y para ello no tuve que reaccionar ni responder de ninguna manera. Simplemente fue así. Mi cuerpo físico se sintió enérgico y vibrante después de realizar este trabajo, y sólo esa energía me dijo que mi elección era correcta. Elegir no volver a permitir que mi madre entrara en mi vida me hizo sentir bien. Y sentirme bien es uno de mis principales objetivos en la vida. Ya no le doy el espacio principal en mi cerebro. Nunca me he puesto en contacto con ella, y ella nunca se ha puesto en contacto conmigo desde que escribió aquella carta. Sigo sintiéndome sana y positiva respecto a mi decisión, más de quince años después.

Responder con el perdón

En el capítulo anterior, hablo de la necesidad de aprender a responder reflexivamente en lugar de reaccionar sin pensar. Si hubiera respondido con un correo electrónico reaccionario a mi madre, que me hirió tan profundamente, no habría tenido los medios para responder reflexionando del modo en que lo hice. En esa reflexión observé por qué me habían herido y cuáles podrían haber sido las Diez Mil Cosas de mi madre. Pude tomar una decisión racional, bien informada y meditada: no tenerla en mi vida.

Reaccionar como creo que ella quería que reaccionara —respondiendo con culpas e insultos, despotricando por teléfono— me habría mantenido en una espiral de dolor, rabia y vergüenza, y no creo que hoy fuera la misma persona si lo hubiera hecho.

Decidí responder con el perdón y soltar la rabia y el dolor que había arrastrado durante tanto tiempo. Al ser consciente del impacto que había tenido en mí, pude practicar el amor propio de la curación en lugar de rendirme a la gratificación inmediata de la represalia.

SUGERENCIA PARA EL DIARIO

¿A qué ira te aferras?

- Reflexiona y escribe situaciones en las que sentiste rabia o resentimiento hacia alguien que aún sigues reteniendo.
- ¿Cómo te ha afectado personalmente tu resentimiento? ¿Tus pensamientos negativos están creando energía negativa en tu vida?
- ¿Qué pasaría si dejaras ir ese resentimiento y entraras en un estado de perdón?

Capítulo 26

Crea un bucle de amor propio

Un bucle es una secuencia, serie o proceso cuyo final está conectado con el principio. Probablemente hayas oído el término bucle de retroalimentación, que es importante porque los bucles de retroalimentación permiten a los organismos vivos mantener la homeostasis. La homeostasis nos permite mantener nuestro entorno interno relativamente constante: ni demasiado caliente, ni demasiado frío, ni demasiado hambriento, ni demasiado cansado. Este sistema de regulación es saludable y continuo.

Al igual que con los bucles de retroalimentación, creo que podemos reforzar nuestro mecanismo interno de regulación del amor propio para crear un bucle de amor propio que sea fuerte e infinito. Una de las formas que tengo de hacerlo es celebrar las pequeñas victorias a medida que las consigo. Como ya he mencionado brevemente, tendemos a restar importancia a nuestros logros, eligiendo no reconocer cuando hemos aportado valor al mundo, mientras que exageramos nuestras luchas, defectos o errores. Nuestras pérdidas nos causan mucho más dolor que nuestras victorias felicidad. Esto se debe a la aversión a la pérdida, que los psicólogos describen como un sesgo que tenemos los seres humanos que hace que el dolor de perder sea psicológicamente el doble de poderoso que el placer de ganar. Qué mal hábito, y difícil de romper, ¡pero no imposible! Tenemos que centrarnos en el éxito incremental y celebrar cada victoria por grande o pequeña que sea.

Establece objetivos factibles, celebra las pequeñas victorias

El viejo dicho de dar pasos de bebé no podría ser más cierto, sobre todo cuando se trata de fijar objetivos. Se trata de dar pequeños pasos constantes hacia tus objetivos. Incluso algo tan sencillo como llevar un diario es un progreso. O solicitar un préstamo, ahorrar dinero de tu nómina, dar un paseo si intentas hacer más ejercicio: todo lo que hagas para alcanzar tus objetivos cuenta, y mantener el progreso cada día mantiene el impulso. Y simplemente sienta bien. El mero hecho de saber que has progresado te da un impulso extra de energía para todo el día.

Durante un discurso de graduación de la Universidad de Texas, el almirante William McRaven dijo: "Si haces la cama cada mañana, habrás realizado la primera tarea del día. Te dará una pequeña sensación de orgullo, y te animará a hacer otra tarea, y otra. Y pronto esa tarea completada se habrá convertido en muchas tareas completadas". También señaló que, aunque tengas un mal día, poder llegar a casa y encontrarte con una cama hecha por ti te proporciona una sensación de logro que te anima a hacerlo mejor al día siguiente.

Establecer objetivos factibles y reconocer que los hemos cumplido es una de las formas de mantener tenso el bucle del amor propio. A veces nos encontramos procrastinando las cosas que nos gustaría lograr. Pero cuando hacemos de la consecución de un objetivo personal una prioridad, nos estamos diciendo a nosotras mismas que somos importantes. Comprometernos con nosotras mismas significa comprometernos con nuestros objetivos.

La mayoría de las veces, no alcanzamos un objetivo porque lo hemos hecho demasiado elevado, o porque sólo buscamos la perfección. Si quieres perder peso, no fijes el objetivo en cuarenta libras; fija el objetivo en beber más agua esa semana o eliminar un capricho azucarado al día. Tendrás éxito más a menudo, lo que te dará una sensación de logro, igual que el almirante dice de hacer la cama. Cuando tenemos éxito, nos sentimos bien y queremos continuar.

El psicólogo de rendimiento londinense James King sugiere que, además de fijarnos objetivos alcanzables, debemos asegurarnos de que los objetivos que nos fijamos están dentro de lo que él llama nuestro "punto dulce". ¿Has visto alguna vez las audiciones de American Idol, en las que, de vez en cuando, uno de los jueces pide al concursante que repita la canción, pero en otro tono? De repente, su voz perfectamente bien cantada se transforma para dar escalofríos al público. Sólo necesitaban cambiar a una tonalidad concordante con sus habilidades y viceversa. Establecer objetivos concordantes que se encuentren en nuestro punto dulce es algo parecido.

Una de las formas de matar nuestro bucle de amor propio es la desmotivación, que se produce cuando no podemos ver que estamos progresando y ganando la partida, cada día. Por eso es importante reconocer y celebrar las pequeñas victorias. La motivación es el motor que nos mantiene en el camino hacia lo que queremos, así que cuando disminuimos nuestras victorias, disminuimos nuestra motivación. "La desmotivación suele venir porque no estamos seguros de lo lejos que estamos de nuestros objetivos", escribe Jenny Marchal para Lifehack. "A veces creemos ciegamente que el objetivo aún está muy lejos, cuando en realidad podría estar a la vuelta de la esquina, algo que nunca sabremos si nos rendimos".[3]

Reconocer las cosas proactivas que hacemos (como hacer la cama) recompensa los circuitos de nuestro cerebro, que liberan sustancias químicas que producen orgullo y confianza y nos obligan a ir más lejos hacia nuestro siguiente logro.

Silenciar al crítico interior

Recuerdo que hace poco jugué un partido de tenis. Era un partido de liga competitiva, y fue con diferencia el partido más intensamente desafiante que recuerdo haber jugado con un oponente que estaba bastante igualado conmigo. Cada partida llegaba al deuce (empate) más de una vez. Así que cada partida acababa durando entre cinco y diez minutos. Ambos cometíamos muy pocos errores en las partidas, así que hacían falta muchas voleas para que uno de los dos golpeara la pelota fuera.

Cuando terminó nuestra reserva de pista de dos horas, ni siquiera habíamos terminado nuestro segundo set. Por ello, tuvimos que buscar nuevas pistas a las que trasladarnos, ya que todas las pistas en las que habíamos estado jugando estaban llenas. Por suerte, encontramos unas pistas públicas que estaban abiertas cerca. Así que retomamos el set donde lo habíamos dejado. Yo había ganado el primer set; ahora mi oponente ganó el segundo. Esto significaba que, después de jugar durante tres horas, pasábamos a un tercer set para determinar el ganador del partido.

Habíamos empezado a jugar a las 9 de la mañana. Cuando empezó nuestro tercer partido, hacía un calor sofocante de unos 85 grados. No había traído suficientes tentempiés ni agua para aguantar un partido tan largo y agotador. Por suerte, el novio de mi oponente tenía agua de sobra que estaba encantado de compartir. Hice acopio de toda mi fuerza interior para dar lo mejor de mí en este tercer set. Pero a una cuarta parte del mismo, estaba perdiendo energía rápidamente. Aunque estaba agotada físicamente, lo que perdía rápidamente era la fuerza mental. Es cierto que la noche anterior había bebido demasiado vino, lo que sabía que no era muy inteligente hacer antes de un partido.

Esa vocecita, mi crítico interior, empezó a aparecer en mi cabeza diciéndome que debía dejarla ganar el partido para que cesara mi paliza física. Hacía un calor brutal y me sentía absolutamente agotada. Pero entonces Id hizo un gran comentario y luego otro. En lugar de escuchar a la voz que me decía que abandonara, abracé a la diosa guerrera que llevaba dentro —o DGI, como yo la llamo (más información en el próximo capítulo)— y empecé a animarme a mí misma, a darme palmaditas en la espalda por haber conseguido un punto tan bueno y por haberme esforzado tanto para llegar a la pelota.

Noté cómo cambiaba mi energía. Pasé de querer abandonar a sentir que podía ganar. Lo mantuve durante casi todo el tercer set.

Podría haber escuchado fácilmente la voz autodestructiva que habría dictado mi derrota final. En lugar de eso, me sentí animada y con fuerzas para esforzarme al máximo, punto por punto. Gané por sólo dos juegos tras un agotador partido de cuatro horas y media.

Es muy importante darse palmaditas en la espalda y animarse a una misma. Al hacerlo, te permite reforzarte sin depender de fuentes externas para que te animen. Es como tener tu propio equipo de animadoras siempre que lo necesites. Y todo surge de tu interior. Puede sonar cursi, pero créeme, sienta de maravilla cuando lo haces. Así que anímate y pruébalo la próxima vez que hagas algo de lo que te sientas orgullosa.

Por desgracia, nuestro crítico interior tiende a tener un gran protagonismo en nuestras vidas. Es ruidoso y feo, y por alguna razón, hemos dejado que se convierta en la voz principal a la que escuchamos. Le damos rienda suelta y dejamos que nos diga todo tipo de cosas terribles sobre nosotras mismas que no son ciertas. Entonces tomamos la decisión de creer esas cosas que nos dice. Creemos que esas cosas falsas son verdad porque elegimos identificarnos con ese crítico interior como si fuéramos nosotras mismas. Pero no somos nosotras. No es quien realmente somos.

Dice cosas como: "¿Quién eres tú para presentarte a ese trabajo? No estás plenamente cualificada". Dice: "A nadie le importa lo que tengas que decir. No importas, así que ni te molestes en hablar". Dice: "Eres fea", "Estás gorda", "Nunca vas a conseguir nada grande en la vida porque te criaste pobre o sin las mismas oportunidades que los demás, no tienes la educación adecuada para llegar a ninguna parte, simplemente tienes mala suerte en la vida".

Tu crítico interior se basa en el miedo y las inseguridades. Nos impide tomar decisiones audaces basadas en lo que realmente queremos. Es muy fácil escuchar al crítico interior y quedarse donde estás segura, segura en el miedo, porque es lo que conocemos.

Podemos elegir escuchar esa voz, o podemos elegir fomentar el DGI en su lugar. Nuestra diosa guerrera interior observa cuando este crítico interior nos dice algo negativo. Ella interviene y dice: "Puedo elegir escucharte, o puedo elegir mirar lo contrario de lo que me estás diciendo y ver si ahí puede haber verdad para mí en su lugar".

¿Qué puedo hacer en su lugar para animarme ahora mismo cuando mi crítico interior quiere hundirme? Puedo buscar verdades en mi interior que conozca sobre mí mismo y construir esas verdades en su lugar. Mejor aún, mi DGI se convierte en la primera y única presencia que surge en primer lugar. Cuando empiezas a dejarla salir y a animarte y darte palmaditas en la espalda con regularidad, muy pronto tu relación con ella se fortalece en tu vida. Se convierte en tu nueva mejor amiga. ¿Y adivina qué? Tu crítica interior hace menos apariciones porque empieza a darse cuenta de que, de todas formas, ya no la estás escuchando.

Sé tu propia animadora

No sólo está bien darte palmaditas en la espalda cuando consigues algo, sino que animarte a ti misma con palabras amables, motivadoras y de felicitación es vital para vivir la vida con todo tu potencial. Tus victorias forman parte de tu historia, y recuerda que queremos ser dueños de nuestra historia. Lo contrario de este concepto es probablemente contra lo que luchamos la mayoría de nosotros: nuestro crítico interior. Nuestro crítico interior es esa vocecita que te dice que no estás cualificada para conseguir ese ascenso, que eres una impostora —que quién eres tú para montar ese negocio, que no eres lo bastante guapa para conseguir un tipo así, que si te enfrentas a esa persona para decirle cómo te sientes, reaccionará de forma terrible, que no estás cualificada para escribir ese libro.

Por desgracia, este crítico interior hace un gran trabajo convenciéndonos de que lo que dice es cierto. Pero, en última instancia, nosotras controlamos lo que decidimos creer. Mientras estoy aquí sentada escribiendo estas palabras, me estoy dando una palmadita en la espalda por haber pateado traseros hoy con el número de palabras que he puesto en la página. Me siento muy bien cuando me felicito por mis esfuerzos. Me eleva el alma y me mantiene en el juego.

Las palabras pueden tener el mismo efecto placebo que las pastillas. Las personas a las que otros les dicen que son atractivas, que tienen éxito o que hacen un gran trabajo sienten que lo que se dice es cierto. Y si pueden sentir que esas cosas son ciertas, tienden a encarnar esos rasgos. Pero ¿sabías que puedes proporcionarte a ti misma esas mismas palabras de ánimo y tendrá el mismo efecto?

Del mismo modo que comprarme un anillo me hace sentir mejor que recibir una joya de otra persona, elogiarme a mí misma me hace sentir mejor que cuando otra persona me elogia. Aprendí que es mucho mejor preocuparme por cómo me siento yo conmigo misma que por lo que piensen los demás. Así que cuando me impresiono a mí misma, necesito darme esos merecidos elogios.

SUGERENCIA PARA EL DIARIO

Choca esos cinco contigo misma

- ¿Qué te parece la idea de darte palmaditas en la espalda con regularidad?
- ¿Qué pequeñas cosas has conseguido la semana pasada que puedas reconocer y por las que puedas chocar los cinco?
- ¿Dónde buscas actualmente recibir tus felicitaciones?

Capítulo 27

Abraza a tu Diosa Guerrera Interior (Notorious DGI)

Ahora tienes que hacer una gran elección. El amor, la felicidad y el éxito son los mejores sentimientos de la vida. Son las cosas que anhelamos desesperadamente. ¿No es por eso por lo que nos esforzamos tanto en nuestros trabajos, nos involucramos en relaciones, tenemos mascotas, buscamos aficiones, cuidamos de nuestra salud y tenemos hijos? Hacemos estas cosas, en última instancia, para tener una buena vida y sentirnos plenas. Pero la verdad es que la verdadera plenitud sólo puede darse cuando nos amamos y cuidamos de nosotras mismas. Por supuesto, podemos amar nuestro trabajo, pero el trabajo no puede darnos amor. Podemos amar a nuestra pareja, pero no puede ser responsable de hacernos felices ni de amarnos como podemos amarnos a nosotras mismas. Podemos amar a nuestros hijos, pero no podemos hacerles responsables del propósito de nuestra vida.

Nadie más puede ni debe ser responsable de nuestra felicidad. Imagina la presión que sentirías, y la energía que te absorbería, si alguien esperara que fueras responsable de hacerle feliz. No sólo no es realista, sino que las expectativas son cargas que imponemos a otras personas. Y nadie —ni Superman, ni Oprah, ni el Dalai Lama, podría proporcionarte la misma alegría que proviene de tu interior.

Cuando nos aceptamos a nosotras mismas, a las verdaderas historias de nuestras vidas, y detenemos la vergüenza que dejamos que nos ate a la infelicidad que sentimos en el presente, nuestras vidas se enriquecen. El agujero que la vergüenza ha quemado en nuestra alma se llena y nos volvemos completas. La verdadera felicidad proviene de vivir con un propósito, perseguir nuestras pasiones y aficiones, cuidar de nuestra salud y bienestar, conocer nuestra valía, quererrnos por todo lo que somos, ¡con defectos y todo! Ahora bien, ¿cómo puede alguien, o cualquier fuente externa, hacernos felices del mismo modo que podemos hacernos felices nosotras mismas? La felicidad es un compromiso con una misma, no poner en los demás la responsabilidad de comprometerse con nosotras. Ser dueño de tu historia significa que aprendes a comprometerte contigo misma.

> La verdadera plenitud sólo puede llegar cuando nos amamos a nosotras mismas y nos cuidamos.

He llegado a describir mi viaje hacia el amor propio como abrazar a mi diosa guerrera interior. Ella sigue siendo yo, pero es la parte de mí que es la personificación de todo mi amor propio. Me resulta útil imaginármela, sobre todo en los momentos que suponen un reto para mí y para mi compromiso con mi camino hacia el amor propio. Esto me ha inspirado para elaborar una lista de lo que representa mi Notorious DGI.

- Es la intrépida protectora de su energía
- Dice no cuando le apetece decir no.
- No tiene ningún reparo en reconocer y establecer sus límites.
- Sabe lo que vale y se valora. Nunca deja que nadie intente devaluarla.

- Busca banderas rojas en posibles parejas y no tiene ningún problema en pasar página si algo no le parece bien.
- No se centra sólo en complacer a los demás sin asegurarse de que también se complace a sí misma, todos los días.
- Comunica sus necesidades.
- Pide espacio cuando lo necesita.
- No busca ningún tipo de validación en los demás. Mientras esté contenta consigo misma y con su vida, eso es lo único que importa. Sabe que no gustará a todo el mundo. Sabe que no es un reflejo de ella, ya que ella misma no cae bien a todo el mundo, y eso está bien.
- Acepta a su animadora interior y le dice a su crítico interior que se vaya de paseo.
- Se centra en lo que la hace sentir bien y lo convierte en una prioridad, pase lo que pase.
- Si algo o alguien la hace sentir mal, o simplemente no bien, lo reconoce como una señal para levantarse y luchar por sí misma. Sí, es una batalla. Pero no pasa nada, porque es una guerrera dispuesta a luchar por sí misma. Nadie más va a hacerlo. Es su responsabilidad.
- Se asegura de pasar tiempo en silencio, en la naturaleza o escribiendo un diario cada día, sintonizando con su espíritu y conectando con su poder superior.
- Se preocupa por su salud y su forma física. Se cuida, y eso la hace sentirse bien. Lo hace por sí misma, no por ninguna validación externa.
- Es económicamente independiente y se prepara para que el dinero nunca sea un estrés innecesario en su vida.
- Es compasiva consigo misma.
- Perdona a los demás. No se aferra a la ira ni al resentimiento, pues sabe que la única persona a la que hacen daño la ira y el resentimiento es a sí misma.

- Se despide para siempre de las relaciones tóxicas. Saluda a las relaciones que elige conscientemente.
- Sabe que no le debe nada a nadie más que a sí misma.
- No permite que entren en su vida personas que la deprimen y no la elevan.
- Comprende que, debido a viejos condicionamientos que escapan a su control, su energía se verá atraída por otras personas; puede que quiera dejar que eso ocurra de forma natural. Pero es capaz de dar un paso atrás y reconocer cuándo ocurre esto, simplemente reconociendo cuándo no se siente bien o feliz. Se perdona a sí misma porque no es culpa suya, aunque es muy difícil luchar contra esta tendencia natural. Pero cuando lo reconoce, no culpa a nadie, ni siquiera a sí misma. Simplemente, vuelve a su rutina de autocuidado.
- Recuerda que lo suficientemente bueno es lo suficientemente bueno.

Tu diosa guerrera interior siempre ha formado parte de ti. Está ahí sentada esperando a que la abraces y la conviertas en una parte más importante de tu vida. Llenemos el mundo con una nueva raza de diosas guerreras y veamos cómo nuestro planeta se convierte en un lugar mejor para todos.

Si quieres recibir recordatorios semanales de amor propio, inscríbete a mi serie gratuita **"Notas de amor para mí misma"** en ilovemenotes.com.

Agradecimientos

Gracias, Marion, por ser mi roca. No quiero ni pensar en cómo habría sido mi vida sin ti como abuela. Aunque ya no estés con nosotros en forma física, siempre estarás conmigo en espíritu.

Vincent, has tenido que superar muchos obstáculos en tu joven vida. Gracias, hijo mío, por tu valentía y tu voluntad de ser vulnerable al permitirme compartir tu historia con los demás.

A mis increíbles amigos, gracias por estar siempre ahí para quererme y apoyarme en mi viaje. Los quiero y los aprecio muchísimo.

A mi familia, gracias por ser mis animadores durante todo este proceso.

Gracias a todas las personas maravillosas que he conocido a lo largo de mi camino desde que decidí escribir este libro. Tanto si nos conocimos a través de nuestros grupos de contacto, las redes sociales, entrevistas, amigos comunes o conocidos, su apoyo y ánimo han sido una bendición.

Gracias, Sherry Deutschmann, y a todo el equipo y la comunidad de BrainTrust por creer en mí y apoyar este libro.

Gracias, Geoff Galloway, no sólo por adquirir mi empresa, sino por ser un increíble creyente y defensor de este libro y de mi misión. Tu integridad, tu buena voluntad y los ejemplos que das como hombre de negocios, padre y marido son más que alentadores.

Gracias a todos los amigos actuales, antiguos amigos, familiares y compañeros del pasado que desempeñaron un papel en mi vida y, posteriormente, en este libro. Todos y cada uno de ustedes no sólo me han servido de maestros, permitiéndome crecer en mi propio desarrollo personal, sino que ahora también sirven para ayudar a otros en sus viajes.

Y, por último, gracias al universo por darme la oportunidad de crear este libro y conectar y compartir con otros de formas que nunca había imaginado. Estoy muy agradecida por las posibilidades ilimitadas que existen en este mundo cuando aceptamos nuestro papel de cocreadoras y nos liberamos para imaginar, sentirnos dignas y pasar a la acción inspirada.

Notas

Capítulo 2

1. Diccionario Léxico de inglés, s.v. "self-love", https://www.lexico.com/en/definition/Amor propio (consultado el 12 de agosto de 2021).
2. Jeffrey Borenstein, "El amor propio y lo que significa". Brain & Behavior Research Foundation, 12 de febrero de 2020, https://www.bbrfoundation.org/blog/self-love-and-what-it-means.
3. Borenstein, "El amor propio y lo que significa".
4. Elyse Santilli, "15 verdades sobre el amor propio que todos debemos recordar", https://elysesantilli.com/truths-about-self-love/ (consultado el 12 de agosto de 2021).
5. Vanessa Scotto, "La diferencia entre egoísmo y amor propio" Yinova (blog), https://www.yinovacenter.com/blog/the-difference-between-selfishness-and-self-love/ (consultado el 22 de julio de 2021).
6. Citado en Tara Parker-Pope, "Go Easy on Yourself, a New Wave of Research Urges", New York Times, 28 de febrero de 2011, http://well.blogs.nytimes.com/2011/02/28/go-easy-on-yourself-a-new-wave-of-research-urges/.

Capítulo 3

1. Tara Parker-Pope, "Go Easy on Yourself, a New Wave of Research Urges," New York Times, 28 de febrero de 2011, https://well.blogs.nytimes.com/2011/02/28/go-easy-on-yourself-a-new-wave-of-research-urges/.

2. Universidad de Exeter, "Ser amable contigo mismo tiene beneficios mentales y físicos", ScienceDaily, 6 de febrero de 2019, https://www.sciencedaily.com/releases/2019/02/190206200344.htm.
3. Universidad de Exeter, "Ser amable contigo mismo".
4. Rebecca A. Clay, "Don't Cry over Spilled Milk-the Research on Why It's Important to Give Yourself a Break", American Psychological Association, septiembre de 2016, https://www.apa.org/monitor/2016/09/ce-corner.
5. Joanna Nolan, "El amor propio en la recuperación: Simple Steps Are Often the Most Power-ful, Eating Recovery Center, 27 de febrero de 2019, https://www.eatingrecoverycenter.com/blog/self-care/self-love-in-recovery-simple-steps-often-most-powerful.
6. Anita Moorjani, Morir para ser yo: Mi viaje desde el cáncer, hasta casi la muerte, hasta la verdadera curación (Carlsbad, CA: Hay House, 2012), 165.
7. Eckhart Tolle, El poder del ahora (Novato, CA: Namaste, 2004), 114.

Capítulo 4

1. Citado en Melissa Moore y Michele Matrisciani, Whole: Cómo aprendí a llenar los fragmentos de mi vida con perdón, esperanza, fortaleza y creatividad (Nueva York: Rodale Books, 2016), 191.
2. Citado en Moore y Matrisciani, Whole, 191.
3. Moore y Matrisciani, Whole, 192.
4. Cecilia Meis, "Gabby Bernstein te muestra cómo quererte primero a ti misma", Success, 1 de enero de 2018, https://www.success.com/gabby-bernstein-shows-you-how-to-love-yourself-first/.

Capítulo 5

1. Deepak Chopra, Las siete leyes espirituales del éxito (San Rafael, CA: Amber-Allen y New World Library, 1994), 10-11.
2. Chopra, Las siete leyes espirituales del éxito, 12.
3. Chopra, Las siete leyes espirituales del éxito, 11.

Capítulo 6

1. Don Miguel Ruiz, Los Cuatro Acuerdos (San Rafael, CA: Amber-Allen, 2011), 7.
2. Ruiz, Los Cuatro Acuerdos, 7.
3. Ruiz, Los Cuatro Acuerdos, 9.
4. Ruiz, Los Cuatro Acuerdos, 10.
5. Deepak Chopra, "El coste oculto del juicio", LinkedIn, 24 de octubre de 2018, https://www.linkedin.com/pulse/hidden-cost-judgment-deepak-chopra-md-official.
6. Anita Moorjani, Morir para ser yo: Mi viaje desde el cáncer, hasta casi la muerte, hasta la verdadera curación (Carlsbad, CA: Hay House, 2012), 139.

Capítulo 7

1. Nadine Macaluso, publicación de Instagram, 2 de julio de 2021, https://www.instagram.com/p/CQOVMA_NkJg/.

Capítulo 9

1. Malcolm Gladwell, Blink: El poder de pensar sin pensar (Nueva York: Little, Brown, 2005), 10.
2. Gladwell, Blink, 11-12.
3. Gladwell, Blink, 15.

Capítulo 12

1. Roy T. Bennett, *La luz en el corazón* (Autoeditado, 2020).
2. Laura Delarato, "What Happened When I Put Myself First in Every Situation, NBC News, 17 de febrero de 2018, https://www.nbcnews.com/better/health/what-happened-when-i-put-myself-first-every-situation-ncna815746.
3. Delarato, "Lo que ocurrió".

Capítulo 13

1. Elizabeth Gilbert, "Confesiones de alguien que da demasiado", Oprah.com, https://www.oprah.com/spirit/how-to-avoid-giving-too-much-of-yourself-elizabeth-gilbert (consultado el 22 de julio de 2021).
2. Citado en Kristine Fellizar, "7 Signos de que estás dando demasiado de ti en tu relación", Bustle, 1 de mayo de 2019, https://www.bustle.com/p/7-signs-youre-giving-too-much-of-yourself-in-your-relationship-17292805.
3. Fellizar, "7 señales".
4. Iyanla Vanzant, "Por qué debes ponerte tú primero", Oprah's LifeClass, temporada 2, episodio 201, 26 de marzo de 2012, https://www.oprah.com/oprahs-lifeclass/why-you-should-put-yourself-first-video.

Capítulo 14

1. Citado en Lisa Ryan, "A Relationship Expert Reveals the 3 Signs Your New Relationship Will Last", Business Insider, 23 de junio de 2016, https://www.businessinsider.com/a-relationship-expert-reveals-the-3-signs-your-new-relationship-will-last-2016-6.

2. Stan Kapuchinski, Di adiós a tu PDI (Individuo con Trastornos de la Personalidad): ¡Reconoce a las Personas que Te Hacen Miserable y Elimínalas de Tu Vida para Siempre! (Deerfield Beach, FL: Heath Communications, 2007), 10.

Capítulo 15

1. Henry Cloud y John Townsend, Límites: Cuándo decir sí, cómo decir no para tomar el control de tu vida (Filadelfia, PA: Running Press, 2004).
2. Allen Cheng, "Resumen del libro Límites", https://www.allencheng.com/boundaries-book-summary-henry-cloud-john-townsend/ (consultado el 23 de julio de 2021).
3. Iyanla Vanzant, "Por qué debes ponerte tú primero"". Oprah's LifeClass, temporada 2, episodio 201, 26 de marzo de 2012, https://www.oprah.com/oprahs-lifeclass/why-you-should-put-yourself-first-video.
4. Cloud y Townsend, Límites.

Capítulo 16

1. Lexico English Dictionary, s.v. "shame", https://www.lexico.com/en/definition/shame (consultado el 12 de agosto de 2021).
2. Nadine Macaluso, "La relación entre la vergüenza y el TEPT complejo", Dr. Nae (blog), https://www.nadinemacaluso.com/the-relationship-between-shame-and-complex-ptsd/ (consultado el 23 de julio de 2021).
3. Marianne Williamson, Un retorno al amor: Reflexiones sobre los principios de "Un curso de milagros" (Nueva York: Harper Collins, 2009), 13.
4. Macaluso, "La relación entre la vergüenza y el TEPT complejo".

5. Brianna Johnson, "¿Eres un autoabandonado crónico?". Alianza Nacional de Enfermedades Mentales, 30 de abril de 2018, https://www.nami.org/Blogs/NAMI-Blog/April-2018/Are-You-a-Chronic-Self-Abandoner:
6. Macaluso, "La relación entre la vergüenza y el TEPT complejo".
7. Macaluso, "La relación entre la vergüenza y el TEPT complejo".
8. Bret Lyon, "La vergüenza y el trauma, Centro para la Curación de la Vergüenza, 21 de agosto de 2017, https://healingshame.com/articles/2017/8/21/shame-and-trauma.
9. Lyon, "La vergüenza y el trauma".

Capítulo 17

1. Stephanie Ritz, "Consejos para que las mujeres avancen en el trabajo" Jenna Banks Show, 10 de julio de 2021, https://www.youtube.com/watch?v=8dACIXZ5vvA&t=22s
2. Christina Pazzanese, "Women Less Inclined to Self-Promote Than Men, Even for a Job" (Las mujeres son menos propensas a la autopromoción que los hombres, incluso para un puesto de trabajo), Harvard Gazette, 7 de febrero de 2020, https://news.harvard.edu/gazette/story/2020/02/men-better-than-women-at-self-promotion-on-job-leading-to-inequities/.
3. Lois P. Frankel, Nice Girls Don't Get the Corner Office (Nueva York: Grand Central, 2014), 119.
4. Linda Babcock, Maria Recalde, Lise Vesterlund y Laurie Weingart, "Gender Differences in Accepting and Receiving Requests for Tasks with Low Promotability, American Economic Review 107, no. 3 (2017), https://www.aeaweb.org/articles?id=10.1257/aer.20141734.

5. Bryan Robinson, "How Self-Love Boosts Job Performance and Career Success," Forbes, 5 de febrero de 2021, https://www.forbes.com/sites/bryanrobinson/2021/02/05/how-self-love-boosts-job-performance-and-career-success/?sh=6885356a30cl.
6. Pema Chödrön, Cuando las cosas se desmoronan (Boulder, CO: Shambhala, 2005), 3.

Capítulo 18

1. Capital One, "Estudio Mente sobre Dinero: Getting in the Right Money Mindset, 26 de enero de 2020, https://www.capitalone.com/about/newsroom/2020-capitalone-mindovermoneystudytips/.
2. Emma Edwards, "7 Ways a Lack of Self Love Could Be Ruining Your Finances, Broke Generation, 11 de junio de 2020, https://thebrokegeneration.com/blog/2020/06/11/self-love-finances/.
3. Suze Orman, "Lo que los padres entienden mal sobre la universidad", LinkedIn, 23 de enero de 2020, https://www.linkedin.com/pulse/what-parents-get-so-wrong-college-suze-orman.

Parte V

1. Family Caregiver Alliance, "Caregiving", 2009, https://www.caregiver.org/resource/caregiving/.

Capítulo 19

1. Claire Samuels, "¿Qué es la Generación Sándwich? Estrés y responsabilidades únicos para los cuidadores entre generaciones", Un lugar para mamá, 7 de julio de 2020, https://www.aplaceformom.com/caregiver-resources/articles/what-is-the-sandwich-generation.
2. Samuels, "¿Qué es la Generación Sándwich?".

Capítulo 20

1. Shelly Stasney, "5 pasos hacia el amor propio: An Essential Component to Parenting", This-n-That Parenting, 27 de febrero de 2018, https://www.thisnthatparenting.com/the-most-important-thing-to-do-when-becoming-parents/.
2. Jennifer Kimmelman, "10 consejos de Deepak Chopra para cambiar la vida", Madison Marriage and Family Therapy, 2 de junio de 2015, http://www.madisonmft.com/articles/2015/6/02/10-life-changing-tips-by-deepak-chopra.
3. Kahlil Gibran, El Profeta, 2ª ed. (Londres: William Heinemann, 1926), 21.
4. Marvin G. Knittel, "¿Cuándo es el momento de dejar marchar a nuestro hijo adulto joven?". Psychology Today, 20 de marzo de 2018, https://www.psychologytoday.com/us/blog/how-help-friend/201803/when-is-it-time-let-go-our-young-adult-child.
5. Susan Roulusonis Pione, "Amor propio frente a paternidad: No es lo uno o lo otro", TUT, 27 de abril de 2016, https://www.tut.com/287-self-love-vs-parenting-its-not-one-or-the-other/.
6. Pione, "Amor propio frente a paternidad".

Parte VI

1. Sexo en Nueva York (New Line Cinema, 2008).

Capítulo 21

1. Deepak Chopra, Las siete leyes espirituales del éxito (San Rafael, CA: Amber-Allen y New World Library, 1994), 70.
2. Marianne Williamson, Un retorno al amor: Reflexiones sobre los principios de "Un curso de milagros" (San Francisco, CA: Harper One, 1996), 190.

Capítulo 22

1. "Símbolos Sagrados para el Poder Personal", Espíritu del Agua, https://thespiritofwater com/pages/sacred-symbols-for-personal-power (consultado el 23 de julio de 2021).
2. Brené Brown, Daring Greatly: How the Courage to Be Vulnerable Transforms the Way We Live, Love, Parent, and Lead (Nueva York: Penguin, 2015), 129.
3. Brown, Atreverse a lo grande, 130.
4. Brown, Atreverse con grandeza, 130.

Capítulo 23

1. Tony Robbins, "¿Estás con la persona adecuada?" Podcast de Tony Robbins, 3 de septiembre de 2019, https://www.youtube.com/watch?v=dC50dYcMPF4.
2. Joseph Campbell, A Joseph Campbell Companion: Reflexiones sobre el arte de vivir (Nueva York: HarperCollins, 1991), 48.
3. Citado en Brittany Wong, "How to Politely Tell Your S.O. That You Just Need to Be Left Alone," HuffPost, 13 de febrero de 2020, https://www.huffpost.com/entry/needing-to-be-alone-in-relationship_l_5e444518c5b61f8ad4e302e8.

Capítulo 24

1. 1. Melissa Eisler, "Responder frente a reaccionar: cómo mantener la calma en momentos de estrés", Melissa Eisler, 13 de julio de 2018, https://melissaeisler.com/respond-vs-react-how-to-keep-your-cool-in-times-of-stress/.
2. Eisler, "Responder vs. Reaccionar".

Capítulo 25

3. Melissa Moore y Michele Matrisciani, Whole: Cómo aprendí a llenar los fragmentos de mi vida con perdón, esperanza, fortaleza y creatividad (Nueva York: Rodale Books, 2016), 63.
4. Fred Luskin, Perdonar para siempre: A Proven Prescription for Health and Happiness (San Francisco: HarperOne, 2010).
5. Citado en Moore y Matrisciani, Whole, 63.
6. Rich Hanson y Richard Mendius, Buddhas Brain (Oakland, CA: New Harbinger, 2009).

Capítulo 26

1. William McRaven, discurso de graduación de la Universidad de Texas, Austin, TX, 19 de mayo de 2014.
2. James A. King, Acelerar la excelencia: The Principles That Drive Elite Performance (James King, 2021), 35.
3. Jenny Marchal, "Cómo celebrar pequeñas victorias para lograr grandes objetivos"". Lifehack, 16 de mayo de 2021, https://www.lifehack.org/396379/how-celebrate-small-wins-achieve-big-goals.

Sobre la autora

JENNA BANKS es empresaria, conferenciante, autora, presentadora de podcasts, inversora inmobiliaria y defensora del amor propio. Tras sobrevivir a una educación traumática y a un intento de suicidio casi mortal, fue capaz de prosperar en el mundo de los negocios, a pesar de contar únicamente con un diploma de secundaria.

Al principio de su carrera, trabajó en puestos directivos y empresariales, produciendo productos de marketing para importantes estudios cinematográficos de Los Ángeles, como Sony Pictures Entertainment, Paramount Pictures y Warner Bros. También ha trabajado en la industria del juguete y los juegos, incluso con marcas tan conocidas como Hasbro, Mattel y Lego.

Como alguien que aprendió a no cuestionar nunca sus instintos, confió en la llamada interior para dejar su cómodo trabajo corporativo de seis cifras y empezar un negocio de productos de marketing desde casa en 2012 con 400 dólares y un portátil. Unos años más tarde, puso en marcha simultáneamente una exitosa empresa inmobiliaria y, finalmente, vendió ambos negocios, obteniendo casi 1.000.000 de dólares de beneficios.

Desde que vendió su empresa, se ha centrado en lo que considera su propósito más elevado: compartir su historia y su mensaje de empoderamiento y la increíble importancia del amor propio con el mundo a través de sus escritos, charlas y The Jenna Banks Show, un podcast y una serie de vídeos. Cuando no está trabajando, Jenna disfruta coleccionando obras de arte, jugando al tenis, viajando, pasando tiempo con amigos y familiares, y conectando con otras mujeres e inspirándolas para que triunfen y se empoderen.

Para recibir inspiración y recordatorios de Jenna que te ayuden en tu viaje hacia el amor propio, suscríbete a su lista de correo electrónico en www.jenna-banks.com o conecta con ella (@jennabanks.0) en Instagram, Facebook, TikTok o YouTube.